货殖探索系列

山西民间文献整理研究

高平诉讼碑刻辑考

杨波 著

河北大学出版社
·保定·

出 版 人：耿金龙
责任编辑：王红梅
装帧设计：张彦琪
责任校对：袁慧敏
责任印制：靳云飞

图书在版编目（CIP）数据

山西民间文献整理研究：高平诉讼碑刻辑考／杨波著．—— 保定：河北大学出版社，2019.11
ISBN 978-7-5666-1568-8

Ⅰ．①山… Ⅱ．①杨… Ⅲ．①碑刻－研究－高平
Ⅳ．①K877.424

中国版本图书馆 CIP 数据核字（2019）第 265302 号

出版发行：河北大学出版社
地址：河北省保定市七一东路 2666 号　邮编：071000
电话：0312-5073033　0312-5073029
邮箱：hbdxcbs818@163.com　网址：www.hbdxcbs.com
经　　销：全国新华书店
印　　刷：保定市北方胶印有限公司
幅面尺寸：170 mm × 240 mm
印　　张：20
字　　数：300 千字
版　　次：2019 年 11 月第 1 版
印　　次：2019 年 11 月第 1 次印刷
书　　号：ISBN 978-7-5666-1568-8
定　　价：58.00 元

⊙ 国家社会科学基金重大招标课题“山西契约文书的搜集整理与研究”（课题批准号：14ZDB036）资助出版

⊙ 教育部省属高校人文社科重点研究基地河北大学宋史研究中心基地建设经费资助出版

⊙ 河北省人文社科重点研究基地建设经费资助出版

⊙ 河北大学历史学强势特色学科建设经费资助出版

⊙ 河北大学中国史学科“双一流”建设经费资助出版

《货殖探索系列》总序

目前社会经济史研究丛书之类，多名之曰“中国社会经济史丛刊”“社会经济史丛书”“社会经济史系列”，或在其前冠之以某某大学、研究中心等，而河北大学中国社会经济史学科之论著却欲以“货殖探索系列”名之，其义何在呢？“货殖”一词，其渊源自不须多言，然其含义却稍有辨析之必要。就“货殖”古义言之，有“食货”“货殖”“平准”等。“食货”之含义较广，举凡国计民生、日用家常均属之；“货殖”则侧重于农工商业及私人家庭经营致富；“平准”则多与“均输”连用，指国家干预经济，增加财政收入，或国家举办商业、手工业，等等。当然，司马迁撰写《货殖列传》时还表现出了强烈的“通古今之变”的思想，应也属于“货殖”的应有之意。

本系列以“货殖”为名，就是从这一含义出发的。这或与河北大学中国社会经济史学科初创时之学术旨趣有关系。记得20世纪80年代初入河北大学宋史研究室（今宋史研究中心前身），其时，漆侠师正撰述《宋代经济史》，谈起选题问题，记得先生之意大概有两层：一是此前学术界对赋役制度，租佃制度，土地制度，地主、农民经济研究较多，而对于手工业、矿业、商业、货币金融、禁榷制度研究还比较薄弱，故应从后者入手；二是中国社会经济史既要以断代为基础，但又不应局限于此，而应前后贯通。此一说奠定了河北大学中国社会经济史学科的学术理念和方法论基础。我个人的研究乃至整个河北大学中国社会经济史都是遵循这一理念前行的。

而这一旨趣又是与三十多年来中国社会经济史界对市场经济、工商业、商人研究格外重视的新学术潮流暗相契合的，故敢以此名丛书焉。

本系列从研究对象上说重视农工商业、货币金融等部门经济、私人经济、商人高利贷者，但经济制度、国家财政、地主农民经济亦不轻视；从方法论上说，重视运用民间契约文书、碑刻、档案等新材料，重视贯通性的专题研究，重视区域社会经济史研究，重视历史学的考订方法，但正史、文集、方志、笔记小说等传世文献材料，断代的研究方法，经济学、社会学、金融学、会计学等分析方法，乃至计量研究方法亦不偏废；从体裁上说，当然重视学术专著，但资料集、高水平的中国社会经济史教材亦属之。

河北大学宋史研究中心、历史学院重视中国社会经济史学科，河北大学各级领导支持中国社会经济史学科，河北大学出版社对这一学科成果的出版也是给予了真心的配合。有鉴于此，河北大学中国社会经济史学科团队的诸位学人将竭尽心智，做好这一系列。

是为序。

刘秋根

2016 年 10 月 21 日于保定市七一路迎宾小区自宅

目　　录

第一部分　研究概述

第二部分　个案考释

附　录

第一部分　研究概述

一、问题与学术史

在传统中国社会，至少在明清时期，老百姓的日常生活基本上和国家很少发生关系，归纳起来，承平之日无非是“无事纳粮，有事报官”这八个字。赋税与诉讼是老百姓与国家制度发生关系的最主要的两个连接点。因此，研究者们对于民间社会诉讼的兴趣绝不仅仅是“就诉讼而诉讼”，而是试图通过诉讼来把握传统中国社会的整体面貌和特征。几十年来对于诉讼的研究出现了越来越民间化、越来越区域化、越来越专业化和越来越综合化的趋势。从诉讼研究所利用的资料来看，主要包括国家颁布的法律制度（各种律例、则例）、士大夫所撰写的各种官箴书和判牍、官方档案特别是州县一级档案、民间文书、庙宇碑刻等。一开始主要是因为沿袭传统史学制度史的传统，诉讼研究主要关注律令格式等法律制度和条文，由于中国缺少民事诉讼方面的法律条文，学者们开始更多利用各个区域地方政府遗留下来的档案资料，如宝坻档案、巴县档案、黄岩档案、淡新档案、冕宁县档案、紫阳档案、南部县档案等。① 从律令格式和儒家思想来看，中国一向被看作是一种“无讼”社会和“无讼”文化。通过对基层州县的档案的研究，学者们发现中国社会存在“好讼”之风，可以称作是“诉讼社会”②。日美学者也围绕清代民事审判制度发生争议，以滋贺秀三为代表的日本学者更倾向于认为中国民事审判更类似一种调解，司法实践更重视人情，而以黄宗智为代表的美国学者却认为民事审判有明确的律例依据，并在此基础上提出著名的“第三领域”的概念。与此同时，一些专门领域或专门群体的诉讼也受到关注，特别是商业诉讼和水权诉讼，代表著作有范金民的《明清商事纠纷与商业诉讼》等。

实际上，以上这些新认识、新争议和新领域从根本上来说反映出学界对于中国传统社会诉讼研究走向深入，而不再停留在官方制度与精英思想的层面，而是关注了司法具体的实践，实践的多样性也是带来认识多样性的原因。诉讼研究走向深入的根本原因是对于民间色彩更浓的档案材料的

---

① 相关研究成果主要有艾马克的《十九世纪的北部台湾：晚清中国的法律与地方社会》、李艳君的《从冕宁县档案看清代民事诉讼制度》、里赞的《晚清州县诉讼中的审断问题：侧重四川南部县的实践》、柴东洲的《清代南部县衙档案研究》等。

② 参看［日］夫马进编《中国诉讼社会史研究》，亚细亚印刷株式会社 2011 年版。

使用。近些年来，对诉讼研究不再局限于官方档案，学者们开始使用更加民间化的文书材料进行研究，代表性的著作有中岛乐章的《明代乡村纠纷与秩序——以徽州文书为中心》、阿风的《明清徽州诉讼文书研究》、卞利的《国家与社会的冲突和整合——论明清民事法律规范的调整与农村基层社会的稳定》等。这些研究主要是使用内容丰富的徽州文书作为材料。任何历史研究都是与一定的材料相联系的，不同性质的材料绝不仅仅是新材料而已，它一定意味着新角度、新问题和新方法。徽州文书这类纯粹的民间文献的使用能够让我们从更加宽泛的角度去看待诉讼，而不再局限于档案中所体现出的官方视角，这就大大丰富和拓展了我们看待诉讼问题的视野。

利用碑刻进行的诉讼研究较少，而且比较零星。主要集中在一些早期碑刻和对于水利和水权方面的研究上，例如张志勇的《辽代法律及其特色：基于碑刻资料透露出的法律信息》、李麒的《观念、制度与技术：从水案透视清代地方司法：以山西河东水利碑刻为中心的讨论》、田东奎的《论明清水权纠纷之调解解决》、王娜的《明清时期晋陕豫水利碑刻法制文献史料考析》、李照艳的《清至民国桂北民间纠纷治理研究——以桂林地区契约、碑刻为研究视角》。其他诸如庙田、环境史等方面也有一些零星的研究。早期研究重视碑刻是因为对应时期史料较少，需要利用碑刻资料来补充，不过这些时期碑刻资料其实也是很少的，很难形成比较系统完整的研究。水利和水权纠纷方面的研究是因为水利社会史的研究受到重视。

诉讼碑刻与档案不同，它不是反映地方政府的官方视角。它与文书也不同，它也不是反映参与诉讼的个人的视角。诉讼碑刻刊立在村庄庙宇之中，刊立这些碑刻的主体就是村庄、庙宇及村庄组织。因此，诉讼碑刻一般反映的是村庄集体的长期的利益，这种视角既不同于档案，又不同于文书。一个诉讼案例实际上是与相当多的主体有关系的，而每一个主体都有可能留下相应的民间文献。当诉讼案例出现在县政府的档案中，它的存在形式就和在文书或碑刻中的存在形式有所不同。诉讼并不仅仅是所谓“堂断”的那个过程，而是此前此后的一系列的社会经济现象。“堂断”的过程所产生的一系列的文书会以各种形式保存在县政府这个归户主体的档案之中，而与诉讼有关的其他的各种民间文献却以另外的形式存在着。例如在地产房产争夺的诉讼中，作为书证的地契、借约、合同和粮票之类的文书在诉讼以后会被相关当事人认真保管，以便日后出现类似事件能够再次作为证据。再如带有知县批示的状纸或证明会被认真保管，当日后出现争议的时候，以前知县的判决就是最好的证据。再如知县因为发生了此类诉讼而意识到某方面的情况需要进行禁约告示，于是出具了禁约告示，并将它们悬挂或者张贴在重要位置。在这里，诉讼成了连接这些文献的一个桥梁。对于诉讼的完整认识就应该从不同角度来进行综合的看待。

然而，首先需要着重指出的是，本书的立意从根本上来说不同于一般所谓"法制史""社会史"或"经济史"等研究取向，而是以诉讼碑刻这种民间文献为中心，将以上多种研究方向整合在一起的一种尝试。在此意义上，本书可以看作是对于民间历史文献搜集、整理与研究的方法论问题所做的一项探索性的研究。虽然本书距离建立一套系统完整的民间历史文献学的方法论体系还有很大的一段距离，但是这样的"注解式"的研究不失为是一种有益的尝试。本书所谓"辑考"的考释性研究工作在表达方式上是一种"注解"。自轴心时代之后，现代学术制度确立以前，"注解"一直是"学问"的一种主要的表达方式，中外都是如此。在西方传统学问中，内容上主要表现为神学，形式上主要表现为诠释学；在中国传统学问中，内容上主要表现为经学，形式上主要表现为注疏。当"上帝死了"，整个社会默认的知识共识开始消失，当"我思"成为第一原则反过来论证上帝的存在，当一切知识都放到人类理性的试金石之下受到"批判"，"注解"这种方式就开始失去合法性，以问题为中心的"论文"开始成为主流的表达方式，它与大学、学科、职称、课题、学术史和教科书等一起制造了现代学术制度，实际上这些都是一定历史条件下的产物。自然科学和社会科学可以按照现代学术制度所确立的习惯来进行研究，而人文学科更应该对这些既成的制度进行反思，并尝试新的表达方式。

"注解式的研究"实际上并不一定以某种知识共识为前提，它也可以是基于人类理性的，只是它是一种松散的知识，没有被统合到一个特定的学科或者问题下，因此，不容易被主流学术共同体所认可，它在学科划分、课题申报、学术史梳理等方面都很难找到其位置。在现代学术制度中，注解并没有消失，但性质已经发生了改变，只是一种知识性的注解，它的地位是辅助性的。哪怕是古籍校注类的专著或论文也是知识性的注解，极少有利用注疏的形式来表达观点的论著出现了。注解在现代学术制度中要想获得合法性，那么它就必须要让自己至少在形式上变得没有"观点"，而变成纯粹的"知识"。即便是经过了这样的"自我阉割"，注解式的研究在整个学术体系中仍然只是以问题为中心的论著的“侍女”，在现代学术共同体看来，学术研究只能在不断提出问题和解决问题的所谓“发展”之中得到满足，沉湎玩味古人的所谓经典已经不能让他们感到兴奋。和传统社会不同，在现代学术制度下，鲜有注解式的研究能成为“经典”文本，能指导方向和确立范式。

那么，是不是可以探索一种既建立在人类共同理性基础之上，又不是纯粹知识性注解的“注解式的研究方法”呢？这就是本书的一种探索性的尝试，而这种尝试既在最终结果上与民间文献结合在了一起，又在起源上来自对民间文献所进行的搜集、整理和研究工作。因此，本书对这个问题的探讨限制在民间文献这个范围之内。

按照一般的史学研究思路，材料是为一定的问题所服务的，因此，需要首先明确研究的问题，然后围绕这个问题来搜集和选择材料，研究中也需要围绕问题来组织材料。然而，对于民间文献的研究来说，这种做法并不一定合适，即便不是完全错误，至少也不是唯一的研究方法。民间文献的研究方法应该是首先从整体上对现有某一时期或地区的民间文献做全面的把握，然后再从中合理地抽绎出问题，也就是说任何对民间文献的研究都应该建立在对民间文献整体有一定的把握的前提之下。民间文献和传统文献在研究方法上的区别是由民间文献研究和传统史学研究的性质上的差异决定的。史学研究的基本目的之一就是要从凌乱的史料中概括出一般性的普遍性的东西，对于民间文献来说尤其如此。因为所谓民间文献就是那些因其所具有的一般性特点而有价值的材料，而不是因其个别性和特殊性而有价值的材料。在传统史学研究中，我们是试图从史料中找到记载我们所关注的那些重要人物（帝王将相、才子佳人）或重大事件（改朝换代、战争媾和）等这些个别性的记录。即便是在制度史的研究中，我们也是试图找到对于某种特殊制度的直接的专门的记载。然而在民间文献中，文献所记载的短时段的事件并非我们关注的重心，其背后所反映的一般性的制度规范、总体趋势、集体意识等才是我们研究的重点。当我们在面对民间文献的时候，实际上我们在面对着一个与传统史学很不一样的研究对象，可是，我们又常常在沿用着处理传统史料的方法在处理民间文献，这样做的结果就是得出了很多错误百出的，至少是不完善的结论。其方法论上错误的根源就在于面对新的问题和对象，却用着旧的方法和工具。本书不能系统展开对相关问题的讨论，也不应该以纯粹理论的方式来探讨这些问题，这里以民间性制度研究为例来做一种示例性的探讨，以最低限度地说明问题为限。

传统史学中有制度史研究的传统，而这个传统所利用的主要材料是政书这一类型的史书，这些史书是那个时代当时或者稍后的人们对制度的系统规范的整理，更为重要的是这些政书在撰写的时候所使用的更基础的材料也是当时政府所颁布的各种制度规范的材料。也就是说，这些政书所记录的都是官方制度，而且它所记录的还是官方制度颁布时候的文字表述。这就产生了两个问题。第一个问题是官方制度在实际的执行过程中是不是真的按照其颁布时候的规定来执行的呢？它在多大程度上被严格执行了？制度史的研究究竟是仅仅研究制度在制定的时候是什么样子的，还是还需要考虑制度具体的实施情况呢？第二个问题是在官方制定的制度之外是否存在民间性的制度，而官方制度和民间制度有什么性质上的不同？当我们研究民间制度的时候是不是能够完全套用官方制度的研究方法呢？这两个方面的问题都是基于民间文献的制度研究中需要考虑的基础性的、重要的方法论问题。一言以蔽之，基于民间文献所做的制度研究就是研究民间性的制度以及官方制度在民间的实际实施情况，这就是基于民间文献的制度研究的研究对象。

第一个方面的问题和传统的制度史研究关系更为密切，在传统中国社会中，官方制定的制度和实际的执行情况之间可能存在极大的差异，这已经被越来越多的人认识到了。例如，关于清代的官员议叙制度，大多数的研究者都是引用《清会典》中的记载说明加级和加纪录的含义，《清会典》中加级和加纪录都不会超过三次，但是民间文献中见到的情况根本不是这样，大量超过了三级和三次纪录的例子存在。那么根据政书材料所做的研究的价值就需要重新进行评价。本书在三槐庄二仙庙嘉庆案例中对此进行了探讨。类似这样的问题还是比较简单的，真正的困难在于官方制度的实际实施情况还是因人、因时、因地而异的。例如里甲制度，我们不能说里甲制度完全没有实行过，但是在不同区域它的实行情况是不同的。里甲名存实亡之后，地方政府究竟如何收税，这个问题也是因人、因时、因地而异的，即便同处华北地区，李怀印利用获鹿档案所做的研究未必就适用于泽州地区。①

① 李怀印：《华北村治——晚清和民国时期的国家与乡村》，中华书局 2008 年版。

第二个方面的问题是民间性制度与官方制度的区别。民间性的制度和官方制度的主要区别在于民间性制度没有统一的颁布主体，没有系统规范的内容，没有人有意识地进行整理记录，以及上述特点所带来的结果：民间性制度因人、因时、因地而异。民间性的制度并不都是不成文的习惯法，有些是成文的，例如各种村规民约，但是村规民约的颁布者是各式各样的，有乡地、有社首、有官方，复杂的主体使得这些制度呈现复杂的面貌。既然没有统一的主体，也就不可能有统一的内容。从内容来看，民间文献的一个特点是它所反映的那些规律性的东西本身并没有一个清晰的制度性的规范，这是和各种官方文献有很大区别的。官方也有各种类型的文书，这些文书都有严格的规范。即便是这些官方文书，它们越是到了基层社会就越是缺乏规范。民间性的制度并没有任何类似政书那样的文献来进行系统的整理和记录，只有到了民国时期，部分受到现代学术影响的研究者才开始有意识地这么做，而这些做法也不是民间制度的主体进行的，它毕竟只是学者作为一个“他者”的研究。正是因为这些原因，对于民间性制度的任何概括可能都是错误的。例如，泽州的村社制度中有一个重要问题，就是村社的社首制度。而社首这种说法是研究者的概括，碑文上并不是都叫社首，至少有社首、维首、维社首、首领人、为首、维那、执事者、经理人、经领人、社头、社长、社领以及由以上词汇衍生出来的其他复合词汇（如督工社首等），那么这些词汇的含义是不是都是等同的呢？如果我们认为社首和维首其实是同义词，可以相互替换，那么我们就会发现对于有些文献，这种说法解释不了，例如本书中的东李门关帝庙民国案例碑文中有“维首侯来旺、冯金盛；社首冯根则、侯群孩、冯如庆、冯群生、冯永发、史广得、祁巧年、冯双红、郭连花”的记录。如果维首和社首的含义是一样的，为什么碑文中会同时出现维首和社首呢？而这种维首和社首同时出现的例子在碑文中比比皆是。但是在另外一些碑文中，维首确实就是村社的领导者，和社首的含义是等同的。因此，研究者如果说维首就是社首，这个结论不能说是完全错误的，但是确实不是完全正确的。对于直接的研究者本身来说，这也许并不是一个特别严重的问题，因为这些研究者毕竟占有了丰富的材料，对相关问题是熟悉的，不会因此造成更加严重的错误。但是对于那些对材料不熟悉的其他研究者来说，这个结论就是贻害无穷的，其他研究者会因此认为维首和社首是完全一样的，然后再将这个不完全正确的结论运用在其他地方，延伸出新的错误。这样的例子在民间文献的研究中可以说实在是太多了。然而，在现实的学术评价体系面前，研究者不顾文献的典型性和有效性的范围和程度，着急地得出结论，发表成果，而对于民间文献研究这个需要长时间积累经验（见多识广）的研究领域来说，真正能够熟悉材料，能够辨别对错和结论有效性程度的人少之又少，大量基于民间文献的错误结论无法分辨（更不要说很多民间文献根本没有公布），即便有少数能够分辨的人在现行学术体制下也大多选择沉默，这就造成错误的结论到处流行，贻害无穷。这虽然也有体制上的无奈，但是更多的是方法论上的问题。问题在于错误地将民间文献看作是和政书这样的传统史料一样类型的文献来使用，实际上这两类材料有根本的差异。

民间文献就其本性而言并不是为了研究者而准备的文献，因此，民间文献不能采取“拿来主义”的办法拿来直接就用，例如，地契和各种商业合同是为了约束和规定当事人的权利义务而写的，书信是写给收信人看的，账册和清单是写给股东看的，碑刻的捐款题名是写给那些捐款的人看的，碑刻上的财务公示是为了让大家监督而刻写的，所有这些文献在其产生的时候都不是准备给研究历史的历史学家们看的，这就是民间文献的所谓“民间性”的一个表现形式。民间文献就其产生时候的特点来说，它是在当时特定的社会经济背景下作为工具来被创造和使用的。正因为如此，民间文献本身并不是围绕研究者所要研究的问题而展开的，这就给研究者利用民间文献带来很大困难。现在我们具体来看看这样的困难在具体的研究中有什么表现。举例来说，高平谷口济渎庙嘉庆碑文上有“茧用五年，钱四十千零四百五十二文”① 的记载，这个记载是庙宇修建完成后的清单，也是财务公示。然而，碑文却并不解释茧用是什么意思，因为在当时这是村庄中一个大家都知道的知识，仅就这通碑文来说无法解释茧用是什么含义。这时候最简单的做法就是使用其他相关材料来印证，本书郭庄关王庙顺治案例是因为茧用而发生的诉讼案，其中对茧用就有比较详细的说明。这种研究方法貌似合理，其实在方法论上是有瑕疵的（论证上的瑕疵并不意味着其结论错误）。仔细来考察上面的论证过程，可以整理出一个较为形式化的推理过程。命题一是郭庄关王庙顺治碑刻上的茧用的意思是牙行抽佣钱，命题二是谷口济渎庙嘉庆碑刻上也出现了茧用这个词汇，假设以上两命题是真命题，则结论是谷口济渎庙嘉庆碑刻上的茧用也是牙行抽佣钱。这个

---

① 嘉庆七年《增补庙宇神池改作歌舞台碑记》，现存高平市谷口村济渎庙。

推论是否成立呢？如果上述论证过程要成立，必要条件是有一个省略了的隐藏起来的命题，这个隐藏的命题就是谷口济渎庙嘉庆碑文上的茧用和郭庄关王庙顺治时候的茧用两个词汇的含义是相同的。如果这个隐藏命题是真命题，那么上述推论正确，如果这个隐藏命题是假命题，那么上述推论错误。那么为什么我们更倾向于认为这个隐藏命题是正确的呢？因为上述两个村庄距离不远，是在同一个区域的，而同一区域的两个村庄我们将它们看作是同质的。区域内的各种要素是同质的，这是区域研究的最基本的预设。简言之，以上研究方法是存在着理论上的预设的。然而，这个区域研究的预设并不总是正确的，它在有些时候对有些问题是正确的，但是在另外一些时候针对另外的问题就不成立了。民间文献的复杂性就来源于此。那么，为什么同样的问题我们在利用政书史料做官方制度史研究的时候并不存在呢？这是因为政书作者本身是按照一定的统一规范在使用其词汇的，我们相信一部政书的编撰者不会在一本书里不同的地方使用同一个词汇的时候含义不同，即便有不同含义，作者也会进行说明。这就是官方文献和民间文献的一个重要区别。本书虽然仍然保留了比较传统的“辑考”这个名称，但是，实际上这种貌似传统史学考证的研究方法其实并不是考证。① 民间文献实际上是不能考证的，考证的方法对于民间文献来说并不适用。民间文献本身就是零碎的，我们通过民间文献所看到的当时社会的政治、经济和文化的画面是不完整的、零碎的和片段的。而考证的前提就是所研究的对象是一个整体的系统。如果拿上面的碑刻文献资料和20世纪40年代根据地政府对泽州地区所做的蚕桑业调查的档案资料②相比较就可以看出两种材料的区别，档案材料中对于当时蚕桑生产的状况有系统详细的记述，是可以直接使用的。档案材料中如果出现茧用这个词汇，那么我们可以毫不犹豫地认为材料中不同地方出现的茧用的词汇一定是一样的。档案和碑刻的这种区别类似利用政书和民间文献研究制度史的时候在材料方面的差别。政书是可以直接使用的，而民间文献是不能直接用的。

既然民间文献不能直接使用，那么正确的研究方法应该是怎样的呢？区域研究的基本预设（相近即相似）与民间文献的因人、因时、因地而异

---

① 所谓传统史学有中国两千多年的老传统，也有民国现代学术制度建立以来的新传统，两种传统中的考证其实并不完全一样，这里提到的传统史学多指新传统而言。

② 现藏山西省档案馆。

的特点不仅不矛盾，在根源上恰恰是一致的，它们分别从两个方向在描述同一个现象。其中隐藏着的正是民间文献最合理的研究方法。还是以制度研究为例，政书上所反映出来的官方制度实际上是大一统王朝的“统一意志”的反映，因此以政书为材料对官方制度的研究实际上仅仅是对这种“国家意志”的研究，而这种国家意志实际上是人为建构起来的东西，当它作为一种纯粹意志存在的时候它是貌似强大的和统一的，但当这种国家意志与现实相结合的时候，它就不再是一种绝对的统一意志，而开始“稀释”在民间社会的复杂性中，就不可避免地会出现各种差异。这就像一种纯净的溶质溶解之后形成不同浓度的溶液，又像是一种作用力作用在不同硬度的材料上所产生的不同程度的变形，又像是一个物种的基因特征在遗传和变异过程中体现在一个生物个体身上。正如同国家意志在实践中不是绝对的一样，这种差异性也不是绝对的，它们被人群、时间和空间这样的要素粘连在一起，在特定的个案中表现出相似性，这种相似性就是区域研究的基本理论预设。由此可见，区域研究的相近即相似的基本理论预设不仅不是说区域内部是绝对同质的，而恰恰是以承认每个个别对象因人、因时、因地的差异性为前提的。这样我们就能够明白民间文献所反映的民间性制度只能从大量的民间文献中按照人群、时间和空间这样的要素一点一点地归纳出来，从史料角度不存在一个类似政书那样系统的经过整理好的制度的叙述文本，从事实层面上实际上也不存在一个系统的、规范的、统一的民间性的制度。民间性的制度不可能通过逻辑的推导而先验地给出，但是归纳得到的结论却又必然是合乎逻辑的，不合乎逻辑的一定是错误的，而合乎逻辑的却未必是正确的（实际的），逻辑只给出可能性的边界，但是史料才能给出现实性的实际。面对民间文献这样的特点，要很好地使用民间文献进行研究最好的办法当然是尽可能多地占有全部民间文献，然后再进行研究，这样就能充分地考虑到每个个案之间的相似性，又能照顾到各种差异性。然而民间文献浩如烟海，仅仅对于泽州这么小的地方来说，面对上万通碑刻，近千万字的碑文，而且绝大部分没有著录，还需要去一个村一个村调查，一通碑一通碑录入，这对于个人来说几乎是不可能完成的任务。山西各类文书材料据估计至少有上百万件，它们散落在各个收藏机构手中，要获取有各种困难，获取了还需要一张一张录入整理。如此浩繁巨大的工作量，究竟应该如何完成呢?

和传统文献不同，对于民间文献的研究来说，重要的并不是占有多少文献，而是从多少角度去研究文献。由于客观因素，充分占有民间文献对于任何研究者来说基本上都是不可能的。更为重要的是，占有民间文献的全体虽然是从事民间文献研究的充分条件，但却并不是必要条件。真正重要的是研究者必须要将民间文献放到一个大的框架背景当中来看待，要弄清楚每一条具体的民间文献在这个框架背景中所处的位置。这样的框架背景是用从民间文献中抽取出来的要素（例如人群、时间、空间等）一点一点地编织起来的。从民间文献得出来的任何结论都可以放到这个框架背景当中来进行修正，而反过来，这个总体的框架背景则需要通过一个一个具体的民间文献的研究来逐步完善。这两个过程不断反复循环，越来越接近完善。对于民间文献的研究在微观上就是对每一件具体文献做要素分析，在宏观上就是建构这样的框架背景。这两个方面是紧密联系在一起的。下面举例说明这样的框架如何对具体的结论进行修正或者增加校正参数，同时也说明这样的框架如何通过具体的文献来构建。

举例来说，碑文考释中给出了每一个村庄距离县城的距离的数据，附录的附表 2 中对这些数据做了整理，这样的信息的意义何在呢？如果我们将所有各种类型的碑刻及收录碑刻所在的村庄、所有研究者所研究的个案的地点和所有研究者所使用的碑刻材料所在村庄的地理位置全部标注在地图上就会发现一个规律：越是靠近县城的村庄，被各级政府和部门授予历史文化名村、国家重点文物保护单位、传统村落等荣誉称号的比例越大。这显然受到调查、搜集、整理和研究的过程是否方便等因素的影响。例如，在调查选点的时候，交通不便的地区调查困难，而且收获还不大，属于“性价比”很低的地区，自然在调查中被选点的可能性就降低。只要没有做到逐村逐庙的选点或者完全随机的选点，那么这种结果就很难避免。问题是，基于这样的个案研究和材料基础的统计性结果真的可信吗？它违背了统计最基本的随机性原则。更不要说那些仅仅依靠几个个案、几个数据就构架宏大叙事的研究了。然而，这样的研究却是最常见的，早已经见怪不怪了。从这个意义上来说，即便是在我们所做的逐村逐庙的调查中，这种情况还是不能绝对避免，因为逐村逐庙调查的结果也受到调查者本身的认真程度，各种资源（时间、精力、人力、经费）消耗的成本，重复补充调查的次数等很多因素影响。例如，泽州地区的调查有个特点，因为历史文化遗存数量庞大，同一个调查点每次去几乎都会有新的发现，去一次无法穷尽所有的遗存，很多调查点都需要反复去多次。可是，这样就不可能做到每个村补充调查次数都一样，也不能保证每次去都一样程度的认真，实际上，那些反复多次补充调查的调查点往往还是那些距离县城比较近或者大的村庄或庙宇。因此，这里讨论的目的并不是说研究必须要做逐村逐庙的调查，也不是说一定要穷尽所有的调查点的所有的历史文化遗存，而是从方法上来看，类似距离县城远近的信息应该被记录到对民间文献的整理中，应该考虑到这些影响因素，而不是把研究对象当作是一个天然的、预设好的“同质”的东西。任何“时段的”“区域的”和“理论的”概念都只是一种工具，任何具体的个别的概念都无法涵盖民间文献本身的丰富性和复杂性，对民间文献的研究应该是开放的。结论本身并不重要，展现民间文献的丰富性才是重要的。任何具体的结论都有可能被意识形态化，即便社会条件不具备而没有被意识形态化，它也会在学术共同体的话语中被“固化”为“权威”，成为阻碍学术发展的障碍。所谓的史学研究的“史料第一性”并不仅仅是重视挖掘史料，重视利用史料，强调“论从史出”，更重要的是史料相对于任何理论都具有永远的、绝对的和本体上的优先性。也就是说，任何的理论和概念不能涵盖史料本身的丰富性，史料的个体性从根本上超越了理论和概念的普遍性。任何理论和概念都是暂时的，史学研究的真正动力在史料。按照传统的研究方法来看，这个距离县城多远的参数暂时得不出任何的结论，因此，它对于研究问题来说是“没有用”的。然而，这恰恰就是本书的很多地方想要表达的，那就是一些看似没有用的参数只是整个背景框架中的一个维度，而这个维度可以对任何的具体案例得出的结论进行一个校正，但是它本身却又暂时得不出什么结论来。类似这样的问题隐藏在本书的很多地方，这里并不准备全部展开来讨论，而令人惊异的倒是这些问题大部分几乎从未被研究者讨论过。

在概述的这一部分，我们首先大体上描绘一下诉讼碑刻研究的背景框架结构，然后在概述的第二部分我们讨论一下描绘这个背景框架的具体方法，本书的正文部分就是对这个框架的具体的构建过程。虽然本书距离完整地构架这样的一个背景框架还有很远的距离，但是概述的第三部分仍然做了一点在山西诉讼碑刻范围之内的具体尝试。这也可以算作是本书的结论，但是对应于本书的问题是方法论，本书的结论并没有具体的过程重要，因为过程体现方法，而结论却体现着对问题的解答。

一定的史学总是对应着一定的历史事实，一定的历史事实总是对应着一定的史料。如果史学研究可以比作透过钥匙孔向房间内的一种窥探，那么史料就是钥匙孔的大小，它决定了我们能够在历史中看到什么，决定着哪些历史事实能够进入史学之中，决定着学术共同体所认知的历史是什么。任何类型的史料都有其优点和局限性。对于诉讼碑刻的研究首先应该弄明白要将诉讼碑刻放到怎样的框架之中。

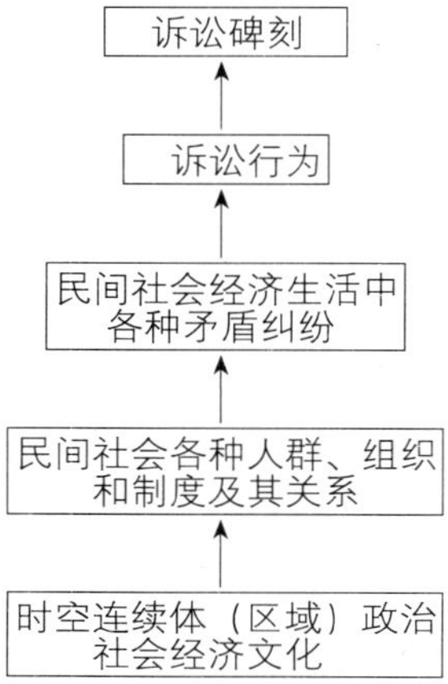

图1　诉讼碑刻的框架结构

诉讼碑刻的根源是诉讼，但不是所有诉讼都刻碑流传后世，除了碑刻被破坏的外部原因之外，更重要的是只有那些关系到村社集体和庙产社产等重大问题的并且具有长久性的潜在影响的诉讼案例才会刻碑。也就是说，诉讼碑刻是达到了一定阈值之上的诉讼案例，是乡土社会诉讼案例的一部分，称之为比较重要的一部分也是合理的。

诉讼的根源是民间社会经济生活中各种纠纷，但不是所有纠纷和争议都会诉诸诉讼。中国传统社会有不喜欢诉讼的“无讼”文化，同时也有相应的尽量减少诉讼的社会经济制度，村社规约中就要求所有纠纷争议首先要经过社里调处，不得自行报官兴讼：“本村各户人民如有争执情事，先得由社处理，如不服处者，准其自行起诉。”[①] 也就是说，诉讼是达到了一定阈值之上的乡土社会纠纷争议的体现，是这种纠纷争议的部分反映，同样也可视作是比较重大的部分。

民间社会经济生活中的争议纠纷根植于民间社会各种人群、组织和制

① 民国二十二年《整理社事节俭社费碑记》，现存高平三甲镇西栗庄关帝庙中。

度之间的社会经济关系，但是这些社会经济关系并不总是表现出争议和纠纷这样的矛盾对立的方面，也有合作互助和谐共处或冷漠不相关等其他关系。也就是说，争议纠纷只是民间社会经济关系的一个侧面，并非全部，但又是很重要的一个方面。

民间社会人群、组织和制度实际上是乡土社会政治、经济、文化和社会等要素在历时性和共时性发展中不断互动和变迁的结果。因此，我们最终还是要将它们放在一定时段、一定地区的“时空连续体（区域）”中来进行看待。

以上这几个层次从上到下看就是将诉讼碑刻放到区域社会经济发展的整体之中，用整体史的方法来研究诉讼碑刻；从下往上看就是区域社会经济文化在诉讼碑刻中的体现，或者反过来说是诉讼碑刻所反映出来的区域社会经济文化的整体面貌。前者落脚点在诉讼碑刻或诉讼这样的法律史问题上，后者落脚在区域社会经济文化这样的区域史问题上，从材料来看又是一个民间历史文献学问题。法学在很大程度上是试图通过立法、程序正义和司法实践来实现社会普遍的公平正义。然而，“大道废而有法”，法律意识、制度和实践的背后有一整套社会经济和文化制度。以上这个框架其实是非常普通和简单的，关键是如何去具体构建，下一部分讨论构建这个框架的具体方法。

二、方法

本书的研究方法简单来说就是从一通一通的具体的诉讼碑刻当中发现问题，从中抽取出要素，然后用这些要素来构建一个总体的框架。本书的重点在于发现问题和抽取要素而不在于构建框架。将诉讼碑刻放入区域社会经济文化整体中来进行研究，这是一个说起来似乎很容易的目标，而实际上这需要很多具体的方法来保证，本书用全新的方法来处理诉讼碑刻的资料，可以说，唯有使用这样的方法才能实现这个目标。

（一）民间历史文献学方法

民间历史文献学是一个正在发展中的研究领域，其理论和实践都有很多值得探索之处。本书实际上可以看作是以个案的方式来探索民间历史文献学的一些尝试。这方面问题很多，这里举几个比较突出的方面略做说明，后文考释中有很多地方针对具体问题也涉及这些方面的内容。民间历史文献学实际上是本书的一个重要组成部分。

1. 归户性原则

本书坚持民间文献的归户性原则，并将这个原则作为研究民间文献的基本出发点。对于所有的诉讼案例的名称，本书统一使用“村庄＋庙宇＋时间”的定名方式，不使用“某某诉某某”这样的英美普通法系中的案例表述习惯，例如寨上关帝庙道光案例、郭庄关王庙顺治案例之类，对于同一村同一庙同一年号有两个以上案例的再注明详细年份，例如北凹玉皇庙咸丰五年案例和咸丰八年案例。这样的命名方式就是出于归户性的考虑。这里的归户性是广义的概念，民间文献的归户性原则主要是来自对徽州文书的研究，徽州文书因为与家族有密切关系，因此称之为归户。华北地区家族势力较弱，很多民间文献未必是归到“户”，但也是要归区域、归村、归庙、归商号、归行业等，这些我们也可以按照旧的概念统称为归户。在本书的研究中，将诉讼碑刻归户就是将诉讼碑刻归到村庄庙宇之中。这也就是每个案例中一开始都要简要介绍村庄庙宇情况的原因，本书坚持认为必须将诉讼碑刻放到特定的村庄庙宇的“户”之中才能进行正确的整理、解读和研究。否则，那种研究就是非历史的研究。

归户之所以特别重要是因为归户的实质就是将民间文献的个案与背景框架联系起来。当我们已经建立起了一个背景框架，面对民间文献的个案，我们需要做的就是将两者联系起来，这种联系有两个方面，一个方面是要将民间文献的个案放入背景框架中去看待，也就是找到它的位置，把它放到它应该在的位置上，另一个方面是从民间文献的个案中去抽取要素，让它去构建背景框架。对于任何一个民间文献来说，两个方面都是同时进行的。新出个案随时要放到背景框架中来认识，背景框架也随时要被新出个案所修正。这和自然科学中面对新的观察实验结果，及社会科学中面对新出现的现象和调查结果时的处理方式是一样的，区别是民间文献的背景框架本来就是由个别的案例通过抽取要素而编制起来的，它不是什么抽象的理论概括，而是经验的积累，这更类似于文物鉴定等工作的情形。

诉讼碑刻的归户有其特点，在传统中国社会，诉讼是知县的专属权力，县政府的其他人员均不得处理诉讼案，这是国家制度上非常重视的一个界限。即便到了民国，一开始也还是由县知事或者县长来进行审判，民国中期才开始施行法院制度，司法与行政才逐步发生分离。因此，明清一直到民国前期诉讼的审判主体只能是知县、县知事或县长这样的县政府的掌印官。在这个意义上，所有的诉讼的归户都可以是县政府。就这一点而言，诉讼碑刻是很特别的一种民间文献，绝大部分的民间文献，政府这个官方身份都是不在场的，而对于诉讼碑刻来说，政府总是在场的。实际上，这种现象体现出来的是诉讼是一种极其重要的国家权力的象征。按照韦伯对国家的界定，国家就是一种在给定范围领土内垄断了合法暴力的人类共同体。[①] 诉讼的背后是刑罚，刑罚就是暴力的合法使用，这也就是为什么国家要那么重视诉讼这种权力的原因。然而，归户是和一定的文献存在形式相联系的，如果同样的诉讼案例出现在县政府的档案中，那么它的存在形式和在碑刻中的存在形式就会有所不同。诉讼并不仅仅是所谓“堂断”的那个过程，而是此前此后的一系列的社会经济现象。“堂断”的过程所产生的一系列的文书会以各种形式保存在县政府这个归户主体的档案之中，这类档案在其他地区也有大量存世。而与诉讼有关的其他的各种民间文献却以另外的形式存在着。当我们将视野扩大，将诉讼放到区域社会整体中来看待的时候就会发现上述各种文献的归户存在各种各样的情况。诉讼碑刻也是其中的一种形态。在这里，诉讼成了连接这些所有文献的一个桥梁。就本书所研究的诉讼碑刻而言，归户的重点是村庄庙宇，最主要的原因是这些碑刻就放在村庄庙宇之中，刊立这些碑刻的主体就是村庄和庙宇及其组织。同样是诉讼的民间文献如果不是以碑刻形式出现，它的归户可能就完全是另一回事。当然对于扩大了的归户概念来说，归户并不一定是唯一的，也可以多重归户，诉讼碑刻也可以归户到村社或家族之类的主体，但是村社或家族也必须放在村庄庙宇的背景下来看待。

2. 碑刻文献的信息及其特点

碑刻文献学中一般将“以石质材料为书写载体的铭刻文字称作碑刻”[②]，碑刻文献就是由碑刻构成的。碑刻文献一般来自碑碣，相应地，我们可以将碑碣界定为在石质材质上刻写文字的文物。石材是其材质，文字是其内容。在实际的田野调查中，我们发现很多类似碑文内容并不是刻在石头上的，而是写在布、纸、墙、木板等其他材质上（通常称为题记）。就内容来

① ［德］马克斯·韦伯著，林荣远译：《经济与社会》（下卷），商务印书馆 1997 年版，第 731 页。

② 毛远明：《碑刻文献学通论》，中华书局 2009 年版，第 6 页。

说，这些文物也理应看作是碑刻，因此，可以将这些文物也看作是碑刻的延伸种类。同时，我们也发现不少石刻，其上并没有文字信息，而是只有图案（如线刻图）。就材质来说，此类石刻也可以看作是碑刻的另一种延伸。就碑碣的界定而言，保持一种开放性是比较适宜的，这比较适合民间历史文献实际的复杂性和田野调查工作的开放性。碑碣所携带的信息是全面而复杂的，这里尝试做一个简单的分类研究。

第一是物理信息，碑碣作为一种文物实体有其物理属性。主要包括材质信息、形制信息和尺寸信息。

第二是图案和格式信息，碑碣上所刻的符号除了文字信息之外还有部分非文字信息，主要是指图案和格式。图案信息可能是线刻绘画，更常见的是碑首和碑边缘的装饰性图案。这些图案除了其本身的美术史价值之外，其特征也具有社会经济史价值，可以根据这些图案来分析区域之间审美习俗的相互关系。除此之外，碑文中的印章也可以看作是图案和文字的结合。文字的字体或书法信息也可以看作一种图案信息。格式信息主要有两种。一种是在叙述中因为尊敬或自谦而改变格式，例如对神灵或者皇帝之类词汇空格、换行等格式，传统文献中也有类似情况。另一种是捐款题名中出现的地点、个人或商号名称、捐款数量和货币单位等信息，这部分信息格式非常复杂，碑文整理时困难很大。

第三是环境信息，碑碣存在于具体的环境之中。可能存有碑碣的地方包括博物馆等文物收藏单位、庙宇、祠堂、墓地和墓葬、路桥井边（修路修桥修井碑）、挪用了碑文作为建筑材料的现代建筑等。这些环境包含着解读碑刻的重要信息。正是因为这个原因，碑碣保存尽量遵从原地保存的原则。环境信息还包括碑刻和同处一个地点的其他碑刻等文物之间的关系。环境信息事实上还包括一些非物质的内容，如当地的民俗文化等。

第四是历史信息，对于那些已经和原始环境发生了（或发生过）分离的碑碣就存在历史信息的问题。其原来的具体位置、发现的经过、保存的过程等都是这种历史信息。一般地，历史信息对碑刻来说比较简单，其他类型的民间历史文献历史信息会更加重要。

第五是归户信息，碑刻和其他一切民间历史文献一样，归户是重要的整理原则。这里的归户是广义的，就是文献产生或曾经保存的地点或机构，包括区域、村庄、家族、家庭、商号、个人等。碑刻的归户最方便的就是庙宇、村庄和区域。归户信息常常保存在环境信息和历史信息之中。

最后是文字信息，碑刻中最被历史学家重视的信息仍然还是其文字信息，这也是碑刻整理的主要目的。

和传统文献不同，碑刻文献往往原本是以碑碣这种文物的形式存在的，它需要通过研究者的整理才能转化为可供学术研究使用的文献资料。文献整理的过程实际上是一个提取有价值的信息并转换载体的过程。在这个过程中，一部分信息会有损失。这种信息损失既是不可避免的又是可以通过采取一些措施来尽量弥补的。最主要的弥补措施就是后面要说到的田野调查的方法。

3. 文书与碑刻的关系

不同类型的民间文献的特点不同，相对于其他文献来说，碑刻文献的主要特点是保存时间长，不易破坏，不易移动。碑刻中除了专门为刊立碑刻而撰写的小序之类的文字以外，还存在将文书材料直接刻在碑上的情况，例如各种捐款题名其实都是将捐款的缘簿刻在碑上的结果，而缘簿本身是一种文书类型。这样的一种现象，龙尾东岳庙民国案例碑文中明确将它称作“抄誊勒石”，我们可以将这个词汇视作是一个概念，即文书材料被照原样翻刻在碑刻上的这种现象，叫作抄誊勒石。从本书的各案例来看，抄誊勒石的现象非常常见。郭庄关王庙顺治案例中将整个的告执照状的状文都刻在了碑上，下崖底东庄关帝庙嘉庆案例将南沟与东庄两村的合同刻在碑上，寨上关帝庙道光案例中将施井的合同，也就是施状刻在碑上，等等。这些文书材料原本都不是碑刻，当它们转换为碑刻形式的时候，就出现两个问题，第一个问题是文书为什么要刻在碑上，第二个问题是文书刻在碑上以后会出现什么样的后续结果。这些都是我们在碑刻文献学上需要讨论的问题。这些问题在正文中都会涉及。对于碑刻文献的讨论主要是针对现在的研究者改变碑刻的载体对碑刻进行整理的过程中所发生的转变，而这里讨论文书与碑刻关系就是在说当时的人们改变一种民间文献的载体将它变成另一种载体的转变。它们共同告诉我们在考虑诉讼碑刻文献内容的同时也要考虑其形式，因为形式和内容是紧密联系在一起的，如果不清楚形式，对内容的结论就会很片面，就会不知道应该将它放在背景框架中的哪个位置。

（二）社会经济史的田野调查方法

田野调查最早主要是作为人类学以及类似学科的一种独特的研究方法，

但其本质含义即是走出书斋，走向现场的工作方式，译作实地工作或实地考察更为恰当。在这个意义上，所有学科都可以使用田野调查的方法。强调这一点的意义在于我们认为田野调查的方法并非是从人类学之类的学科借用的方法，而是社会经济史自身的方法，只是这种方法源于人类学之类的学科。任何一个学科如果试图使用田野调查的方法，那就必须根据自身的研究对象和特点对原来的人类学的田野调查方法进行修正，从而使得田野调查方法成为本学科的方法。社会经济史的田野调查方法主要有以下一些特点，这些特点充分体现在了本书研究的结构和内容之中，如果不理解这些特点就无法理解本书特有的篇章结构。这里不能就社会经济史田野调查方法做全面的讨论，只简单说明社会经济史田野调查方法对于诉讼碑刻的研究在哪些重要方面有所促进。

首先，通过社会经济史的田野调查方法来补充碑刻中涉及的人名、地名、山水名、家族、组织等其他专有名词的知识。社会经济史比较重视客观的社会经济，而非主观意识上的“意义”或“认同”。主观主义是“认识论转向”以来的近代哲学的一个魔咒，人们虽然对之不满，但却无法摆脱它，现代哲学试图通过语言来摆脱它，但效果也还有待历史的考验。社会经济史重视客观的社会经济研究，并非是对于这种主观主义的无知，而是试图揭示出人与社会之间复杂的互动关系，不把关切的重点放在深度的“基础”上，而是把重点放在广度的丰富性上。因此，社会经济史的田野调查并不将重点放在“人”及其集体意识方面，而是更多放在村庄地理、标的物、谋生方式、社会组织、经济组织等对象上，而这些也常常是我们在理解诉讼碑刻的时候常见的一些难点问题。用法律的术语将诉讼碑刻套在一定时期法律的制度和实践当中是容易的，但是要想真正把诉讼碑刻放入具体的社会经济生活中却很难。原因就是缺少细节，对于现代的法律个案的研究能够找到大量的细节，但是诉讼碑刻中对案例的记载常常是非常简略的交待过程和结果，而其中所涉及的大量的地方性的人名、地名、标的物和组织等都是很难具体化的。面对这种情况最好的办法就是通过田野调查工作去进行补充，利用其他相关的材料进行补充。本书利用同村其他庙宇的碑刻以及同庙其他碑刻对诉讼碑刻中出现的各种专有名词都进行了一些考证工作。这样一些信息表面上看起来没有直接的用处，但是它对于我们以后进一步根据其他较为复杂的要素来展开研究和抽绎背景框架具有潜在的重要意义。例如如果我们不知道诉讼当事人在村庄中所属的家族、社会组织或者经济地位的情况，我们就难以把握他们之间矛盾的性质。同样一个诉讼案对于村中的大姓和小姓来说可能就有所不同。再如只要有材料可以考证一个村庄村社的产生时间的，本书都尽量做了考证，因为村社产生时间对于判断村庄类型具有重要意义，同样的诉讼案例发生在不同的村庄中意义显然又有所不同。这些专有名词的信息都是需要结合其他的问题来进行展开的，恰好泽州地区存在着丰富的信息使得我们至少能够对其中部分案例进行一些相关的考证工作。

其次，通过对于碑刻所在小区域的整体的逐村逐庙的调查建立起对于诉讼碑刻所在小区域的较为整体的认识。社会经济史的田野调查比较重视整体的“鸟瞰”，而非微观的“深描”。这里的关键问题就在于如何处理好个案研究与普遍结论之间的关系。社会经济史更多应该采用对大量个案进行统计性的数据处理，从而得出一个概率性的统计性结论的办法。因此，逐村逐庙的调查就是社会经济史调查的题中应有之意。逐村逐庙调查最重要的价值其实并不在于材料的一网打尽而没有遗漏，对于晋东南这样的碑刻如此丰富的地区，如果没有很好的条件和机缘，逐村逐庙调查几乎是任何研究者个人都无法实现的。总体调查当然是最好的，抽样调查也是可以的，重点是抽样调查必须满足随机性的原则，如果做不到随机，统计结论就会出错。但是，田野调查的方式常常会无法做到随机，有史以来的地方官师、游玩的文人和吊古的士大夫等都会更加倾向于去交通更为便利的驿站或者县城，这些区域留下来的史料更为丰富。民国以来的现代研究者和地方文化工作者也是如此，县城周边等其他交通便利之处或者被国家各部门评为国保或传统村落的地方调查的人就会偏多，这显然不是随机调查，这就会扭曲统计结果。社会经济史田野调查的抽样调查应该建立在对整个区域的整体把握基础之上，综合考虑地理的、行政划分的、社会的、经济的和文化的各种要素来区分子区域，然后在每一个子区域内进行选点，哪怕是并没有历史文化遗存的村庄也可以进行选点。同时，调查虽然未必要逐村逐庙，但是必须有一定的量，样本数量越接近总体，正确率就越高。这样的调查选点的原则和人类学的选点原则大异其趣。人类学强调的是在一个调查点长期的、深入的调查，融入调查对象之中，成为调查对象的一部分，以为只有这样才能挖掘到文化深层的东西。本书的诉讼碑刻研究建立在对于高平地区逐村逐庙调查的基础之上，基本上做到了总体调查。虽然由于种种原因，本书没有能够收录目前为止所知的所有高平地区的诉讼碑刻，但是建立在逐村逐庙调查的基础之上，通过运用其他碑刻材料进行考证，书中基本能够做到对诉讼碑刻所在村庄的地理环境、庙宇信仰、家族、村社组织和乡村经济的全面把握，对诉讼碑刻所在村庄和庙宇的类型和特点及其典型性有所把握，对诉讼碑刻所在村庄周围村庄小区域的全面把握，对诉讼碑刻所在区域民间社会与国家整体法制的关系有所把握。如果我们对于一个村庄所在的小区域内的气候、地理和水资源的情况缺乏了解，我们就不知道为什么会发生争水以及这样的诉讼在什么时间什么地区更容易发生；如果我们不知道两个村庄之间的位置关系和空间距离，我们可能就难以理解为什么这两个村庄会发生相关的争议。将诉讼碑刻放入社会经济的整体中进行研究首先是要放入它所在的小区域之中来看待。

再次，通过田野调查工作补充碑刻除文字信息以外的其他各种信息。如前所述，碑刻作为民间文献具有多方面的信息，至少包括物理信息、归户信息、历史地理信息、图形图像信息、文字信息和参考信息等。与其物理实物有关的信息，例如材质、形制和尺寸等，也是重要的信息，虽然这些并非本书研究的重点，本书重点研究其文字信息，但是也对相关其他信息进行了比较完整的保留。尤其需要指出的是，是否保留这些信息并非重点，重点是如何看待这些信息。对于考古学之类的学科来说，这些个别对象本身的信息就是重要的，而对于社会经济史来说，这些信息的统计性价值才是更重要的。以碑刻尺寸为例，具体的一两通碑刻的尺寸对于社会经济史来说并不那么重要，它不能反映什么问题，但是众多碑刻尺寸的统计性结果则反映着当时的一种石刻工艺或区域习俗的特点，这就显得非常重要了。所有这些除文字材料之外的碑刻其他信息均需要通过实地的田野调查工作来获取。田野调查并不仅仅是为了要获取碑刻文献材料，更重要的是它能够帮助我们去丰富和完善碑刻所携带的各种信息，在田野调查中发现的碑刻文献，其各方面的信息是完整的，而直接阅读整理好的碑刻文献资料则只能得到部分的信息。这反过来给民间文献整理工作带来的要求就是尽可能地保留碑刻相关的其他信息。

（三）历史地理的方法

时空是我们对民间文献个案进行分析的重要要素，史学中所要处理的时空不是哲学和物理学中的抽象时空，而是类似于地质学或生物学那样的具体的时空，而那种抽象的时空并不能够涵盖具体的时空。如果说民间文献的归户原则解决的是民间文献个案与总体的背景框架之间如何联系的问题，那么历史地理的方法就是最重要的建立背景框架的方法。因此，如果以一个简化的方式表述的话，将民间文献放到背景框架当中来进行研究也就可以说是将民间文献放到历史地理的框架中来研究，这种说法在一个最简化的意义上是成立的。本书在田野调查的基础上对每一通诉讼碑刻所在的村庄的地理位置给予充分的重视，并对村庄的历史变迁都做了尽可能的考证，这是对历史地理方法最基本的使用。运用这样的基本的历史地理的方法所建构起来的框架是和大量的具体的地理知识结合在一起的，它在多大程度上可以进行类型化的抽象概括还是一个问题。例如，在附录中我们对所有诉讼碑刻所在村庄进行了一种类型化的整理，但是这种整理没有真正地概括为几种抽象的村庄类型。理解历史地理方法与村庄的类型化之间的关系是一个重要的问题。对村庄类型进行概括的尝试在很多经典研究中都有，对于华北地区来说，最著名的是杜赞奇利用满铁调查材料所做的研究，它根据宗族和宗教的势力大小和财富的多少对华北的村庄进行了分类①，其分类所依据的村庄数量相当少，因此也显得有些武断，但是其思路却很有启发性。本书对于村庄类型（庙宇类型的情况类似）所做的类型化整理从根本上不同于杜赞奇等人所做的研究。本书的重点在于将一些历史地理的要素抽取出来。

首先是一维空间上的位置和方向。位置和方向总是相对而言的，对于任何一个位置的讨论都要选择一个参照点来进行。在宏观上，我们常常选择县城作为参照点，这是由诉讼碑刻这种民间文献的性质决定的，诉讼碑刻实际上是国家向下与民间社会发生关系的一个重要的连接点，“无事纳粮，有事报官”，这可以说是传统社会的村民与国家发生关系的最主要的两个通道。在地理的意义上，县城这个位置就是国家（首都）与底层社会（村庄聚落）发生关系的那个连接点，从这里也可以看出即便是一维的空间关系也可以是多层级的。这样的参照点也可以选择其他一些重要的地理标识，如果我们研究炎帝，可能这个参照点就要选择羊头山，如果研究汤帝，这个参照点毫无疑问就是析城山。和二维空间不同，一维空间上只有两个

① ［美］杜赞奇著，王福明译：《文化、权力与国家》，江苏人民出版社 2003 年版，第 10 页。以下关于类型化和分类的区别的探讨取决于如何理解杜赞奇的分类，如果它的分类是一种韦伯的理想式的分类，而不是针对具体的村庄，那么则和本书的方法是一致的，只是其要素数量很少，过于简单。

方向，也就是从上到下和从下到上，这个时候东南西北没有意义，有意义的只是选择的参照点是更高还是更低。在微观上，我们以村庄的地理中心为参照点，通常情况下村庄的地理中心同时也会是社会经济中心，这是由所谓的最小距离的最优化原则决定的，但是这种抽象原则不一定与具体的实际情况符合。微观上主要体现在描述庙宇所在的位置位于村中的位置。

其次是二维空间上的村际关系网络、中心与边缘等小区域问题。二维空间上最基本的问题就是在一个向心区域中中心和边缘的关系。将诉讼碑刻放到整体的社会经济中来研究首先是放到其所在村庄庙宇之中，这就是归户的含义，然而这是不够的，还要进一步地将村庄放到其所在的周围的小区域之中来看待。本书中我们不像其他研究者那样试图构建一个先验的小区域结构的模型（例如施坚雅模式），这样的小区域不能先验地确定其大小、范围和形状，只能在田野调查基础上根据其周边村庄的情况一点一点进行描述，只有在附录中才试图进行了一些类型化的处理。二维空间关系的多层级特点更加明显。碑刻在庙宇中的位置可以视作第一层级，它能够反映很多问题，例如一般来说越是刊立时间早的碑刻越是接近正殿，当然这是因为庙宇一般都是不断地扩建的。庙宇在村庄中的位置是第二个层级，这反映了庙宇在村庄中的重要性，进而可以进行类型化的处理，诉讼碑刻所在的庙宇一般都在村庄中很重要的位置。村庄在其所在小区域中的位置也很重要，这方面的问题更加复杂，可以从地理的、政治的、经济的和文化的各方面来进行分析。

再次是微观上的聚落内部的公共区域与私人区域、庙宇分布与朝向、山水与村庄的关系等。这里的微观基本上是以村庄聚落为基本单元的空间尺度，这种情况下村庄不能被还原为一个点，宏观的讨论中，一个村庄就是一个点。庙宇作为一种公共区域在村庄中一定是占据一些重要的地理位置，即便不是整个村庄的中心，也是其周围一小片的中心。庙宇分布和朝向均蕴含着经济、文化等历史方面的信息。人们居住的聚落总是在一定的环境中，其中山和水是最重要的值得关注的环境要素。

最后是宏观上的大的地理空间、商路或官道的影响等。村庄集群的小区域也是宏观的地理空间，但是这里更多的是指县域范围乃至超越县域范围的空间尺度。虽然本书的诉讼碑刻个案都集中在高平一个县域，但是周围更大的空间范围对于很多村庄也是有影响的，特别是那些位于官道或商路边上的村庄以及那些位于几个县域交界的地方的村庄。因此，在宏观上更大的空间尺度上来看待这些诉讼碑刻所在村庄庙宇是有参考意义的。

本书的重点是对以上这些历史地理要素进行标注、测算和取值，由此得到的数据虽然呈现出一定的类型化特征，但是并不构成对具体村庄的分类。对于给村庄分类保持一种谨慎的有保留的态度是为了维持一种整体的背景框架。以上任何的一个要素都可以作为对村庄进行分类的依据，但是只要从中选择一些进行了分类实际上就破坏了村庄类型化的研究中所具有的丰富性，容易过分强调某方面的要素而忽略其他。

（四）整体史的方法

对于建构总体的背景框架来说，除了历史地理的方法至关重要以外就是所谓整体史的方法了。整体史的说法多少有些模糊，这里主要是将其看作是一种方法论，其实基本上也可以看作是前面所说的总体的背景框架的含义，但是总体史的说法更侧重史学研究内容方面，而背景框架主要针对民间文献的整理与研究这方面的史料问题而言。实际上对于本书所做的诉讼碑刻研究来说，整体史的方法主要体现在两个方面。

第一个方面是将诉讼碑刻放到国家与社会的总体框架下来看待。虽然国家与社会这种框架本身很成问题，它是否适用于中国还有待探讨。至少它对于诉讼碑刻来说具有特别重要的意义，诉讼碑刻在民间文献中属于比较特别的一种，至少在碑刻文献中是比较特别的一种，原因就是所有诉讼碑刻都有代表着国家的县政府的参与。这种类型的民间文献先天就带有国家与社会中间衔接环节的意义。区域研究本来不一定要以行政区划的区域为标准，但是行政区划的县域有时候具有特别的实用性，例如诉讼碑刻就是如此。因为诉讼这件事情决定了一个县域范围之内的诉讼案例都是由这个县的知县来管理的。至少在这一点上，以县域为单位的划分就具有合理性。这里反映的不是诉讼碑刻这种民间文献的一种偶然的特点，而是民间文献中本来就存在着介于国家与社会之间这样的特点，民间文献不能说完全是民间的。我们既需要自上而下地考虑司法实践在民间社会中究竟是怎样的，从而超出了纯粹国家的范畴，又需要自下而上地考虑什么样的社会问题最终以诉讼的形式呈现出来，从而越出了纯粹民间的范围。

第二个方面则是从社会（政治）、经济和文化的方面的考察。由于研究方向的差异和学术研究的问题导向，史学研究常常从很多不同的角度来对民间文献进行研究，这本身是无可厚非的，但是在一定范围内，这种研究方法是有重大欠缺的。如果我们要想对特定的一部分民间文献建立起一个基本的背景框架，那么我们就不可能限制在任何一个研究方向和问题之中。建立这样的背景框架自然地就会要求突破习惯上的研究方向和狭隘的问题意识。取而代之的是从民间文献的个案中去发现一个一个的具体问题，这些问题不是从理论出发的问题，而是直接从民间文献本身出发的问题，这些问题来自类似历史地理这样的总体性的方法论，而不是来自任何具体的理论，从这些方法论出发从民间文献的个案中抽取要素，将这些要素整合为一个总体的背景框架，这是研究的最基础也是最重要的步骤。这里并不是说所有的研究都要面面俱到，这实际上既是做不到的，也是没必要的。这里强调的是作为一种方法论的整体史。任何研究都要在一个总体的背景框架当中来进行，但并非任何研究都需要涉及政治、经济和文化的各个方面。

（五）个案研究与总体概述相结合

个案研究与总体性结论的结合是研究中常用的方法，但是这里首先需要明确这种表述的含义，本书所谓的个案研究与总体概述的结合与一般意义上的这种结合有所不同。这里所说的个案研究也就是对于具体的诉讼碑刻个案的考释工作，这些具体考释工作虽然可以称作个案，但是它们不应被看作是总体性结论的个别的例子，这些个案本身具有更为根本的绝对的意义。这不是说这些个案是不可缺少的，也不是说这些个案是因为它们的特殊性而重要的。实际上个案的选择是随机的，缺少任何一个个案都不影响整本书的结论。从方法角度来说，尤其应该强调个案选择的随机性。相对于这种方法而言，本书反而是一个特例，它基本上包括了高平这个县域的几乎所有个案。虽然任何个案研究都不是因为其特殊性而重要的，但是它所体现的一般性并不是任何的理论，这些个案研究不是作为一个例子来说明一个普遍性的总体性的结论的，甚至它们也不是用来说明本书所谓的民间文献的背景框架的，它们是用来说明本书所说的民间文献的方法论问题的。在一般的研究中，所谓个案研究与总体概述的结合仅仅是说论述的形式而言，从内容上来说，既然个案研究是用来说明总体结论的，它只具有论证过程的意义，结论是绝对的中心，个案研究只是论证的工具。这不是真正意义上的结合，个案研究只是从属于总体结论的一个附庸。本书所说的结合则不同，个案研究和总体概述是从两个不同的侧面来反映民间文献研究的方法论，它们都是笼罩在方法论问题下面的内容，它们是在相互弥补对方的不足之处，这种结合是真正意义上的结合。

个案研究与总体概述的结合中也是有所侧重的，个案研究比总体概述重要得多。从共同反映方法论问题的角度来说，个案研究反映的更多的是研究的过程，也就是怎样去做，而总体概述更多地反映的是研究的结果，是做成怎样。对于本书来说，过程比结果重要。这里所说的过程和结果是容易引起歧义的，歧义的澄清也就是为什么过程比结果重要的理由。对于民间文献的研究来说，这里所说的结果不是研究的结论，而是一个总体的背景框架，这样的一个框架本身并没有内容，只有当具体的民间文献个案与这个背景框架结合起来的时候，研究结论才能产生。因此，这样的背景框架没有正确错误可言，只有完善与不完善的区别，它本身是一个研究工具。更为重要的是，一定的研究对象和一定的研究工具是相适应的，这样的背景框架对于不同的研究来说是不一样的，每一次都需要针对具体的研究问题来进行建构，以往建构的背景框架只有参考的意义，只是一种经验，研究诉讼碑刻需要建构起来的背景框架和研究村社组织就不同。正是因为以上理由，过程比结果更为重要，而对于一般意义的研究来说，总是结果要比过程重要的。

如果要用一句话简单地概括以上观点的话，那么可以这样表述：研究民间文献的方法就是去处理从民间文献中发现的一个一个具体的、个别的问题。这样的立场可以称作“方法即问题”。“方法即问题”并不是一般意义上所谓的后现代的“反对宏大叙事”，实际上，后文的碑刻考释中有大量的宏大叙事的成分，有时候其宏大叙事的程度甚至非常严重，以至于有从碑文的字里行间任意发挥的嫌疑。宏大叙事不是体现在具体的碑文考释之中，而是体现在结构之中。碑文的具体考释即便是再宏大叙事，但是它并没有被作为一个基本问题来展开，而是被打散在具体的考释文字中。很多时候，重要的不是提出一种什么样的观点，而是将这个观点放到什么样的位置上。奥古斯丁可以提出“我思故我在”，但是当笛卡尔将“我思故我在”放到一个第一哲学原理的位置上的时候，情况就完全不同了。碑文考释中提出一个观点是一回事，将这个观点作为核心论点进行论证又完全是另一回事。碑文考释这种结构就是将核心放到了具体的一个一个的民间文献本身上面，碑文考释中的观点仅仅是在提供一种可能性，是为了将具体的碑文放到整体的大背景下去看待的方法，这些观点本身并不是要讨论的重心。在这里，“反对宏大叙事”不是作为一种立场而出现的，而是作为一种方法，其最终的走向是开放的，它可以走向宏大叙事，也可以不走向宏大叙事。

需要再次强调的是虽然本书所要处理的核心问题是民间文献的方法论的问题，但是本书并不是以直接的方式来探讨方法论问题的，而是以注解式的示例式的方式。这是因为这种方式是最好的方式，只有在对具体的民间文献个案的处理中所体现出来的方法才是真正的方法。虽然概述的前两个部分都是讨论方法论问题的，但是本书的主体不是对方法论问题的直接探讨。也可以说，本书的方法论的基本观点就是只有在具体的民间文献研究中所体现出来的方法才是更合理的方法，除此之外任何单纯讨论方法论的做法都是不完善的。

三、总体框架

“问题即方法”与“方法即问题”既是一个循环，又不是一个循环。从本书的写作来说，它当然不是一个循环，前一个“问题”是说本书要研究和处理的问题，后一个“问题”是诉讼碑刻中发现的具体问题。如果在更加宽广的视野下来看待民间文献的研究问题，那这就是一个循环。要用民间文献来研究问题就首先要掌握民间文献使用的方法，而要掌握民间文献使用的方法就必须要用它来解决问题，这一定是循环的。每一本具体的著作可以画过半个圆，本书就是从问题到方法这半个圆，是通过在具体的碑刻文献中发现问题来探讨处理民间文献的方法的问题。另一本著作就可以画另外的半个圆：从方法到问题，利用某一种具体的方法去解决一个问题。无论哪个半圆都是不完整的，完整只存在于动态的变化之中，存在于一项研究到另一项研究的过程之中，任何一项研究一旦完成就是静态的，它一定不可能是完整的，它只是对“长青的生命之树”的灰色反映。这个部分试图对大量碑文考释做一个简单的总结，得到一些普遍性的基本结论，这样做的目的就是象征性的画上另外半个圆，让这项研究表面上显得完整一些。实际上，正如前面反复强调的，这样一些所谓的结论不可能是真正的结论，它只是一些暂时的结论而已。

对于历史学的研究来说，我们不能在研究的开始就用“种加属差”的方式来下定义，重要的不是给出一个抽象的定义，历史的丰富性本身就是最好的定义，历史的丰富性超越任何抽象定义的局限，这正是历史研究超越一切社会科学而独具意义和魅力的原因。对此，马克斯·韦伯说思道："对于这样一个历史概念，由于就其内容而言，指的是因其独特的个体性而有意义的现象，所以不能按照'种加属差'的公式加以定义，而必须从历史实在中抽取出个体部分，逐步整合而成。因此，在研究之初，无法形成最终的确定性的概念，而必须在研究的结尾得出。"① 换言之，对于概念的界定实际上是一项历史研究最重要的结论之一，而并非是其研究的前提。

诉讼碑刻作为一个概念并不成立，诉讼和碑刻之间没有一种本质性的关联。作为一种民间文献的碑刻原本并不存在是诉讼碑刻的还是非诉讼碑刻的区别。诉讼碑刻的真实含义应该是"碑刻中的诉讼"。因此，我们绝不能将碑刻分为诉讼碑刻和非诉讼碑刻两类来进行研究，实际上，正如前面反复强调的要将诉讼碑刻放入区域社会经济文化的整体之中，而所有碑刻都在一定程度上反映着区域社会经济文化的某个侧面，因此，在一个极端的意义上，所有碑刻都是诉讼碑刻，所有碑刻内容都或多或少和诉讼有某种关联，哪怕它并没有直接提到任何诉讼。这样的思路充分体现在本书的研究中，在实际的研究中就会发现如果对于区域整体情况没有充分的把握，诉讼碑刻的研究几乎是不可能的。在实际的碑刻选择中，本书的主要选择标准是碑文中有具体的诉讼案例出现的碑刻，诉讼案例有一个固定的结构，这样一个固定的结构就为我们从整体上来研究这些诉讼碑刻提供了方便。

（一）诉讼相关主体

诉讼相关主体是对与诉讼碑刻有关的所有主体的统称。总的来说，主要有以下几种类型的诉讼相关主体：诉讼双方当事人及其代理人、调解者、审判者和碑文刊立者，这些主体可以分别叫作诉讼主体、调解主体、审判主体、刊立主体。除此之外个别案例中还有调查者，个别案例还有一些其他相关人，这两类都是比较少见的情况。诉讼双方当事人和审判者这三种主体是不可或缺的必要主体，代理人可以和诉讼当事人是相同的，调解者不是必不可少的，但是在本书案例中非常普遍。这些诉讼主体中审判者是最简单的，诉讼审判是国家制度中予以规范的，知县来自全国各地，由于

① ［德］马克斯·韦伯著，彭强、黄晓京译：《新教伦理与资本主义精神》，陕西师范大学出版社2002年版，第17—18页。引者对翻译略有调整。

清代规定不允许在本地为官，清代知县全部都不是本地人，他们虽然来自全国各地，但是都经过一套大致相同的儒学教育和为官经历，因此，他们在审判中表现出来的是一个群体的集体判断。对于审判者这种主体这里不做专门讨论。刊立主体也很简单，一般都是村社或村公所，不过有一些是在知县的命令下村社决定刊立碑刻的，有些则是村社自己决定刊立碑刻的。这里对刊立主体也不做详细讨论。下面分别对诉讼双方当事人和调解者这两个诉讼主体进行讨论，重点是诉讼双方当事人。具体的统计结果和数据参看附录中的附表 4 和 5，每个案例的具体内容参看每个案例考释中的碑文考释部分，考释部分最重要的内容之一就是诉讼相关主体。

1. 从诉讼当事人看诉讼类型

从最表面的层次来看，诉讼双方当事人可以决定诉讼的类型，从本书案例中可以概括出几种常见的诉讼类型。这些类型的区分有以下几条标准。首先，按照法人与自然人的区别，将诉讼当事人区分为个人与组织两种类型，有些财产是属于家族的，诉讼当事人是家族整体，而非个人，这种情况下家族也视作个人。其次，按照地理空间关系，将诉讼当事人区分为邻村和本村。最后，根据以上两种区分进行排列组合之后，可以得到六种诉讼类型：（1）本村内部，个人与个人之间诉讼；（2）本村内部，组织与个人之间诉讼；（3）本村内部，组织与组织之间诉讼；（4）邻村之间，组织与个人诉讼；（5）邻村之间，组织与组织之间诉讼；（6）邻村之间，个人与个人之间诉讼。本书案例中除没有第六种之外，其余五种都有，下面分别讨论五种情况。

（1）本村村民或家族内部诉讼

本村个人之间的诉讼其实可能是最常见的诉讼类型，毕竟因为居住邻近，相互交往关系也就比较频繁，因此发生的矛盾纠纷可能也就比较多。但是在诉讼碑刻中，这一类型的诉讼发生的很少，即便有，也存在一些特殊情况。本书案例中仅有一例，就是窑栈村关帝庙嘉庆案例，这是一个家族内部争夺地产的案例，就诉讼内容而言，这是一种很常见的诉讼类型。如果不是因为诉讼最终的结果是地产归了村社，变成了社产的话，这个案例也不会出现在碑刻之中。

这其实还要从诉讼碑刻这种民间文献的性质说起。任何史学研究都和其所使用的史料的性质有关系，任何研究都是和史料相关的研究。诉讼碑刻这种民间文献的一个根本问题就是为什么这个诉讼案例要刻成碑的形式保留下来。这主要有两个原因。第一个原因是碑刻文献的持久性。碑刻这种形式的文献最主要的特点就是能够长期保留，也就是“永垂不朽”的意思。只要是刻成碑刻的内容一定是刊立碑刻的主体认为这些内容应该长期地保留下去。第二个原因是这些碑刻内容是和村庄集体事务有关系的，就诉讼碑刻而言，由于主要处理的是利益关系（信仰方面的碑刻主要是文化内容），因此，也就是诉讼碑刻主要和村庄集体利益有关系。将这两个方面整合到一起来说，那就是村庄庙宇中的诉讼碑刻常常是和一个村庄的长久的集体利益有关系的。这就是理解诉讼碑刻这种类型民间文献的最主要的线索。

村庄内部个人之间的诉讼一般来说很少涉及村庄集体的长久利益，因此很难进入到诉讼碑刻这种类型的文献之中。村社组织是村庄集体利益的最集中的体现，一般来说，凡是涉及村社才能说是涉及村庄集体利益。窑栈村关帝庙嘉庆案例在两个点上涉及了村社。第一个点是争议地产的原始主人是原来关帝庙的住持，但是由于这片地的归属本身没有争议，公认这片地是属于住持个人所有的，因此这个关联点其实只能算作是后来地产归社的一个历史契机。第二个点才是关键，那就是争议地产最终归属村社，而村社刊立这通碑刻最主要的动机不是去记录这一次诉讼案例，而是利用这通碑刻证明这片土地是属于村社的社产。虽然形式上这通碑刻记载了此次诉讼事件，但是它其实和各种各样的社产碑是一致的，它的主要功能是宣示对社产的产权。村庄内部村民之间的诉讼在没有涉及村庄集体利益的情况下一般是不会出现在碑刻中的。除了受到碑刻文献本身特点影响之外，本村村民个人之间的诉讼还有一套成熟的调解机制，调解村民之间矛盾是村社的重要功能之一，民国以后更是成立了专门的息讼会，部分地分散了原来村社的职能，这也使得村民之间的矛盾纠纷不容易进入诉讼的程序，也就不会以诉讼碑刻的形式出现。

（2）村庄组织与本村村民或家族之间的诉讼

村庄组织（村社和乡地等）在村民个人之间的诉讼中能够承担调解者的职能，但是它自身也可以作为诉讼一方出现，这时它就失去了第三方的调解者身份。当村民个人的行为侵犯的不是其他个人的利益，而是村庄集体利益的时候，村社就可能与村民个人发生诉讼。本书案例中共有四个案例是这种类型：拥万关帝文昌阁咸丰案例、石末神山庙道光案例、秦庄岭村玉皇庙民国案例和柏枝西天院民国案例。

拥万关帝文昌阁咸丰案例比较特别，需要首先说明。这个案例表面上来看属于上面一种类型，也就是村民个人之间的诉讼。诉讼的一方是唐姓家族，另一方是宋太平。实际上由于关帝文昌阁是由唐姓家族修建的，此庙不属于村社的社庙，而是具有唐姓家族家庙的性质。管理这个庙宇的组织和唐姓家族是重合的，在村庄庙宇这个角度上来看，唐姓家族视作是一个组织更为合适，只是这个组织代表的不是村庄集体利益，而是关帝文昌阁这个村庙的整体利益。之所以要这样考虑是因为庙宇的归属实际上是一个不断会发生变动的事情。以拥万这个关帝文昌阁为例来说，此阁是雍正七年由唐姓家族创修的，其后一直由唐姓家族修缮。到了光绪二年，虽然还是唐姓家族为主体组织重修的，却开始有了其他人的参与。这在泽州地区是一个比较普遍的情况，晚明前清时期由家族创修的庙宇到了清代中期以后慢慢就开始归社所有。这样的情况也是和清代中期开始村社越来越普遍和成熟，而家族势力开始衰落有关系。无论如何，拥万关帝文昌阁咸丰案例在这里归入村庄内部组织与个人之间的诉讼并不是因为诉讼一方是家族，而是因为诉讼一方实际上是庙宇，唐姓家族是这个庙宇主体的代理人，而庙宇从根本上具有公共性，它代表的是集体利益，而不是个人利益。拥万关帝文昌阁咸丰案例所代表的是村中个人侵犯了庙宇集体利益的时候发生的诉讼。也正是因为诉讼只是和关帝文昌阁这个庙宇有关系，而不是和整个村庄有关系，因此，该诉讼碑刻不是放在村中主庙二仙庙中，而是放在关帝文昌阁这个庙宇之中。

石末神山庙道光案例则是另外一种情况，虽然碑文中也提及三教堂和紫金山的庙宇，但是这个案例中村民犯界起石侵犯的主要不是庙宇的利益，而是村社的利益。村社将紫金山视作村社的集体财产并加以保护，这一点是和中村观音寺民国案例中中村大社对观音坡的保护是一样的。石末神山庙的这个案例也有一定的特殊性，这是一个本来不大应该发生的诉讼。一方面，侵犯社产的是本村的村民，本村村民对于社产应该有清晰的认识；另一方面，早在乾隆时期就有禁约碑对犯界起石有明确的规定，而且对紫金山的四至做了清晰的规定。也就是说，诉讼事件完全在村社的调整范围之内，规则清晰，处罚手段明确。发生类似这样的事件是难免的，否则也就不需要禁约了。发生此类事件之后也按照村社习惯进行了罚戏的处罚，这完全在村社治理的正常轨道之内，但是，令人遗憾的是，罚戏不但没有解决问题，反而激化了矛盾。在这个事件中，村社治理是无效的。这样的事件反映出了村社与村民个人之间关系的复杂性。

秦庄岭村玉皇庙民国案例和柏枝西天院民国案例基本上是同一类的诉讼案例，非常相似。大的背景都是民国时期的庙产兴学，都是村庄与本村家族之间发生的诉讼，都是围绕地产展开的诉讼。这些案例是在民国时期社会巨变的背景下发生的诉讼，在这个时期，村社的作用也开始慢慢弱化，村公所逐步代替了村社的功能。这些案例总体上反映了民国中期开始村庄基层政权开始强化，国家势力对基层社会的介入加大，村庄财政也开始强化，相应地要求村庄集体财产增加。这些案例更多具有的是反映那个时代特殊性的意义，而不是反映传统社会长时段的社会特征的意义。

以上四个案例虽然各不相同，但是基本上都是村庄集体利益与个人利益发生矛盾的时候产生的纠纷。这里的集体利益和个人利益仅仅是对于事实的一个描述，没有价值判断。在传统中国社会中，村庄集体利益未必就是正当的。就诉讼碑刻这种文献来说，因为它们是刊立在村庄庙宇之中的，它们的刊立主体都是村庄，所以，我们能够看到的文献都是片面的。即便如此，它们还是反映出村庄或村社对于村庄内部矛盾纠纷调整的失灵，与前一种村民个人之间诉讼比较可以看出，一旦村庄组织自身成为诉讼的一方的时候，村庄或村社的管理功能就更有可能失灵，这种情况下就更需要求助于官方的诉讼程序的解决办法。

（3）村庄内部组织之间的诉讼

村庄内部组织之间的诉讼是最值得关注的一种类型的诉讼案例。泽州社会的村庄之中组织类型众多，有官方序列的里甲、乡约和保甲，也有民间序列的大社、小社、会、摇会、伙号、商号等。这些组织之间会发生各种矛盾纠纷，自然也会有一部分会发展到诉讼的阶段。本书案例中明确属于这种类型的有以下四个：郭庄关王庙顺治案例、牛村玉皇庙光绪案例、东李门关帝庙民国案例和晁山观音堂民国案例。另外团东清化寺民国案例和中村观音寺民国案例发生诉讼的两个村社原来都是属于同一个村的，某种意义上也可以算作是此种类型。以上案例明显地分为三种类型：一种类型是官方序列的里甲与民间序列的村社之间的诉讼；第二种类型是同一个村的村社之间的诉讼，包括小社之间和大社与小社之间；第三种类型则比较特别，晁山观音堂民国案例是属于村社与商号之间的诉讼，这里归入村庄组织之间的诉讼一类。

严格说，里甲并不属于村庄组织，而是一种编户组织，它们不是根据村庄自然聚落来设置的组织，而是根据人户数量来设置的。但是在本书所涉及的这个时间段里，里甲基本上是名不副实的。而唯一的此类案例的发生时间（顺治）比其他大多数案例的发生时间都早得多，本书绝大部分案例都是在清代中期之后，这不能仅仅用碑刻保存不完整来解释。诉讼碑刻大量出现的时间和村社制度成熟的时间基本上是重合的，实际上和其他各类禁约碑的大量出现时间也是重合的。郭庄关王庙顺治案例所反映的就是清代早期一个不太稳定的时期，这种不稳定的情况仅从郭庄的个案也可以看出一些迹象，郭庄从顺治开始一直到乾隆时期，村庄各种组织各种矛盾不断，以致出现越级诉讼的情况，但是乾隆以后就不再有此类矛盾出现。可以认为，郭庄关王庙顺治案例所反映的村社与里甲争夺茧用的情况是一个过渡时期的反映，清代中期以后村社组织势力越来越强，茧用这类型的收入绝大部分都是由村社来管理和处置的。就诉讼当事人来说，这反映出面对新兴制度，旧的两种组织的相互关系及其发展的问题。茧行的出现是泽州地区蚕桑业发展的一个产物，在其出现的早期，村社与里甲合作进行管理，主要的分工是里甲负责管理茧行和征收茧用，村社则将茧用收入用于庙宇的开支，这种分工合作的制度实际上是分别从里甲和村社原来的功能中延伸出来的。里甲本来的功能就是收税，延伸到征收牙佣的茧用也是合理的，村社本来就是负责庙宇管理的信仰组织，延伸到利用茧用收入也是合理的。但是这种分工合作的制度本身就有问题，当矛盾发展到不可调和的阶段就发生了诉讼。最终的结果就是村社权力扩大化，开始从信仰组织扩大到集政治、社会、经济和文化多种功能于一身。清代前期的这个阶段的历史就是一个里甲逐步功能弱化，越来越名存实亡，而村社功能不断强化，村社功能越来越丰富多样的一个历史过程。

伴随着晚明前清的社会经济发展和人口增加，村社的发展壮大带来的结果就是村社组织自身内部发生分化，村社开始分化为大社和小社，小社数量越来越多。小社的出现和分合的演变都只是一个表面现象，背后反映的是村庄内部各种势力的矛盾和纠纷。有时候村社能够通过分社来解决问题，就像中村观音寺民国案例中西沟社和中村大社在光绪时期的分裂，另外一些时候合并又能解决问题，就像牛村玉皇庙光绪案例中五个小社的合并。小社的出现与分合演变其实就是村社内部调整各种利益关系的制度性解决办法。小社的出现使得村社结构变得更加复杂，出现了多层级的结构。除了涉及小社的分合的诉讼类型以外，小社之间的诉讼更多的类型就是社产的争夺。这类型的诉讼其实和邻村之间的社产争夺案例性质是接近的。不过因为同属一个村社而变得稍微复杂一些。其中最主要的问题在于所谓的诉讼碑刻反映村庄集体利益，这其中的集体究竟如何确定。相关问题也是邻村之间诉讼中的核心问题，这里放到邻村之间诉讼类型中一并讨论。

最后一种类型是村社与商号之间的诉讼。晁山观音堂民国案例中的油坊实际上并不能断定是本村的。和石末神山庙道光案例类似，如果晁山油坊的负责人是本村村民，这种矛盾本来应该可以在村社治理的框架得到解决，那么这就是和石末神山庙道光案例一样的村社失灵的情况。这种情况并不经常发生。晁山观音堂民国案例实际上也可以归入村社与本村村民之间的案例，但是由于商号的特殊性，商号可以看作是一种经济组织，它反映的更多的是经济方面的现象。如果我们将所有从事工商业生产的主体都看作是商号这种经济组织的话，那么村社与商号之间的矛盾其实非常普遍，但是多数出现在村社与邻村的商号之间。由于本书这个部分的分类体系是按照个人组织和本村邻村的要素来分类的，并没有以商号作为要素来进行分类。这样做的原因是商号作为诉讼主体的案例毕竟是比较少的。如果以商号作为诉讼一方主体作分类依据，那么本书有以下一些案例都可以看作是这种类型：三槐庄二仙庙嘉庆案例、北凹村玉皇庙咸丰五年案例、北凹村玉皇庙咸丰八年案例和晁山观音堂民国案例，涉及的行业有煤窑、砖窑和油坊。此类矛盾的争议理由有三类。比较常见的是因为村社认为损害了风脉，主要涉及开采煤、铁和石头这一类采矿业。其他两种不算很常见，一种是争夺资源，类似北凹玉皇庙咸丰五年和咸丰八年争夺水资源的情况；另一类就是晁山观音堂民国案例中破坏环境和噪音的问题。这样的矛盾和现代社会中企业与周围居民之间发生的矛盾都有很多类似之处，从中可以看出涉及商号的所有诉讼案具有鲜明的特点，和其他以村民为主体的诉讼是有很大区别的。

（4）村庄与邻村村民之间的诉讼

本书所有诉讼案例可以分为两大类：一类是村庄内部的诉讼，另一类是相邻村庄之间的诉讼。强调这两种类型的区分是为了突出历史地理的方法，历史地理中地理空间的不同层级是做出这种区分的标准。实际上，除了这两种类型之外，还有距离较远的村庄之间的诉讼，只是这种情况非常罕见。村庄之间的诉讼并不一定发生在邻村之间，也可以发生在距离比较远的村庄之间，例如现存西李门村玉皇庙的同治七年碑中的案例是李门西里与凤台县东张后村之间的诉讼案，这个案例和赋税有关系[①]。这个案例之所以发生在距离较远的村庄之间是因为里甲划分将它们划分到了一起，这也是孔家三官庙光绪案例中反映出来的情况。邻村之间的村际关系和相隔距离较远的村庄之间的关系是两种非常重要的村际关系的类型，这是需要特别注意的，这代表了历史地理上两种不同类型的空间关系，一个是在小区域内部，另一个是跨小区域的。就诉讼碑刻而言，邻村之间发生的诉讼案是主要的，这一类型的诉讼案反映的最主要的问题就是村际关系的问题，而且是小区域范围内的村际关系问题。诉讼碑刻中最主要的是邻村之间诉讼。

村庄组织与邻村村民之间的关系与和本村村民之间的关系在内容上是类似的，区别是与邻村村民之间的关系不能纳入到村社治理的制度下来进行处理。本书案例中属于这种类型的有：三槐庄二仙庙嘉庆案例、北凹玉皇庙咸丰五年和咸丰八年案例和龙尾东岳庙民国案例。值得注意的是，这四个案例中有三个和手工业生产有关系，三槐庄二仙庙嘉庆案例是开煤窑，北凹玉皇庙咸丰五年和咸丰八年案例是开砖窑。邻村之间发生矛盾，其中一方如果是个人，在面对邻村村庄的时候明显是处于弱势的，以经济利益为动机的商号有更大的力量与邻村村庄集体进行诉讼，反过来由于商号有自己独特的经济利益，其所在村庄很难为商号出面以村庄集体的身份参与诉讼。和本村的情况不同，这里没有将商号作为组织来看待，这主要是为了在邻村组织之间的诉讼部分集中讨论村际关系问题，其实商号也可以看作是经济组织。

（5）邻村组织之间的诉讼

邻村之间的诉讼是本书所有诉讼案例中最常见的一种诉讼类型，本书中下崖底东庄关帝庙嘉庆案例、双泉村永乐寺道光案例、寨上关帝庙道光案例、梨园村玉皇庙同治案例、南庄玉皇庙光绪案例、孔家三官庙光绪案例、后山沟崔家湾龙王庙光绪案例、中村观音寺民国案例、沟村许家沟关帝庙民国案例、团东村清化寺民国案例等都是这种类型的案例。总体来看，这种类型的诉讼案例占到总数的三分之一到二分之一左右。这种诉讼类型的识别有几个模糊的地方。第一个模糊的地方是诉讼双方是两个以上的村庄，也就是诉讼双方至少一方是村庄集群的情况。双井里八村同治案例是

① 此案例未收入本书之中。

一个比较特别的案例，它涉及八个村庄，诉讼发生在两个村庄集群之间。原则上也可以看作是邻村之间发生的诉讼案例。这种案例非常少见，很难对其进行整体的分析，一般来说几个村庄作为一个整体出现是值得特别注意的现象。第二种模糊的情况是村庄出现分合的情况。例如牛村玉皇庙光绪案例和东李门关帝庙民国案例都是发生在同一个村中不同社之间的诉讼案例，在某种意义上村社也可以看作是小村。实际上前述案例中的两个都是类似情况。一个是团东村清化寺民国案例，另一个是中村观音寺民国案例，这两个案例中诉讼双方都是在光绪时期才分离开来成为独立的村庄，分村都是发生在光绪丁戊奇荒之后，以前他们是同一个村，只不过团东清化寺民国案例中的团东村和团西村原本是团池村的东西两社，这种情况几乎和东李门关帝庙民国案例的情况一模一样，而中村观音寺民国案例的诉讼双方则是原来的中村大社和西沟小社。出现这个类型识别困难的根本原因是难以识别独立的村庄。以上都是分村的例子，也有相反的合村的例子。后山沟崔家湾龙王庙光绪案例中的诉讼双方村庄后山沟和崔家湾在诉讼发生时是两个独立的村庄，但是现在已经是同一个行政村的两个自然村了。独立村庄的识别是一个很困难的问题。现在的自然村和行政村的区分就是这种问题的一个最突出的反映，而这种问题在历史上一直存在，民国时期乡村建设中反复讨论的编村的问题也是类似问题的反映。而这个问题的深层次的根源还在于自然聚落与行政区划之间的矛盾。第三种模糊的情况是诉讼双方一个村庄不易确认是由村庄作为当事人还是以村民作为当事人。这种案例包括三槐庄二仙庙嘉庆案例和孔家三官庙光绪案例。这类问题的关键其实是诉讼争议是否和整个村庄的集体利益有关系。以上三个方面的问题并不仅仅是类型识别上的问题，其中还反映了这种类型诉讼的深层问题。

诉讼碑刻反映的只是村际关系的一个侧面，我们需要从整体上来把握一下村际关系的特点。一般来说，碑刻文献中能够反映村际关系的主要有以下几种类型的碑文。最常见的是捐款题名中其他村的捐款，这显然是一种良性的村际关系，而且体现着村庄庙宇的开放性，除了捐款者之外，村庄庙宇建设过程中其他人群都有可能是其他村的人。村庄庙宇的发起和建设过程中其他村的人的参与，有些时候发起和组织修建村庄庙宇的人是其他村的人，这种情况在入清之后越来越少出现了。还有村庄庙宇的住持、各种工匠等的来源也可能是从其他正规佛寺或村庄庙宇中请来的。以上这些都属于随机的零散的村际关系。村际关系还可以是非常紧密的关系，几个村庄有一个共同的祭祀中心。晋城府城自宋代以来的七社十八村就是这样的例子。南庄玉皇庙的五社组织中的五个村庄的关系则更加紧密，在南庄玉皇庙光绪案例中起到了调解的作用。一般来说，邻村之间很少形成那么紧密的关系，它们之间的关系以随机的关系为主。即便像七社十八村这种村庄集群实际上也是很松散的，不是一个整体。因此，在邻村之间发生矛盾纠纷的时候大多数情况下其实并没有一个固定的机制来进行解决。这也就是为什么村庄之间的诉讼案例会比较多。与此恰成对照的是村庄内部的诉讼案例则相对较少，这一方面是因为村庄内部的矛盾纠纷很多并不涉及村庄的集体利益，更重要的是村庄内部的矛盾纠纷有一整套的机制来进行调解。

邻村之间发生诉讼的原因全部和物质利益有关系，主要有三种类型：第一种类型是争水，第二种类型是争夺社产或庙产，第三种类型是税赋的分摊或者庙宇修建费用的摊派。从另外一个角度来看这也可以代表三种类型的诉讼案例。争水的诉讼一般不存在产权不清晰的情况，水井、水池或泉水的归属都是清晰的，但是因为水是生产和生活的重要基本资源，还是会发生争夺，这主要是由资源的稀缺性所带来的问题，稀缺总是相对的，因此这类诉讼也总是和特定的时间和特定的缺水区域有关系。关于社产的诉讼一般总是存在着产权不清晰的地方，这类诉讼基本上都发生在村庄的边缘，两村交界的地方，这主要是和村庄界限划分不清晰有关系，村界或社界是其中最主要的问题。虽然赋税是国家征收的，庙宇修建费用摊派则是民间社会自发进行的，但是赋税与庙宇修建费用的分摊是同一类型的问题，这里不存在根本的矛盾，只是一个讨价还价的问题。它本身更多地体现的是村际关系中积极的一面，是村庄之间的合作，通过分摊的办法共同解决问题，在这里诉讼的发生倒是偶然的事情了，更多的情况则是这种村庄分摊模式有效地解决了问题。

通过对邻村之间诉讼原因的分析，让我们有机会可以触及村际关系中最核心的问题，那就是作为一个社会和经济实体的村庄集体。当村庄集体作为一个诉讼主体出现的时候，它需要一个代理人。这个代理人可以是个人，更多时候是组织，由组织的负责人来具体参与诉讼。村庄就其最基本的意义当然是地理意义上的聚落，是人们聚居的地方，这或许是村庄最初的最基本的形态。但是，村庄绝不仅仅意味着聚居地，只要条件合适村庄就会蜕变为一个社会和经济的实体。甚至在很多情况下，社会经济实体的村庄还要先于地理聚居意义上的村庄而存在的，类似徽州古村落那样的一个家族整体迁移形成聚落就是这种例子，家族这个社会经济实体早于村庄聚落而存在。泽州地区这样的作为社会经济实体的村庄其实就是村社组织，在诉讼碑刻中可以非常清晰地看到村社组织的这种本质特点。本书大量诉讼案例可以证明当一个村庄需要一个组织代表村庄集体利益去作为诉讼主体的时候，大多数情况下这个组织都是村社，官方序列的里甲、乡约、保甲等组织都不能承担这种职能，说到底它们是代表官方履行国家规定的职能的，而村庄社会的复杂性需要有一个能够代表一个村庄集体利益的组织存在，这个组织大多数情况下只能是村社。这个结论至少在泽州清代中期以后是成立的。不仅如此，村社收取社费，有日常的连续的收支账目。村社有自己的社产，大社和小社都有属于自己的社产。村社有完整的财务管理机构和财务管理办法。这些都充分表明村社就是一个经济主体。传统泽州社会有非常明确的集体财产，这些集体财产需要一个所有者，这个所有者也只能是村社。既然村社是一个社会经济实体，那么对于这个实体的确认就是最重要的问题。回顾前面所说的邻村诉讼这种类型的诉讼碑刻在类型识别上的三种困难，其实这三种困难的核心问题就在于识别村庄这个社会经济实体的困难。第一种和第二种困难的根本问题在于村庄这个集体是多层级的，如果以村庄为中心，向下的一个层级是各个小社，这就是第二个困难，向上的一个层级就是村庄集群，这就是第一个困难。村庄集体多层级的特点意味着村庄集体是有一个层级嵌套的结构。这种层级嵌套模式说起来简单，实际上却是极其复杂的。一个村民既属于他所在的小社这个小一点的集体，又属于小社所在的大社这个大一点的集体，又属于大社所在的村社联合体这个更大的集体。他如何能够做出这种区分，例如他究竟应该在什么时候去小社的社庙，什么时候去大社的社庙，什么时候又去村社联合体的社庙，去不同的社庙又分别做哪些事情。即便就这三个层级而言，这个问题都非常复杂。然而，这样一种嵌套的集体的结构一直延续到新中国成立后的小队、大队和公社的结构之中。前述第三种类型识别的困难实际上和上述问题是同一个问题，它体现的是更低的一个层级：集体与个人。一个村民不仅要区分以上各种嵌套的集体，还要区分哪些事情是集体的公共事情，哪些则是个人及其家庭的事情。以个人及其家庭为中心向上有一个由小社、大社和村社集群组成的多层嵌套的层级式结构。这是理解村际关系的关键线索。对于村际关系来说，村庄与村庄之间既是分离的独立的实体，同时又是联系在一起构成一个整体的集体。

2. 调解者

诉讼调解是法律的正式制度之外的一种补充，对于多样化地化解村庄社会矛盾有很重要的作用，即便在今天的司法实践中都受到重视。本书案例中诉讼的调解者的身份主要有以下几种类型：亲戚、乡亲、朋友、绅董（乡绅）、乡地、村社。亲戚是与诉讼方有血缘关系的人，乡亲是与诉讼方有地缘关系的人，朋友是与诉讼方有友谊的感情的人，乡绅是地方上有身份地位的人，乡地是国家序列中的基层组织，村社是村庄民间性组织。亲戚、乡亲、朋友和乡绅都是个人调解者，乡地和村社是组织调解者。调解者既可以是本村的，也可以是外村的，外村主要是邻村的。和诉讼当事人主体类似，以上两种因素排列组合之后我们就可以看到各种类型的调解者主体的身份了。调解者还有另一个区分的角度，那就是民间自发的，还是官方指定的。地方政府在堂断案件的时候是优先考虑调解的可能性的，本书所有案例中全部没有出现用刑罚的情况出现。在传统中国社会，民事诉讼中是优先进行调解的，其中就有知县要求某些人出面进行调解。在诉讼碑刻中，我们不大容易区分民间自发的调解与官方指定的调解这两种类型，凡是诉讼发生以前的调解自然一定是民间自发的调解，而诉讼发生以后的调解就不好说了，既然诉讼已经发生，知县要求调解，然后各种民间力量出面调解既可以说是自发的，也可以说是响应知县的要求。

调解者还可以以另外一种方式来进行分类，一种类型是偶然的非制度性的调解，除了村社外，其他所有调解者都是如此，第二种类型是制度性的调解主体，出现纠纷争议之后，有一套约定的或者是成文的或者是不成文的规约所规定了的调解程序。只有村社具有这种特点，但是我们也不好说所有村社的调解功能都是制度化的，有些村社可能也是偶然担任调解职责，但是至少有很大一部分是制度化的。任何制度都有一个从无到有的过程，甚至还有一个从有到无的过程，介于有无之间的情况是大量存在的。乡地作为调解者可能也有某种制度，这主要体现在乡约中本来就有息讼的这个部分：“圣谕云：‘和乡党以息争讼，息诬告以全善良。’”这里就是引用了康熙的圣谕十六条的内容，而乡约的主要职责就是讲解这些圣谕，由此延伸出制度性的诉讼调解功能也是合理的。前面的知县要求乡地进行调解，这也是一种制度，只是它带有官方制度的性质。制度化的调解显然要比非制度化的调解重要得多，因为这反映了一种机制的建立。下面重点来分析一下村社的制度化的调解功能。

村社的调解功能可能在很早就有了，至少到清代中期变得极为普遍。这种功能可能是渊源于村社的信仰方面的功能，是信仰功能的一种延伸。至少从清代中期开始，泽州村社已经成为一个集政治、经济和文化多种功能于一体的村庄组织了，而这样的组织是由作为信仰组织的村社延伸出来的。调解这件事情本身就具有政治、经济和文化功能，政治方面就是其对社会成员关系的一种协调；经济方面一是大部分调解都是经济利益纠纷，二是调解是村社的一个不太重要的收入来源；文化方面是调解一般都是以神灵的名义进行的，或者说在神灵关照的背景之下进行的。单纯地从政治、经济和文化任何一个角度去讨论调解问题都是片面的。村社从事调解工作是要收取费用的，但是这个费用是非常少的，大多数时候还是实物形式。小说《李家庄的变迁》里面调解的酬劳就是烙饼，村里有人闹了矛盾就能吃上烙饼了："从前没有村公所的时候，村里人有了事是请社首说理。说的时候不论是社首、原被事主、证人、庙管、帮忙，每人吃一斤面烙饼，赶到说完了，原被事主，有理的摊四成，没理的摊六成。民国以来，又成立了村公所；后来阎锡山巧立名目，又成立了息讼会，不论怎样改，在李家庄只是旧规添上新规，在说理方面，只是烙饼增加了几份——除社员、事主、证人、帮忙以外，再加上村长副、闾邻长、调解员等每人一份。"① 这种酬劳形式可以说完全没有盈利的功能，不改变调解的公益性质。调解在经济方面的功能不是主要的，最主要的是社会和文化方面的关系。

调解这种功能从信仰这种文化方面的要素起源，但是一旦它发展成熟之后，就主要是按照一套世俗的机制来进行的，但是这并不是说信仰就不存在了，这反过来又能够说明调解功能为什么能够从信仰中起源，也就是为什么村社能够从一个信仰组织发展为集政治、经济和文化功能于一身的组织。我们在各种各样的禁约碑中能够看到这样一种情况，当村社所有的禁约手段都使用了仍然不能解决问题的时候，禁约的最后会说明"送官究治"。"送官究治"这个词汇表达了两种重要的含义：一方面是官方的刑罚制裁是最终的最后处理手段，这是其实际的作用，如果村民违反禁约，而村社管不了村民的情况下，官方力量会出面解决；另一方面是"送官究治"

① 赵树理：《李家庄的变迁》，人民文学出版社 1978 年版，第 2 页。

在这里起到威慑的作用，让人感到畏惧，表明村社的背后有县政府的官方力量作为后盾。村社组织与县政府的关系和诉讼调解中社会组织与信仰的关系是类似的。传统中国社会整体的调解机制至少有三重。第一重是各种民间社会力量，在清代泽州，村社是主要的，这是民间权威的力量，当村社失灵之后就会进入第二重。第二重就是进入诉讼程序，由政府这个官方权威来进行处理，政府失灵之后就进入第三重。第三重就是神灵，村社与政府都是世俗力量，整个世俗的调解力量失灵之后，神圣力量就会出现。南庄玉皇庙光绪案例就是这样一个典型的案例。首先是因为南村在水池里饮牲畜，五社议罚是村社这个民间力量介入干预。干预的结果是矛盾激化。其次进入诉讼程序，结果三年都不能结案，政府也不能解决问题，这种问题是群体性问题，是两个村庄之间的矛盾纠纷，即使用刑罚手段都解决不了问题。最后神灵降灾，神灵降灾之后五社再次出面调解，通过花钱买水的经济手段才解决了问题。五社两次出现可以说代表着的是不同的身份。五社第一次出面，按照规约进行惩罚，这是按照一套业已非常成熟的村社运行机制进行的，这次调解是制度性的，五社在这里就是一个村庄社会组织。五社第二次出面是在久拖不决降灾之后，这时候的五社更像是一个信仰组织，它在代替神灵进行调解，这就是为什么五社第一次调解不成功之后，第二次调解能够成功。买水这个经济手段是一方面，但是这样的买水的解决办法绝对不是拖了三年之后才想起来的，之所以以前达不成协议，后来达成协议，其中最主要的原因是神灵降灾这种信仰方面的文化要素。文化这层保护机制当然不局限于神灵和报应，一旦文化这层最终的保护失灵，对于个人来说就是死亡或者堕落，对于组织或国家来说就是分裂与战乱。在传统泽州社会中，在没有重大外部冲击的情况下，文化这个最终的最后的保护层是不会失灵的。

（二）诉讼原因

本书案例所涉及的诉讼原因是多方面的，大体上可以分为三类，第一类是争水，第二类是争夺财产，剩下的是其他类型。诉讼主体之间的诉讼原因实际上可能是很复杂的，往往是各种矛盾长期积累的结果，这里的诉讼原因是直接的原因，应该理解为是引发诉讼双方矛盾纠纷的一个契机。

1. 争水

村民吃水是过去困扰村庄的最基本问题，因此，在传统的乡村社会中，因水争讼的案例屡见不鲜，太行山地区格外突出。晋东南泽潞地区现存的大量诉讼碑刻中有不少和争水有关，学界对此类诉讼碑刻的关注在地区上多以河流谷地地区为主，在主题上多以争水和水利治理为主，在方法上以社会史方法为主。① 泽潞地区所处的太行山地区的水资源的存在形态多以井池为主，争讼多与井池使用有关。

一般来说，水是人类生活必不可少的基本需要，但是水的用途是多样的。我们至少可以区分出三个层次的水的用途，第一个层次是饮用水，这是人类生活必不可少的需要，碑文中有时候也称作食水；第二个层次是洗衣服、饮牲畜等其他生活需要；第三个层次是手工业生产中的用水需要，这是发展性的需要。这三个层次可以分别叫作饮用水、杂用水和生产用水，饮用水和杂用水都是生活用水。对水的用途做了区分之后就可以对本书几个争水案例中诉讼双方的用水做出区分了：下崖底东庄关帝庙嘉庆案例中下崖底东庄和南沟村（今庙南沟）都是饮用水需要；北凹玉皇庙咸丰五年和咸丰八年两个案例中北凹村是饮用水需要，丁壁村民是砖窑的生产用水；梨园村玉皇庙同治案例中梨园村是饮用水，瓦窑头是杂用水；南庄玉皇庙光绪案例中南村是饮用和杂用兼有，北村是饮用水；后山沟崔家湾龙王庙光绪案例中后山沟和崔家湾两村都是饮用水；沟村许家沟关帝庙民国案例中没有明确水的用途，毕家沟和许家沟两村饮用的可能性较大；龙尾东岳庙民国案例中龙尾村是饮用水，另一方村民焦槐根不涉及用水的需要。饮用水占了大部分，而且所有诉讼案例中至少有诉讼的一方是属于饮用水的需要，因此，争水的诉讼案例最主要的原因是要解决基本生活需要，这也是为什么这类型诉讼案例共计八例，接近三分之一，数量是相当多的，因为离开水村民无法生活，这种需要无法得到满足则不得不进行诉讼。

争水和泽州水资源的特点有密切关系，泽州水资源的特点主要有两点：一是时间分布不平衡，总的来说，冬春季节很少，夏天降水量很大。二是河流流速快，水资源不容易保留，水资源的存在形态以水井的地下水形式和水池的蓄水形式为主要形式。这些特点都充分体现在相关的诉讼碑刻之中。由于水资源的这种特殊性，泽州地区的争水和特别的时间地点有密切关系。

---

①　张俊峰：《二十年来中国水利社会史研究的新进展》，载山西大学中国社会史研究中心编《山西水利社会史》，北京大学出版社 2012 年版，第 163—187 页。

现存最早的泽州地区的降水量测量数据是民国时期的，从民国十一年到十七年的降水量记录来看，泽州地区的降水量有两个主要特点。一是总降水量比较大，七年的平均值是543.7毫米，这个数据在山西全省为降水量最大的地区，按照气象学上的标准，这基本属于半湿润地区（400毫米为半湿润与半干旱分界线）。二是时间分布不平衡，总的来说是冬春少，夏天多，七年中十一月到二月四个月的平均降水量的总和是36.2毫米，仅占全年总的平均值的6.7%。而七八两个月份的平均降水量总和是295.6毫米，占全年的54.4%，这两个月的降水量是冬春四个月降水量的八倍多。① 本书诉讼碑刻基本上可以印证这个结论。下崖底东庄关帝庙嘉庆案例刊立碑文时间是五月，争水发生的时间是前一年的冬天。北凹玉皇庙咸丰五年案例刊立碑刻时间是三月，争水发生时间是这一年的春天，从三月的立碑时间来看争水发生时间应该是春天较早的时候。北凹玉皇庙咸丰八年刊立碑刻时间是八月，争水发生在这一年夏天。梨园玉皇庙同治案例刊立碑刻时间是六月，争水发生时间没有明确记载，应该也在春天。南庄玉皇庙光绪案例刊立碑刻时间在七月，但这个案例是一个持续三年的诉讼，争水时间没有记载，也无从考证。后山沟崔家湾龙王庙光绪案例刊立碑刻在九月，碑文没有记载争水时间，后山沟现存禁约碑刊立在八月，诉讼当发生在八月到九月之间，而争水时间后山沟禁约碑上记载为春夏之间，当在春末夏初。沟村关帝庙民国案例碑刻刊立在七月，没有记载争水时间，大体上也在春季。龙尾东岳庙民国案例刊立碑刻时间是正月，争水时间应该在前一年的冬天。从以上的诉讼碑刻发生争水的时间来看，春天最多，其次是冬天，夏天仅有北凹玉皇庙咸丰八年这一例，基本上和泽州地区降水的时间分布是一致的。由此也可以看出，吃水虽然是生活的基本需要，但是由于水资源在时间上分布的不平衡，矛盾纠纷往往就发生在一些特殊的时间点上，在一些特殊的情况下发生。这是争水类诉讼的重要特点。

从争水类诉讼碑刻的空间分布也可以看出明显的一些规律来，八个案例发生的七个村庄分别是下崖底东庄、北凹（两次出现）、梨园、南庄、后山沟崔家湾、沟村许家沟和龙尾。集中分布在三个区域，下崖底东庄在高平西南丘陵地带，丹河谷地和大阳盆地交界的丘陵地带；北凹、南庄和龙

---

① 《华北雨量记载图表》，刊于《华北水利委员会水文气象测验报告》1935年第1期，第70页。

尾三村分布在高平东南部的丘陵地带，龙尾碑文中明确说位于龙尾、丹水和拥万三村交界处的水池仅有龙尾缺水需要使用，其他两村不缺水；后山沟崔家湾、沟村许家沟、梨园三个村分布在高平盆地西部到高平西部野川寺庄山区过渡地带的丘陵地区。这七个村庄集中分布在这三个区域不是偶然的，这三个区域就是高平比较缺水的区域。这三个区域的共同特点是远离河谷地带、地势较高、地表水和地下水资源都比较缺乏，因此容易出现缺水，也容易出现因水争讼的情况。

2. 争夺财产

财产作为诉讼的标的有多种类型。郭庄关帝庙顺治案例的标的是茧用的收入，茧用收入不仅仅是具体的收入，而实际上还包括一种获利的权利；窑栈关帝庙嘉庆案例、柏枝西天院民国案例和团东清化寺民国案例中的财产都是地产；双泉永乐寺道光案例、北张寨观音堂道光案例、中村观音寺民国案例和东李门关帝庙民国案例中的财产都是土地及其上的树木，树木是重点；寨上关帝庙道光案例中的财产是水井；秦庄岭玉皇庙民国案例中的财产既有土地又有钱。这里的茧用收入、土地、树木、水井和钱都是诉讼双方争夺的对象。这些财产的类型基本上涵盖了社产或庙产的主要类型。

从财产的所有者来看，这些诉讼双方争夺的财产很大一部分是社产。这也是由诉讼碑刻这种文献的特点决定的，诉讼碑刻反映的是村庄长远的集体利益，碑刻中涉及的财产一定是和村庄整体有关系的，因此大多是社产。到了民国时期，村社开始衰落，不再仅仅以社产的名义存在，也属于村公所的集体财产，性质上与社产类似。有一部分庙宇不属于村社，庙宇的公共财产是庙产而不是社产，这种情况也可以说和社产是类似的。为了叙述方便，后两种情况也可以统称社产。

从这些财产和社产的关系来看，有的诉讼是这些财产转变为社产的过程，这种情况可以称作归社，例如郭庄关帝庙顺治案例就是茧用收入的获得权归社，这是碑文中茧用归社的含义。窑栈关帝庙嘉庆案例中地产原属住持，后属李氏家族，诉讼后也归了村社，这次归社既有捐施的成分又有买卖的成分。北张寨观音堂道光案例中的荒坡及其上的树木这种社产实际上是没有证据可以证明是属于观音堂的，但是由于距离观音堂较近，也判给了观音堂，实际上某种意义上可以说这次诉讼明确了这片荒坡及其出产的物产的归属权。日后这个判决的记录就是这片土地属于观音堂的证据。并不是所有的土地都有地契，土地不断转手买卖，总有一个源头，这个诉讼案例就可以看作是一个源头，原来一片无主的荒地通过诉讼明确了所有者。由此可见，诉讼是社产的来源之一。社产当然还有其他来源，如寨上关帝庙道光案例中井这个社产的来源是原主人的捐施，捐施是社产的来源之一。窑栈关帝庙嘉庆案例中村社付给李氏家族的买地钱远低于市场价格，因此也有捐施的成分。

还有一些诉讼案例，财产被明确为社产，双泉永乐寺道光案例中通过粮票明确了小界山及其上的树木是归属于双泉村的社产。东李门关帝庙民国案例中关于东社旁边的树木的归属却存在模糊性，由于村社的这种嵌套层级关系，这些树木究竟是属于东社这个小社的社产，还是东李门整个大社的社产是模糊的。通过诉讼明确了这些树木是东社的社产，而不是大社的。今后，东社就可以以诉讼判决结果作为证据证明这片土地及其树木的产权是没有争议的。中村观音寺民国案例的主要原因是画地界的时候出现了错误，错误地将观音坡的地产划给了西沟村。通过诉讼案，这个错误得到了纠正，也就明确了观音坡及其上的树木是中村大社的社产。以上这些例子对于原本就是属于某个村社的社产，在出现了争议的情况下，通过诉讼明确了这些社产的归属。

通过诉讼获取社产和通过诉讼明确社产的归属，这是财产纠纷类诉讼的主要特点。民国时期的多个案例中社产的纠纷都和当时庙产兴学的政策有关系。秦庄岭玉皇庙民国案例、柏枝西天院民国案例和团东村清化寺民国案例这三个案例都是和办学校有关系的。这是反映了那个时代的特有的特点，同时也表明民国时期庙产兴学的政策增加了地方的负担，给地方社会带来了很多的矛盾。

3. 其他

除了上述两种主要的类型之外，诉讼还有其他一些原因。其中有两个案例与税收有直接关系。双井里八村同治案例是最典型的与税收有关系的案例，两个村庄集群因为税赋分摊比例而闹上公堂。孔家三官庙光绪案例是个比较特别的案例，其蓄意栽赃诬陷的手段可以说已经超出了民事诉讼的范围了，但其根源是税赋的负担。如果说类似王庄同治时期村社负责税赋征收是一个比较普遍的情况的话，那么村庄小社之间的矛盾就可能和税赋的分摊有一定的关系，牛村玉皇庙光绪案例中牛村玉皇庙五个小社之间的矛盾就可能和税赋的分担有一定的关系，不过没有明确的记载。

与官方的税赋分摊类似的情况是村庄或村社因为费用分摊而发生的矛

盾，牛村玉皇庙光绪案例中五小社的矛盾虽然不明确，但是经济方面的原因，也就是费用分摊一定是其中最主要的原因。中村观音寺民国案例中西沟村在光绪时期之所以要离开中村大社而独立，主要的原因就是不愿意分摊中村大社的主山和主庙维修的费用，只不过这次纠纷在村社框架下得到了解决，没有酿成诉讼。以上是发生在村庄小社之间的情况。赤祥嘉祥寺民国案例中五个村庄围绕嘉祥寺的主要矛盾就是有的村不愿意分摊维修嘉祥寺的费用。以上这些案例中的情况全部都是和分摊费用有关系的，这和双井里八村同治案例中八个村因为分摊税赋而发生的诉讼案的性质是一样的。

剩下的四个案例中三槐庄二仙庙嘉庆案例和晁山村观音堂民国案例的情况基本上类似，都属于手工业生产引起村庄不满而造成的诉讼，具体原因虽然不同，但是性质一样。同样的情况其实也发生在北凹玉皇庙咸丰五年和咸丰八年的案例中，只不过那个案例中是砖窑因为用水而和村社发生矛盾。这些因为手工业生产而造成的矛盾是特别值得注意的类型。

拥万关帝文昌阁咸丰案例是一个因为盖房子地界问题而发生的诉讼，这种类型的诉讼是极其常见的村庄中的矛盾，对于很多人家来说，盖房子都是大事，而泽州地区的村落中住宅都是密集分布的集村的类型，因此发生的矛盾也就非常多。一般来说，这类型的矛盾和诉讼虽然很多，但是不大会出现在诉讼碑刻上，因为诉讼碑刻反映的是村庄长期的集体利益。这个案例的特殊性是其中的一方建筑是一座庙，因此才留在了这个庙宇的碑刻之中。

最后一个案例是石末村神山庙道光案例。首先，这个案例有保护社产不受侵犯的内容在内，紫金山及其所有的出产的东西都是石末村大社所有的，因此保护紫金山就是保护村社的社产。这里没有将它归入社产争夺的类型中，这是因为这个案例确实不仅仅是在争夺社产。村民的犯界起石并不是因为石头本身是多么重要的社产，这和砍伐树株完全不同。这个案例中有保护环境的意思。这种保护环境和今天的保护环境的含义显然有所不同，村社对紫金山的保护里面掺杂着诸如风水等信仰的成分在里面。同样是保护主山，中村观音坡的保护明确地是为了保护社产，碑文中这一点非常清晰，但是石末紫金山的保护则是整体的，其中有细微的区别。因此，石末神山庙道光案例具有更加丰富的内涵，不能用简单的社产纠纷来理解。

（三）判决的结果与依据

1. 判决结果的特点

争水类的诉讼的判决结果明显地分为两类，第一类是只要是涉及饮用水需要的诉讼案例，全部偏向需要饮用水的诉讼方，结果全部都是允许取水。下崖底东庄关帝庙嘉庆案例中下崖底东庄是饮用水需要，因此即便井是南沟的，南沟也必须允许东庄人取水。南庄玉皇庙光绪案例中北村是饮用水，因此即便经过了三年的诉讼，最后即使是以买水的方式来解决，也要允许北村人取水。后山沟崔家湾龙王庙光绪案例中后山沟和崔家湾两村都是饮用水，即便是泉水不够两村人饮用，判决仍然让两村排队一起取水。龙尾东岳庙民国案例中龙尾村是饮用水的需要，因此即便取水会侵犯村民焦槐根的利益，最终达成的协议还是允许龙尾村的人取水。第二类是凡是涉及其他用水需要，也就是杂用水和生产用水的取水需要，全部都是判决禁止取水。梨园村玉皇庙同治案例中瓦窑头是杂用水，判决就禁止他们取水。北凹玉皇庙咸丰五年和咸丰八年两个案例中丁壁村民的取水因为是用于压窑的，判决就禁止他们取水。两种类型的对比非常明显。所有知县在此类诉讼中的判决遵循同样的原则，这个原则在梨园玉皇庙同治案例中被当时的知县杨元第表述得非常清晰："民非水火不生活，食用为先，杂用为次。""食用为先，杂用为次"，这八个字就是判决此类案例的基本准则，这和井、泉和池这些水资源的所有权没有关系，也和这些水资源的多少没有关系。这就是因为饮用水是最基本的需要，这种需要必须满足。

村社与个人之间争夺财产的诉讼案例的判决结果全部都是对村社有利，结果全部都是财产归社所有。这个结果是经过了碑刻这种文献形式筛选的。所有的这些诉讼碑刻都是村庄或村社刊立的，既然刊立了碑刻，那么结果就是对刊立碑刻的主体有利的结果。如果财产没有判给村庄或村社，这个诉讼案例就不会出现在碑刻上。这一类型的碑刻除了记载诉讼的事情以外，更重要的功能就是宣示这部分社产的所有权。因此，这部分碑刻既是诉讼碑，又是社产碑。村庄或村社之间发生的争夺财产的诉讼案例也无一例外有利于刊立碑刻的这个村庄或村社。东李门关帝庙民国案例中树木最终判给了东社，而不是大社。寨上关帝庙道光案例中古井也判给了寨上村。团东清化寺民国案例中土地最终也判给了东村，而且有意思的是碑刻上只抄录了对东村有利的判决结果，第一次在高平判决土地归西村的判决结果就没有抄录。财产纠纷类的诉讼最主要的结果就是明确财产的归属，这一类诉讼和争水的诉讼不同，明确财产归属之后一般不会遗留后续问题。

大部分诉讼案例都是以调解的方式结案的，这种在司法实践上称作具结的做法是此类民事审判最常见的结果。具结的第一个特点是对过错方免于处罚，最典型的例子是三槐庄二仙庙嘉庆案例，窑岭村村民在明知小界山树木是双泉大社所有的情况下，仍然纠集社众砍伐树木，其实是有偷盗的嫌疑的，这应该是比较严重的违法行为。判决的结果也还是具结悔过，免于处罚。孔家三官庙光绪案例也是如此，边家沟的行为是严重的诬陷栽赃，最终也免于处罚了。这有两个方面的原因，一个方面的原因是这些案例都是涉及整个村的利益，而不是某些个人的利益，对于这种案例的判决要特备慎重，过于严重的处罚会造成两村关系的持续恶化。另一方面这也确实反映出传统司法实践在处理此类民事纠纷时采取的一种慎用刑罚的态度。本书所有案例中没有一例使用了任何刑罚。具结的第二个特点是当事人要对自己的行为做出保证，无论是过错方悔过性质的具结还是双方经过调解之后愿意自行解决撤诉的具结都是一种承诺和保证。这体现了诉讼的严肃性，一旦进入到司法诉讼的程序，其结果就不由诉讼双方当事人决定了。是否能够结案也要由知县裁断来决定。另一方面这也是为了避免日后再因为这些问题而纠缠。

知县的判决在很大程度上还具有维护传统的特点。双井里八村同治案例的判决就是维持了传统的赋税分摊比例，其实这件事情既然出现争议，一定是因为经过了清代康乾盛世的人口增长与生产发展之后，情况与明末已经发生变化，判决仍然维持了明末确定的赋税分摊比例是偏于保守的。赤祥嘉祥寺民国案例其实也是做出了和民国五年判决基本上完全一致的判决结果，可以说是对民国五年判决的再一次确认。本书案例中涉及手工业生产的几个案例全部做出了不利于手工业生产者的判决，这实际上反映了在传统中国社会中对于工商业生产如果说不是抑制的话，至少没有任何支持的态度，其基本的出发点还是照顾大多数人的基本需要。类似三槐庄二仙庙嘉庆案例这样的矛盾是非常普遍的，有不少都没有进入到诉讼的程序，在民间社会中也会遵循保护风脉、禁止开窑的准则来进行规范，知县的判决实际上是遵循着这种民间习惯。维护传统的特点一方面确实有保守的文化倾向，另一方面也是司法判决中参考以前案例的一种做法，具有合理性，虽然这里没有明确的案例法的思想，但是在实践上类似。

2. 判决的依据与证据

任何诉讼案例的判决都不是随意做出的，一方面判决需要有法理或者法律层面上的依据，另一方面判决要有人证或物证等证据。

（1）判决依据

传统中国的成文法一直重视刑事案件，而对于民事诉讼一般都没有明确的法律可以作为依据，这体现了中国传统法律文化和制度的一种特色。在这种情况下，对于本书这些民事诉讼案例的情况，在实际审判中主要是根据儒家的一些伦理准则和一些普适性的常识性的原则。

下崖底东庄关帝庙嘉庆案例中凤台知县葛周玉的判决援引了儒家经典《孟子》的话作为依据，这样的依据有两个方面的特点。一是它必须要有有效性，任何判决都要在当时的那个社会文化背景下能够说服人，援引儒家经典作为判案依据在当时社会中是成立的。这也丰富了我们对经典的理解，经典不仅仅具有思想层面的意义，它在社会实践中也扮演着重要角色，就如同早在先秦时候，《诗经》就已经是外交家们进行论辩时援引的经典了。另一个方面是它的必要性，在判决的时候为什么需要引用经典原话呢？这是因为并没有合适的法律律条去规定此类诉讼应该如何判决。在这个案例中，南沟村拥有水井的所有权，这一点是当事人都不否认的，如果从谁所有谁享有权益的原则出发，南沟有权不让东庄村民取水。知县做出了相反的判决，他需要提供充分的理由。类似的情况也出现在北凹玉皇庙咸丰八年案例中，碑文中援引了《礼记》“天降甘露，地出醴泉”和《周易·井》“九三井渫不食。为我心恻。可用汲”，用这些经典文献来说明水对于人们生活的重要性。

除了直接引用儒家经典之外，知县的判决常常会遵照习俗和传统，按照一些常识性的基本准则来进行判决，对于所有争水类的诉讼“食用为先、杂用次之”就是这样的基本准则。同样的准则在其他类似判决中都有类似的说法。南庄玉皇庙光绪案例碑文中说：“盖闻天地之间，五行最重，五行之内，水火当先。水也者，民生日用之常，而朝夕之所必须者也。”梨园玉皇庙同治案例碑文中说：“照得水火两项，为日用所必需之物，水之所关，尤其紧要。”以上这些说法都是强调水是人类生活的基本需要，因此判决都照顾了这种基本需要，只要是饮用水的需要，判决结果都是允许取水。

（2）判决证据

争水类诉讼首先需要证明井、泉和池等水资源的归属，这是判断是否有取水资格的一个前提。争夺财产的诉讼也需要证明财产的所有权。诉讼中要证明这些产权归属是需要很多证据的，诉讼中证明这些产权归属的证据是各种各样的。

后山沟崔家湾龙王庙光绪案例中的井泉的所有权是以嘉庆的墙壁题记为证据的，这里的墙壁题记和碑刻有同样的功能。寨上关帝庙道光案例中能够证明古井的所有权的是当时原所有者施井给村社时所订立的施状。双泉永乐寺道光案例中证明小界山及其树木归双泉大社所有的是交税的凭证粮票。以上这些例子都是有相关的凭证证明这些财产确实是属于社产。这些凭证对于最后的判决都起到了重要的作用。团东清化寺民国案例由于有详细的判决书，因此能够看到很多关于证据的细节问题，西村提供了争议土地的补契，东村提供了出租土地的出租账、纳粮的凭证和学校的花费账，可以说诉讼双方都有物证，证据非常充分，这个案例已经发生在民国后期，审判已经接近现代审判了。有些案例中并没有可以证明财产所有权的凭证，反过来诉讼却成了财产所有权的最好证明了。北张寨观音堂道光案例就是这种情况，争议的荒坡本来就是无主的土地，但是因为距离观音堂较近，因此判决是有利于观音堂的。

判决并不总是依照证据来决定。相对来说，决定争水类案例结果的主要是水的用途，井泉池的所有权对于结果没有影响，前面所说的那些依据更重要。而对于财产争夺类的案例来说，对判决结果起决定作用的就是证据了。

（四）村庄与诉讼碑刻的关系

诉讼案在不同区域分布的数量是不同的，甚至存在很大的差异。要理解这种现象首先要根据不同类型的诉讼进行区分。争水类诉讼案例的出现和其村庄所在区域的地理条件有很大关系，缺水地区的主要特点是远离主要的河流，地势较高，这当然是一个一般特点，不是所有这样的区域都缺水。高平主要缺水区域是东南部丘陵、县城西部丘陵和西南部丘陵，这在前面已经多有论述，争水的诉讼案例也大部分都分布在这些区域。争夺社产类的诉讼案例主要是和社产的种类和分布有关系的。社产种类很多，其中比较常见的有土地、树木、井池等。土地在什么地方都有，不存在区域差异，而人口越是密集的地方，存在产权不清晰的土地的可能性就越低，土地界限四至的划分也比较清晰，围绕土地的争议就会少一些。类似北张寨观音堂道光案例中的情况，观音堂旁的荒坡本来就是无主的土地，发生争议就是难免的事情。中村观音寺民国案例中因为卖地给西沟村的时候发生了土地划分的错误，错将观音山上的土地划给了西沟村社。类似这两个案例这样的事情在人口稠密的地区不大会出现。但是这个影响因素不大，土地四至清晰并不意味着就不会出现争议。井是广泛存在的，没有什么区域差异，但是水池大多数出现在山区或丘陵地带，特别是缺水的地区。本书中发生诉讼案例的几个区域也是水池出现最多的区域，高平东南部石末乡现存大量的各种水池，很多村都有，梨园村附近很多村都有水池。水池的存在和这个区域缺水有关系。树木也是一个因区域差异而有所不同的社产类型，本书很多争夺树木这种社产的诉讼发生在丘陵地带，这些树木都是在山上或者荒坡上，双泉永乐寺道光案例、北张寨观音堂道光案例和中村观音寺民国案例全部都是如此。树木之所以对于村社来说非常重要，是因为树木是最容易变现的社产，出卖土地这样的不动产来修庙是不大可能的，树木砍伐卖了以后，收入用来修庙是常见的做法，树木的成长周期和庙宇的维修周期也是接近的。与手工业生产有关的诉讼案件就和手工业的分布有关系了，郭庄关王庙顺治案例之所以会存在茧行和茧用的现象一定是因为这个区域有蚕桑业存在。其他诸如煤窑一定因为这个区域有煤炭储藏资源。虽然以上这些因素都不是绝对的，都只是在一定程度上影响了诉讼案的分布区域，但是总的来说，多种影响因素叠加在一起的结果是丘陵地带更容易发生诉讼案，这个结论基本上是可以成立的。

图 1　诉讼碑刻空间分布示意图

传统中国社会整体上来说是不喜欢诉讼的，有“无讼”的价值观，但是有些地方又确实流传着好讼的传言，在很多地方志中都有关于某地的人“好讼”的说法。除了区域性的这种认识之外，还有建立在其他地理标准上的类似看法，比如认为山区的人更喜欢诉讼等。这种建立在经验基础之上或许带有严重偏见的地方志记录是否可信呢？是不是有些地方的人比另外一些地方的人更倾向于用诉讼来解决问题呢？这是一个很宏大的问题，本书案例数量很少，空间范围也只限于高平一个县域，不过从本书案例中也可以发现有些地方的诉讼案例明显多于其他地方。本书的诉讼碑刻中有 18 通碑刻都在东南部，也就是石末乡、北诗镇南部和河西镇东部这个区域，数量接近总数量的 1/3，即便去掉双井里八村同治案例中内容重复的四通碑刻，所有 26 个案例中也有 14 个案例在东南部，超过了一半，而这个区域面积只有高平总面积的 1/6 左右。这个统计是有意义的，因为本书案例的选择是建立在对高平地区逐村逐庙调查基础之上的，可以说接近于总体调查，没有遗漏。虽然有个别案例没有收录，但是绝大部分都已经收录了，而且东南部区域也还有碑刻没有收录。这个统计结果是否意味着高平东南部的人更加喜欢诉讼呢？这是不是这个小区域的一个总体的文化特点呢？这个问题根据目前有限的材料是不能得出结论的，但是可以提出分析这个问题的一些思路。首先需要考虑各个区域的人口的情况，真正合理的参照数据不是区域面积，而是区域人口数量，而历史时期一个小区域的人口数量是不好测算的，但是在更大的空间范围中是容易测算的。人口数量这个基础数据并不仅有数量的意义，同时还要考虑人口密度的问题。很多邻村之间发生争议的诉讼案件在人口密度极低的地区是不可能的，村庄之间如果隔着大面积的无人区域，村界的问题就不存在。当一个区域人口密度达到了一定的数值之后，社会形态会发生重大变化，人口密度是社会发展阶段的重要指标。村庄的聚居形态也会影响到诉讼案例的多少，集村和散村就不同，散村的情况下类似拥万关帝文昌阁咸丰案例中因为盖房子而发生矛盾争议导致诉讼的可能性就很低，因为每家每户的房屋都是距离很远的，北方村庄大部分都是集村，此类争议就会比较多。其次，需要考虑一个区域特殊的一些地理因素，缺水的区域容易发生争水的诉讼，但并不能因此说这个区域的人好讼。高平东南部正是高平缺水比较严重的地区，上述很多争水类型的诉讼都发生在这个区域。不过就这个具体情况而言，东南部缺水虽然是这个区域诉讼案较多的原因之一，但是即便考虑到这个因素，也不能完全解释高平东南部诉讼较多的现象。最后还需要考虑每个区域的社会经济方面的其他特点。本书案例中与手工业有关系的几个案例全部都在高平东南部区域，晁山的油坊、丁壁的砖窑和西瑶的煤窑全部都在东南部区域。但是我们知道高平地区手工业非常发达，很多其他小区域也都有比较发达的手工业，如东北和西南方向的铁业、县城周边的丝织业、各地广泛存在蚕桑业、永禄的造纸业等，东南部在手工业方面没有特别明显的突出优势。但是，这个因素是应该考虑到的。再如村社对于调解村庄矛盾有重要意义，可以减少诉讼案，而村社是从晋城逐渐传播到高平各地的，那么有村社的区域是不是比没有村社的区域诉讼案更少一些呢？这些都是一个区域内诉讼案多少的影响因素。从以上分析可以知道，影响一个区域诉讼案数量多少的因素是很多的，对于统计结果需要做更全面的分析，单纯的统计结果不能简单地和这个区域人们的好讼这种文化心理或集体意识建立因果关系。

村庄规模对于诉讼案发生数量基本是没有影响的，但是对于诉讼案发生的性质是有影响的。例如只有大规模的村庄才会出现小社的情况，小的村庄不会出现小社，因此，凡是因为小社之间矛盾而导致的诉讼案显然不会发生在小规模的村庄之中。牛村玉皇庙光绪案例中的牛村是大规模的村庄，有五个小社。中村观音寺民国案例中的中村是规模更大的村庄，有多达十一个小社。东李门关帝庙民国案例中的东李门村虽然不算很大，只有东社和西社，但是也算是中等规模的村庄，更由于其地形的特殊的带状分布的特点，东社西社之间的诉讼才有可能出现。团东清化寺民国案例中的团东村原本和诉讼另一方团西村是同一个村，是规模很大的村庄，因此才有东西两社的区分，光绪以后正式分为东西两村。赤祥嘉祥寺这样的属于周围五个村共有的大型庙宇也只能是在大规模的村庄之中，不过类似嘉祥寺这种佛教寺院其最初的选址恐怕并不是在村中，不能以一般意义的社庙来理解。再如即便是在有蚕桑业分布的区域，类似茧行这样的交易市场也只会出现在规模较大的村庄之中，小规模的村庄支撑不了一个交易市场，因此，茧用收入这种诉讼也只能发生在大规模村庄之中。郭庄关王庙顺治案例发生地郭庄就是附近比较大的村庄，在郭庄这个茧行交易的恐怕不只是郭庄的村民，也包括周围其他小村庄的村民。大规模的村庄才会有很多的社产，比如整座山这样的社产，石末神山庙道光案例和中村观音寺民国案例的争议焦点都是村社的主山，而像紫金山和观音山这么大的山作为社产，石末村和中村都是大规模的村庄。一座山周围的村庄是很多的，靠近这座山的村庄都可以把这个山作为主山和社产，只有大规模村庄才能将整座山拿过来作为社产。综上所述，村庄规模会影响到诉讼的类型。

诉讼碑刊立村庄的位置还有一个重要的特点，按道理说，对于诉讼结果，争议双方都应该保留结果才对，事实上一般都只有获得比较满意的结果的那方才会保留诉讼碑刻。东李门村的诉讼案件发生在东李门村东西两个小社之间，诉讼结果对于东社有利，因此只有东社的社庙关帝庙中保留了碑刻。下崖底东庄嘉庆案例判决结果对于下崖底东庄村有利，因此只有东庄保留碑刻，南沟村没有碑刻。梨园玉皇庙同治案例判决结果对于梨园村有利，因此只有梨园村保留了碑刻。最突出的例子是双井里八村案例中的情况，八个村中获得好处的北六村全部保留了碑刻（除一村位置待考），南两村都没有保留碑刻，实际上这个碑刻是北六村自己刊立的，南两村完全就没有刊立碑刻。本书所有案例中仅有后山沟崔家湾龙王庙光绪案例中后山沟和崔家湾两个村都有记载同一件事情的碑刻，但是后山沟的碑刻是八月刊立的，碑文中没有提到诉讼，实际上是一通禁碑，崔家湾的碑刻是九月刊立的，诉讼可能就发生在这一个月之内。诉讼结束之后，后山沟没有再刊立碑刻。

（五）庙宇与诉讼碑刻的关系

庙宇与诉讼碑刻的关系的核心问题是诉讼碑刻为什么会刊立在特定庙宇之中，这一部分要参考附表 3 中的数据整理。这个问题要综合考虑庙宇在村庄中的地位以及碑刻与庙宇的关系。总的来说分为两种情况：一种情况是诉讼案例与庙宇本身有一定的关系；另一种情况是诉讼案例与庙宇没有关系，而是与庙宇在村庄中的地位有关系，下面分别讨论。讨论庙宇与诉讼碑刻关系的意义在于我们可以通过对庙宇类型的区分对诉讼碑刻进行区分，不同的诉讼碑刻的意义是不同的。位于村庄大庙中的诉讼碑刻更具有代表村庄长久的集体利益的内涵，而其他位于其他庙宇中的诉讼碑刻这方面的内涵就比较弱一些。

1. 诉讼与庙宇有直接关系

第一种情况是诉讼案例与刊立碑刻庙宇有某种关系。首先是诉讼案件直接和这个庙宇有关系，庙宇本身就是诉讼标的之一。例如拥万关帝文昌阁咸丰案例就是这种情况。在这个诉讼案例中，因为争议的标的物实际上就是关帝文昌阁和紧挨着它所修建的民房。这个诉讼碑放在关帝文昌阁中和关帝文昌阁本身在村庄中的任何社会功能没有什么关系。三槐庄二仙庙嘉庆案例中由于西瑶村村民开窑接近二仙庙，三槐庄村社认为开窑可能损坏庙宇，这样二仙庙也是诉讼案例的主要标的，碑刻刊立在二仙庙中也是顺理成章的。类似这样的案例中也需要注意庙宇本身位置的特殊性和其后发生的诉讼案例之间是有关系的。拥万关帝文昌阁本身属于村中分割区域的立于巷口的那种阁门，它本来就位于村中建筑密集区域，与其他村民的民居发生冲突可能性就很大。三槐庄二仙庙位于村外靠近西瑶村的一条山梁上，实际上是在三槐庄和西瑶村的边界位置。三槐庄村民开窑是在自己村庄的范围之内，并没有越界，这一点双方没有争议。三槐庄二仙庙只是因为与开窑地邻近而引起诉讼。石末村神山庙道光案例中争议发生地就是紫金山，神山庙就是位于紫金山上的庙，虽然这个案例中神山庙所在紫金山是石末村的主山，但是就这通碑刻刊立在神山庙来说主要还是因为诉讼本身和紫金山有关系。中村观音寺民国案例和石末神山庙的情况可以说是完全一样，观音寺所在观音坡也是中村的主山，诉讼也是直接和观音坡有关系的。据村民说，此碑原来立在观音寺中，后来一度被拉到了炎帝庙中存放，炎帝庙是村中大庙，后来观音寺重修之后又搬回了观音寺。观音寺这个主山上的庙和炎帝庙这个大庙之间的这种来回搬移很值得玩味。诉讼标的既可以是在诉讼之前和过程中与庙宇有关系，也可以是在诉讼之后与庙宇有关系的。窑栈关帝庙嘉庆案例就是后一种情况，争议土地原来是关帝庙住持尼姑的土地，这片土地原本和关帝庙本身没有直接关系。但是诉讼的结果是地产归了村社，成了社产，这样关帝庙就和这片土地有了直接的关系了。赤祥嘉祥寺民国案例争议的焦点本来就是嘉祥寺的归属问题，嘉祥寺虽然历史悠久，但是很长时间都是佛教寺院，不是社庙，村中大庙是炎帝庙，但是这通碑刻因为直接与嘉祥寺有关，放在嘉祥寺中也顺理成章。除了庙宇与诉讼直接有关系之外，庙宇与诉讼争议标的之间也可以是有一些间接关系，或者距离较近，或者有一定的关联。寨上关帝庙道光案例中争议标的古井距离关帝庙不远，这可能是碑刻刊立在关帝庙中的原因之一。

2. 诉讼与庙宇无直接关系

诉讼碑出现在庙宇中是和这个庙宇本身在村庄中的功能有密切关系，而不是因为庙宇和诉讼本身有什么关系。上述寨上村与丹水村因为争井的归属权而发生的诉讼，最后以立碑的方式来解决，碑刻之所以立在关帝庙中绝不仅仅因为关帝庙距离争议标的物井更近一些，而是因为这个关帝庙事实上起到了寨上村村庄中心的作用。寨上村是一个小的山区村庄，只有关帝庙和文昌阁两个庙宇。虽然关帝庙不在村中，而是在村外山沟里，但是诉讼碑只有立在关帝庙中才是最恰当的。诉讼的判决结果之所以要通过立碑的方式来保留下来，主要有长期留存作为证据和公示两个作用，放在关帝庙中能够最好地体现这两个作用。类似这样的例子极多，除了上面所列出的情况之外，其他的案例基本上都是位于大庙之中的，位于大庙之中的诉讼碑刻大部分因为碑刻代表的是整个村庄长远的集体利益。这里选择一些情况稍微有点特殊的几个案例来做一些讨论。

郭庄关王庙顺治案例的碑刻立于关王庙中，这主要是因为关王庙是村中大庙，光绪和民国时期维修全村庙宇的碑刻都立在关王庙之中。诉讼争议的茧行就设在关王庙之中，这可以说是一种巧合。因为关王庙是大庙，因此茧行设在关王庙之中，同时同样因为关王庙是大庙，因此碑刻立在关王庙之中。这是大庙两种功能的反映，一个是宣告的作用，这是碑刻刊立于此的原因；另一个是社会经济功能，茧行这个交易市场也位于关王庙之中。

除了诉讼碑刻刊立在村庄大庙的情况外，当诉讼涉及的是小社，而不是大社的时候，碑刻就是刊立在小社的社庙之中，而不是大社的社庙之中。东李门关帝庙民国案例就是如此。东李门这个村呈东西向带状结构，目前东西向沿主路有三个庙宇，关帝庙位于最东边。这个关帝庙是东社这个小社的社庙。这个诉讼案发生在东西两社之间，东社对结果显然更加满意，诉讼碑出现在了东社。从这个案例可以看出诉讼碑和禁约碑的不同，禁约碑的对象是全村的所有人，要向全村所有人进行公示、教化和警示，但是诉讼碑往往只是和特定的一个群体有关系，也就是发生争议的群体有关系。因此，拥万诉讼碑立在作为诉讼标的物之一的关帝文昌阁中，东李门诉讼碑立在获得好处的东社的社庙关帝庙之中。

最特别的一个案例是晁山观音堂民国案例的情况。观音堂不是晁山村的大庙，诉讼本身与观音堂之间也没有直接的关系，那么为什么这通碑刻要刊立在观音堂呢？这通碑刻刊立的位置比较特殊，它不是立在观音堂里面的。碑刻是一通壁碑，镶嵌在观音堂山门外戏台外面的墙壁上。看戏的剧场其实也就是村中的一个广场，是人们活动最多的地方，碑刻刊立在这个地方其实和观音堂没有关系，是和这个戏台及其广场有关系的。碑刻在这个地方能够起到很好的公示作用。此类碑刻刊立位置虽然不算是特别普遍，但是也很常见。通常都是一些禁约碑刻直接刊立在村中广场上，一般都是在戏台边上。

第二部分　个案考释

碑文整理说明

（1）碑文整理分为两个部分，正文中的部分，按照规范的简化字体系和书写习惯点校、排版，附录中的原格式整理则用繁体竖排，完全保留碑文原来格式排版。这样做的目的是既能方便读者阅读，又能最大限度保留原碑的格式信息。个别碑文因为特殊原因没有进行原格式整理。

（2）对于异体字，正文中直接用规范汉字，一般加注以做出说明。附录中原格式整理则直接用异体字。

（3）对于碑文中刻错的字，明显为错字的不删，加圆括号，在其后补出正确的字，并加方括号注明。一般另加注解说明校改的原因。存疑的不改原字，加注说明。原格式整理中保留原刻错字，不改。

（4）碑文中省略了的字用方括号补出，比较明显处不加注解，直接补出。原格式整理中不补。

（5）碑文中漫漶的字用“□”标出，如对漫漶字有猜测的，在正文整理中用方括号在后面补出，原格式整理中不补。

（6）正文中的人名等排列顺序一般均按照从右到左的顺序排列，不取从中间到两边的排序方式，特殊情况下在注解或考释文字中说明。

（7）所有注解均出现在正文整理中，附录中原格式整理不出注解，相关问题可以参看正文整理中的注解。

（8）原则上，注解只涉及文字性的内容说明，其他内容均见考释文字。

（9）原格式整理不同于拓片，只能做到示意，字体大小和准确位置不能严格按照原碑。

01　郭庄关王庙顺治十二年（1655）《□处补葺关圣庙记》

一、村庄与庙宇概况

郭庄位于高平市区东北方向15公里处，建宁镇的西南部，建宁和北诗、陈区三个乡镇交界之处，地理位置显要，位于建宁到高平的必经之路旁边。建宁镇位于高平东北，与陵川重要商业市镇礼义镇毗邻，因此，郭庄也是高平通往陵川礼义镇的重要通道。郭庄属于建宁小盆地边缘的丘陵地形。礼义镇与高平、建宁一起形成一个小盆地的地形，郭庄就位于这个小盆地的西南边缘处。郭庄西面隔鱼仙山（或称遇仙山）与陈区的大山村相望，由此就进入大东仓河河谷地区，郭庄也可以视作是建宁小盆地和大东仓河河谷两个小区域之间交界的地方。郭庄南面紧邻北诗镇的化壁长畛，再南就是一片山区，是高平东部北诗镇山区地带。北面是建宁镇中心建南建北两村所在地，东面经由苏庄直达陵川礼义镇。郭庄旧村呈长方形，东西长400余米，南北长近300米。郭庄在清代属于高平县府下里①，今属建宁镇，现有人口400余户，1800多人②，规模较大。总的来说，郭庄是一个规模较大、交通便利且地理位置非常重要的盆地边缘村庄。

郭庄关王庙是高平地区现在所知创建最早的关王庙，也是作为村庄中心的关帝庙的典型。郭庄关王庙位于村中心，是村中大庙。郭庄古庙宇很多，关王庙应该是历史最悠久的。高平地区村庄中历史比较悠久的古庙的位置一般有两种情况，一种情况是位于村外具有特殊地理条件的地方，例如小岗、河谷、水池旁等；另一种情况是位于村庄的地理中心。前一种情况的古庙更早一些，大概都是金元时期的，高平伯方仙翁庙就是这种典型。后一种情况稍晚一些，大多是元明时期始建，郭庄关王庙就是后一种情况

① ［清］傅德宜等纂修：乾隆《高平县志》卷四《里甲》，凤凰出版社2005年版，第57页。

② 数据来自田野调查中对村民的询问。

的典型。郭庄关王庙始建于洪武七年（1374），万历九年（1581））、万历四十六年均有重修或增修。洪武创修规模不详，万历九年重修时即有“两庑”的说法，则至少在此时关王庙就已经有一个院落的规模了。万历四十六年重修的大圣仙姑庙应该是关帝庙的侧殿或配殿。自万历重修到清代前期，郭庄关王庙一直在不断地进行补修和增修。顺治十二年（1655）补修，顺治十四年又增修了东北角，到乾隆四十七年（1782）又增修东北角。到乾隆晚期这个时候，郭庄关王庙的格局应该基本成型了，后来就没有太大的变动。清代中期以后，郭庄至少先后进行了两次全村的大规模庙宇兴建工程，一次是道光二十三年（1843），一次是民国十一年（1922）。这些全村规模的修庙碑刻均立于郭庄关王庙之中，这从另一个角度表明关王庙的村庄中心地位。郭庄庙宇众多，计有西佛堂、西北佛堂、土地庙、白衣阁、三教堂、真泽宫、祖师庙、松泉寺、大王庙、龙王庙、文昌庙、七佛殿等。

二、碑文整理

郭庄关王庙顺治十二年诉讼碑位于西侧殿前，笏首壁碑，高 113 厘米，宽 44 厘米。2013 年 9 月 17 日杨波、颜伟和张源潮等人在田野调查中发现此碑。2013 年 9 月 24 日颜伟对庙中碑刻和题记等做了详细的抄录。2016 年 10 月 30 日杨波和张鹏进行了补充调查，并对颜伟抄录的碑文做了仔细现场校核。顺治碑刻保存一般，部分字迹漫漶不清，识别困难。碑刻有题名和篆额，共计 18 行，每行约 40 字，四周缠枝纹环绕，无碑阴。碑文分为前后两个部分，前一个部分叙述事情的来龙去脉，后一部分是“告执照状”文书的“抄誊勒石”。现根据实地调查，校录碑文内容如下：

碑额：苗用入社碑记

题名：□［议］处补葺关圣庙记

□［关］帝诞生汉季，迄今越千有四百余年，其英灵豪气，百代如生，万世钦服。晋郡泫东四十里许①，有郭庄村者，有帝庙一区，创不可识。究帝之生□□履，重修岁月、姓字，前石俱□［载］□，无容赘言。但其间庙貌颓圮，器皿损折，乡民物力一时难凑。兹村素有

① 原文如此，实际上直线距离三十里略多一些。

平衡蚕茧一行，原为增饬神事之资。无何迁延日久，被里老什排惘称入社，各分而为自私之利，其□莫息□［间］。有乡者郭景隆等，目击心伤，非今是古，欲为长久之计，于是恭请村众聚庙议处，□［将］蚕茧牙用，尽系入社，众悉唯唯。遂于本县范县翁案前□领帖文准①造官称，里老什排不得仍前擅自称收，许主神二人，社首二人，总催一人，每年轮流管理，或补葺庙宇，或增置器物，或别神事之用，谁曰不宜？如得用若干，费过若干，现在若干，同□交代明白，即注神历，□社中所有旗伞等□，止可本村备用，若顺情借使者，天诛神灭也。今日而谋及□铭□为不朽，犹望后之贤人君子，可以遵例循行，共襄盛事。更防后之好诡小人，不得视为利薮，系②豪侵使，任意横行，以违□［议］处之美意为辱。请不□为文，自揣庸鄙。敢曰文哉？不过叙其颠末，笔其岁月，立为长久之计云尔。

告执照状人郭景隆等，各年不一，系府下里，为讨照防奸事：本村有关圣贤庙宇，年久倾□，所□蚕茧行抽□□用，公议入社修理，因奸恶起争，曾告赴本县范老爷天断，准修庙，使费□□□□□仍前不息，又想分肥，不入社中，叩□［乞］老爷俯赐准照，以便遵行，神人同感，上告老爷详行。

准照③

大清顺治十三年五月廿九日

告执照状人：

郭增茂④

郭有财［画押］

郭景清［画押］

郭景隆［画押］

苏□□［画押］

郭衍广书

高平县建宁镇

---

① 原文为“準”，“准”的异体字。

② 原文如此，疑当为“丝”字。

③ 字体较大，为原文书上知县的批示。

④ 原碑此处没有明显的画押十字，但应该也有才对。

儒学生员夏国彦撰
儒学生员苏兆书
儒学生员苏博篆
儒学生员苏胤[①]眉、儒学生员郭十□订

主神：郭文焕、苏文宝
社首：郭庆善、郭景明
总摧：苏进宝
效劳：郭永体[②]、苏时达、郭宗大

大清顺治十二年岁在乙未六月望日立石。
为首人：郭景隆、郭衍庆、郭景清、郭有运
玉工李学让刊

三、碑文考释

（一）审判者

郭庄关王庙顺治案例的审判者是知县范绳祖。关于范绳祖担任高平知县的时间，高平多种县志中都出现了错误，乾隆县志和同治县志中均将范绳祖担任知县的时间记作顺治十六年[③]，这个记录与此碑文不符，明显是错误的。范绳祖是高平顺治县志的纂修者，顺治县志记载："范绳祖，字克武，辽东人，贡士，顺治十年任……刘璟，顺治十六年任。"[④] 由此可见，范绳祖任高平知县的时间是顺治十年到顺治十六年。郭庄关王庙顺治案例发生的时间是顺治十二年，正是范绳祖任知县的时间。范绳祖是高平清代

---

① 原文为"胤"，同"胤"。
② 原文即为"体"，非"體"。
③ ［清］傅德宜等纂修：乾隆《高平县志》卷十一《职官》，凤凰出版社 2005 年版，第 107 页。［清］龙汝霖：同治《高平县志》卷五《官司》，凤凰出版社 2005 年版，第 390 页。
④ ［清］范绳祖纂修：顺治《高平县志》，清代孤本方志选第一辑第九册，线装书局 2001 年版，第 231 页。

早期比较重要的一位知县，清代县志中有其比较详细的传记，对清代早期高平社会稳定发展做出了很大贡献，而本案例不载于县志，却也是其众多功绩中的一条。

（二）当事人

这次诉讼案例的当事双方非常重要。一方是里老什排，也就是里长和甲长。这里的里老什排是里长甲长的习惯说法，里老就是里长，多由老人来担任；什排就是甲长，甲按照规定是每十户编为一个甲，因此，甲长也被称作什排。现存于西李门和永宁寨两村的两通内容相同的碑刻上有涉及什排的较为详细的内容："令东张后村社首公雇一什排，另立一甲将各花户粮钱合为总数，仿照凌川章程，上下两忙，照章封纳一半。"① 这是一通与纳税有关系的碑，这里的什排就是甲长。

另一方是以郭景隆为首的五个人，其中郭景隆和郭景清是最后落款中四个"为首"中的两位，其余三人虽然并不是为首，但是一定也是村社中的领导者。也就是说本案可以看作是村社与里甲之间的一次诉讼案。告状的原告是村社，代理人是村社为首，被告是里甲，代理人是里老什排。

（三）诉讼事由

本案例诉讼的缘起较为复杂。泽潞地区是丝绸的重要产地，通常称作"潞绸"，蚕桑业是丝织业的上游产业，蚕桑业的产品是蚕茧或者茧丝，一般来说，茧丝作为商品的买卖是需要通过牙行来进行的，碑文中所说的"平衡蚕茧一行"就是指这种茧丝业的牙行。牙行的管理与收入应该归谁支配是本案的焦点。蚕茧牙用，简称"茧用"实际上就是牙行的收入，在此次诉讼案之前郭庄的茧用收入被里甲系统的"里老什排"所占有。村社认为这些收入应该归属村社，用于庙宇补修之类的公用。这件事情引起了诉讼。

（四）判决结果

对于村社与里甲之间的争议，知县的判决支持了村社。知县的判决可以概括为以下几条：

---

① 同治七年《玉皇庙尊立文书碑》，现存西李门玉皇庙。

（1）不再允许里老什排等人收取茧用收入："里老什排不得仍前擅自称收。"这一方面里老什排不再能够管理茧行，剥夺了他们这方面的权力；另一方面里老什排不再能够从茧行中获益，茧用收入与他们无关。

（2）明确了茧用归社之后的组织管理结构和管理办法："主神二人，社首二人，总催一人……每年轮流管理"，这个管理结构是在村社组织基础之上形成的一个综合完善的管理机构和规范。

（3）明确了茧用归社之后具体的用途："或补葺庙宇，或增置器物，或别神事之用"，总的来说就是用于关王庙的修缮、庙内器物的购置和其他与庙宇有关的支出。

四、进一步的讨论

郭庄关王庙顺治案例是极其重要的诉讼案例，对于理解泽州地区的蚕茧业、里甲制度、村社制度和司法制度与实践等都具有极其重要的意义，现逐条对其具体内容稍做深入讨论。

1. 本案争议的主要内容是茧用收入的归属问题，而茧用是茧行的收入。茧行是为收购蚕茧的商人和出卖蚕茧的村民提供中介服务的。一般来说，交易场所就在社庙内，本案例中就在关王庙内。商人和村民不允许在自己家中私自进行蚕茧的交易，买卖双方必须在规定的场所也就是关王庙内进行买卖："议在社人等不许在家卖茧，如私卖茧者照罚。"① 茧行按照一定比例来收取中介费用，也就是佣金，这个比例不同时间和地点肯定略有差异，但也有大致标准，大体上来说在每斤二到三文钱的样子。② 茧行有专门的人负责管理，这个管理者有些地方被称作"茧头"③，本案例中的"神头"应该就是这种茧行的管理者的角色。茧行的主要好处一是提供了交易的市场，集中进行交易，方便了买卖双方；二是有利于公平交易，规范了市场，本案例中将茧行称作"平衡蚕茧一行"就是突出茧行在称重上的公平买卖的

① 道光二十一年《立茧秤碑序》，转引自张林峰《清代晋东南地区的蚕桑业与地方社会——以高平为中心的考察》，南开大学 2015 年硕士学位论文。

② 参考张林峰《清代晋东南地区的蚕桑业与地方社会——以高平为中心的考察》，南开大学 2015 年硕士学位论文。

③ 参考张林峰《清代晋东南地区的蚕桑业与地方社会——以高平为中心的考察》，南开大学 2015 年硕士学位论文。

特点，因此，茧行也被叫作“茧秤”。茧用的坏处是增加了中间环节的交易成本。更重要的问题是茧用的管理问题。在泽州地区所见大部分的案例中，茧行的管理者，也就是茧头或者神头，一般来说是由村社的社首担任的，但是从本案例中可以看出在有些时间或者村庄里，茧行管理者也会由里老什排来担任。这种情况并不仅仅是郭庄存在，“每年茧用，每斤二厘，经乡堡收明，交付社老，作办公之项”①。这里收取茧用的是乡堡，收好之后再交给社里。郭庄的情况可能也是如此，里老什排负责茧行的日常管理，收取了茧用之后再交给村社用于村社公共事务。这就是本案例碑文中所说的“里老什排恂称入社，各分而为自私之利”，意思是茧用收入本来就是归村社的，里老什排只是代为管理，但是在代为管理的过程中，他们将茧用私分，不愿交给村社，或者私自扣除了一部分归自己使用。所以，茧用的问题并不是这部分收入应该归谁的问题，而是如何进行管理的问题。

茧行以及茧用对于理解泽潞地区的蚕茧业具有重要的意义。首先，茧行能够让我们知道当时的蚕茧交易是如何进行的，蚕茧交易的市场如何运行。其次，茧行的分布能够让我们知道泽潞地区蚕茧业的主要分布区域，这对于我们全面具体地认识泽潞蚕茧业提供了重要的历史地理背景。其次，茧用的数量可以让我们推算各村庄蚕茧业的交易规模，进而推算整个区域蚕茧业的交易规模。最后，蚕茧业的规模可以进一步用来理解潞绸生产的原料来源问题，并能利用蚕茧业规模来推算潞绸行业的规模。总之，茧行和茧用的问题对于泽潞地区桑蚕丝织业的经济史研究具有重要意义。

2. 茧用不仅仅具有重要的经济史研究意义，同时也具有重要的社会史研究意义。一般认为，村社这种组织一开始主要是一种信仰组织或祭祀组织，它的主要职能是在庙宇祭祀和修缮等信仰方面。从晚明到清代中期，泽州地区的村社开始越来越多地具有了超越信仰之外的其他更多的社会经济功能，这种转变究竟如何发生的呢？郭庄关王庙顺治案例就是这方面的一个典型代表。里甲是明清时期的一种官方基层制度，但是在不同历史时期和不同区域，里甲的具体执行情况是各不相同的，民间社会的实际情况往往与国家规定有很大差别，而地方政府往往也对这些进行了默认。本案例中，里老什排来具体负责收取茧用收入应该是里甲执行征税功能的延伸。

① 乾隆三十一年《合镇公议条规碑》，现存沁水县龙港镇国华村，转引自张林峰《清代晋东南地区的蚕桑业与地方社会——以高平为中心的考察》，南开大学2015年硕士学位论文。

就茧行收取茧用本身来说和村社没有直接的关系。但是在两个方面，茧行和村社有关系。一个方面是茧行的地点设在庙中，这种情况下，庙这个空间除了具有信仰方面的职能之外，也开始具有了交易场所的市场功能，这其实是庙宇很自然的一种延伸功能，考虑一下庙会就很容易理解庙宇这个场所在功能上的丰富和延伸。这样我们就可以明白，村社功能从信仰祭祀等文化功能向社会经济多样化功能发展，其根本原因是庙宇作为公共空间的性质本身就具有向市场等其他类型公共空间转变的潜在可能性。村社也因此从一个单一的信仰组织向社会经济组织发展了。另一方面是茧用的费用是供庙里使用的，那么，为什么茧用要供庙里使用呢？或者说为什么村民以及整个社会能够认可“茧用归社”或者“茧用归公”这种做法呢？直接的原因是茧行占用庙宇场所，按道理自然应该给庙宇一部分的补偿。但这不是主要原因，主要原因是茧行本身是为大家服务的制度，它的收益显然也应该满足大家的公共利益，而不是任何人的私人利益。而庙宇所代表的信仰就是大家公认的公共利益。实际上在很多其他个案中，茧用收入也可以用于修路修桥等其他的公共事务。茧用实际上是将从事蚕茧业的村民的部分收入转移到了村庄集体收入之中，相当于从事蚕茧业的村民向村庄公共事务的捐施，但是它以一种制度化的方式来实现了这一目的。由此可见，社的职能的扩展实际上还是因为信仰本身所具有的那种公共事务的特点所决定的。由于以上两点，茧行和茧用虽然和村社没有直接的关系，但是它本来就已经和村社紧密联系在一起了。里甲逐步退出管理茧行就具有了一定的必然性了，在郭庄案例中，这个过程是通过诉讼来完成的，但是在更多的村庄中，这个过程可能是通过和平协商解决的。到了清代中期以后，绝大部分茧行的管理都是村社，茧用也全部归公，成为村社收入的一个重要来源。

3. 茧用归社之后，茧用就成为村社收入的一个重要来源。一般来说，村社的收入是多种多样的，主要包括布施捐款（包括本村、外村、商人商号和其他各种社会机构）、按照地亩或人头摊派的地亩收入、摇会收入、社产的经营性收入或直接出卖的收入、各种罚款的收入以及管理服务的收入。茧用收入就是属于最后一种——村社提供管理服务的收入。村社为蚕茧业的买卖双方提供了中介服务，然后以此来获得收入。茧用作为修庙的一部分资费来源在泽州很多其他庙宇中常常出现，相关例子举不胜举，例如乾隆七年下马游村三义庙中也有茧用收入：“又收茧用银并远□木头银房价银二十三两一钱八分。”这些充分表明茧行制度和茧用收入对于村社的发展起到了重要的推动作用。这恐怕也是清代中期以后村社快速发展的原因之一——泽潞地区发达的手工业为村庄社会组织的发展提供了经济方面的支持。

茧用作为村社的收入，在本案例中其用途规定得非常明确，主要是修缮庙宇、购买社物和其他庙宇需要的支出。其中社物需要略做说明，碑文中所说的“增置器物”，也就是后面所说的“旗伞”等，其实就是指神灵出游时候需要使用的仪仗。有些碑刻中对这类器物有详细的罗列，这里略举一例：“计开社物……朱缎素拨会旗贰杆、红呢绣花招旗壹对、色缎绣花招旗叁对、紫微色缎大伞捌柄、黄绣花座纛旗壹杆、回避肃静大牌壹对、朝山进香大牌壹对、色绸清道大旗壹对、彩画飞虎大旗壹对”[①]，这就是碑文中所谓旗伞之类东西的常见情况。

4. 本案例中除了前半部分对事件过程的叙述之外，后面刻上了一份完整的“告执照状”。“告执照状”是清代村民向县政府进行告诉的时候所使用的一种文书。[②] 一般来说，这种“告执照状”是在一个用印版印好的状纸上填写的，有些内容已经印好，有固定的格式。从碑文中我们可以看出这种“告执照状”的基本格式如下：

（1）告执照状人的名字；

（2）以“为……事”的格式开始叙述请求的事由和内容；

（3）以“上告老爷详行”的格式请求知县的批示；

（4）知县在此后进行批示；

（5）告状的时间，一般年月都印好，只需要填写日期；

（6）告执照状人的署名，每个人都要画押，最后是代书状纸人的名字。

本案例中的这份“告执照状”的性质值得进一步讨论，“告状”并不一定是提起诉讼，也可能就其他事项向县政府发出请求。本案例中，从碑文前面的说明以及“告执照状”的内容来看，这份“告执照状”并不是提起诉讼，而是要求执行。“告执照状”中明确说明范绳祖知县已经就茧用入社一事进行了审判，显然，这份“告执照状”是在审判之后递交上报的。因此，这是在审判已经下达之后，里老什排不愿意执行，村社的社首为此再

① 咸丰元年《社物碑记》，现存高平市南城街办汤王头村甘露寺，原碑文很长，这里只选中间一部分。

② 徽州文书中也常见这类文书，参看阿风《明清徽州诉讼文书研究》，上海古籍出版社 2016 年版，第 24 页。

次向知县提出请求，请求对里老什排进行强制执行，强行收回茧行的管理权力。

5. 从碑文中可以看出，茧用的管理有一整套的办法。从管理的组织机构来说，主要是由神头、社首和总催组成一个领导班子。这个领导班子成员的具体分工和职责，碑文中没有明确说明，前面已经提到神头可能就是在蚕茧交易中进行日常管理的人，社首则是从村社负责人中选出来的负责总体上管理茧行和茧用收取的人，很可能主要是负责茧用的使用和记账的人，而总催可能就是监督者。这些可以说是茧用管理的组织保障。茧用使用也有具体的管理制度，主要有以下几条：首先是以上的组织管理者要每年轮换，不能由少数人一直把持，"每年轮流管理"；其次是对茧用的用途做了明确的规定，不能超出这个用途使用，"或补葺庙宇，或增置器物，或别神事之用"；再次是要有详细的账目，并且要进行账务公开，"得用若干，费过若干，现在若干，同□交代明白，即注神历"，这种账目一般都是用四柱账法来进行记录的；最后，明确规定旗伞在没有使用的时候，只能在本村存放，不得向其他个人和机构出借，"业可本村备用，若顺情借使者，天诛神灭也"，这样的一套管理制度可以说是相当完备的。

6. 顺治时期的诉讼并没有使得郭庄的各种矛盾完全平息下来，反而越来越激化了。乾隆五十八年的禁碑在高平地区是比较少见的一种，有两个其他禁碑所没有的特点。一是发布禁令的不是知县，而是"提刑按察使司"，这是省里的主管诉讼的机构。二是内容很少见，"永禁：干犯尊长，越诉滋讼，讼棍教唆，金刀杀伤，借尸讹诈，包娼窝赌，崇信邪教，酗酒生事"①。这里面所讲的事情很多是其他村庄从未见到过的。这些事情既然在严禁之列，一定是曾经发生过类似事件。与"越诉滋讼，讼棍教唆"相联系，再考虑到这是省里的按察使司发布的禁令，那说明郭庄村在这个时候一定有人在越级告状。这表明村庄里的矛盾非常激烈，以至于县一级都无法得到妥善解决。具体是什么原因不得而知，不知是不是还是和茧用有关。从现存另一块乾隆时候的告示碑可以看出，即便郭庄的事情和茧用无关，还是和里甲的税收有关系。乾隆五十一年告示碑的内容是知县下令禁止收取纳粮贴费："前据崔堪翼等呈称，县属完纳钱粮，除正耗之外，复有柜书私收贴费一项，相沿成弊，甚属□害，吁请革除前来，查贴费陋规，

---

① 乾隆五十八年《无题名禁碑》，现存郭庄关王庙。

有干例禁，本县到任以来，正拟兴利除弊，以靖间□□积弊，以相沿日久，稍事因循，致滋扰累，当经批示，据呈出示，永远革除在案。”[①] 看来，无论越级诉讼的是什么内容，钱粮税收可能是激化问题的焦点。这里虽然不再是茧用的问题，里甲是收税的主体，这或许就是里甲与村社的矛盾还在继续，这种矛盾持续上百年，而且有越来越激化的迹象。

① 乾隆五十一年《无题名告示碑》，现存郭庄关王庙。

02　下崖底东庄关帝庙嘉庆六年（1801）《无题名碑》

一、村庄与庙宇概况

碑文所记载的诉讼案发生在两个很小的山区村庄之间。东庄村在行政区划上当时属于高平县，现在是高平市下崖底行政村下属的一个自然村，位于下崖底本村的东南方向。对于诉讼碑刻所在村庄为自然村的情况，本书都用行政村与自然村名称连缀在一起的方式来表达，既说明行政村村名又说明自然村村名，这样比较全面。东庄村规模很小，目前已经完全废弃，整个村庄不再有人居住，大部分建筑毁坏严重，是一个即将消失的古村落。诉讼的另一方南沟村当时属于凤台县，凤台县民国时期因与安徽凤台县重名而改称晋城县，1996 年晋城市独立建地级市之后又改称泽州县，南沟村今称庙南沟村，属泽州县大阳镇。庙南沟村也是一个比较小的村庄，现有村民 100 余户，400 多人①，规模当比东庄村略大。两村地处山区，相对位置距离很近，约 300 米，南沟村在东庄村正南方向。两村所在位置在高平市区西南方向 15 公里，晋城市区正北方向 22 公里左右。下崖底东庄与庙南沟两村所在区域是高平西南地区的一片丘陵，这片丘陵位于丹河河谷区域与大阳小盆地之间，是两片相对地理位置较好的低地之间的过渡地带。下崖底东庄和庙南沟两村更靠近以晋城大阳为中心的小盆地的边缘。它们同时也在晋城与高平两县的交界处。

下崖底东庄关帝庙位于东庄村中，坐北朝南。关帝庙现为二进院，上院比下院地基略高。上院现存正殿三楹，东西耳房各二楹，东西厢房各二楹。下院是戏台院，现存东西看楼各三楹，东看楼已经被改建，戏台三楹，戏台东西耳楼各二楹，戏台与看楼之间后来被人筑墙进行了分割。这大体上都是新中国成立以后庙宇改为民房之后所做的改建。关帝庙始建于乾隆

---

① 数据来自田野调查中询问村民。

四年（1739），现存于关帝庙正殿的脊枋题记有："时大清乾隆岁次己未年正月二十九日创修关帝庙叁间，吉时上梁，合社人口平安，永远为记。"此时庙宇规模可能较小，仅为三楹的单殿庙宇，至多具备一进院落的规模。光绪十二年（1886）创建舞楼及其耳楼，这实际上是一次大规模的增修，看楼可能也建于此时。现存于戏台的脊枋题记有："时大清□［光］绪□［拾］二年岁次丙戌庚子月创建舞楼三楹，东西耳楼四楹。（以下漫漶不清）"关帝庙如今废弃已久，院内杂草丛生，还长出高大的乔木，建筑毁损极其严重。

下崖底东庄关帝庙旁边有张氏祠堂一座，现存道光二十八年历代先祖碑一通，另有戏台一座，有民国时期重修脊枋题记。东厢房有咸丰八年修东屋脊枋题记。张氏祠堂旁紧邻阁门一座，一眼三间，阁上有脊枋题记："大清道光二十八年冬月二十一日关帝会创修南阁三间，□□□自修之后，会首（以下漫漶）。"张氏祠堂与南阁均创建于道光二十八年，由关帝会创建。由此可知，关帝庙是东庄村中最早和最重要的庙宇，是村中的大庙或主庙。诉讼碑刻一般都会刊立在大庙或主庙之中，这和关帝庙在东庄村中的地位相符。

二、碑文整理

下崖底东庄关帝庙嘉庆六年（1801）《无题名诉讼碑》位于关帝庙正殿前东侧墙上，壁碑，宽90厘米，高46厘米。2013年9月2日孟伟和杨波在田野调查中发现，2016年9月24日杨波到泽州县庙南沟做专题补充调查，实地确认了古井的位置。碑刻保存完好。碑文明显分为前后两个部分，前（右）半部分字体较大，排列较稀疏，共计14行，每行约12字。后（左）半部分（从立合同开始）字体较小，排列较密，共计17行，每行约15字。碑刻四周刻有花瓣纹样，碑阳无题名无篆额，无碑阴。现根据实地调查，校录碑文如下：

碑额：无

题名：无

敕授文林郎知凤台县事加三级纪录八次葛

凤台之南沟村有井四眼，高平之东庄村无井，有三坑，因吃水争讼，在南沟村不得为直。孟子云："昏暮叩人之门户求水火，无弗与者，至足矣。"汲蓄之水尚且与人，何况在井者乎？如必阻其吃水则天下行路之人汲水以济渴者俱可以阻之矣。何古今天下不闻有是事也？应令两村庄彼此通融，井水坑水任凭汲取，不得再行争竞，各具遵结可也。

此判

立合同：

凤台县南沟村乡约王喜成、靳永成，社首杨魁

高平县东庄村民张德润、张德龄

情回南沟村有井四眼，东庄村无井，有三坑。自此两村义和，彼此通融，井水坑水任凭汲取，不得再行争竞，公同立此合同二纸，各执存照。

吾村与南沟村相离咫尺，一属凤台[①]，一属高平。盖接壤而两县分焉。曩者敝村水缺，遇天旱而拮据尤甚。南沟村水养不穷，于是莫不以南沟之水为生活之计矣。去岁季冬忽因担水见阻，以致兴讼，蒙凤台县葛仁慈授书立判，朱摽合同。所谓"普天之下莫非王土"也，遂将判语、合同勒石以为永久之照云。

大清嘉庆六年岁次辛酉五月十三日中浣之吉

东庄村合社公立

三、碑文考释

从内容来看，碑文实际上分为三个部分：第一部分是知县葛周玉的判语，第二部分是合同的"抄誊勒石"，第三部分是对于这个事件的说明以及最后的落款。现分别就其中内容考释如下。

---

① 原碑即为简体字台，与碑文首句台字写法不同，参看原格式整理。

（一）古井

东庄村与南沟村之间有一条两百米左右的小山沟，两村就位于这条小山沟的南北两端。原东庄村完全位于沟北坡，现在东庄新村搬到了沟北上面的土原上，原旧村已经完全废弃。南沟村今称庙南沟，旧村由两部分组成，一部分在沟内，住户不多，原南沟关帝庙和戏台也在沟内，现沟内部分也完全废弃。南沟也有一部分在沟南土原上，现在在土原上建了新的关帝庙，村内另有奶奶庙和土地山神庙。古井原有四眼，今有三眼都被填塞，只有一眼还在，为防止意外，用杂物遮蔽。古井全部位于村南土原上，距离不远。新中国成立后，村庄开凿了机井，原古井不再使用。据村民说下崖底村人一直在庙南沟村取水，直到下崖底也开凿机井以后才不再来取水。

（二）审判者

碑文中开头的“敕授文林郎知凤台县事加三级纪录八次葛”是指当时的凤台县知县葛周玉，南沟与下崖底东庄诉讼案正是由葛周玉审理判决的。葛周玉，山东德平人，字溪璜，号般水渔人，乾隆三十五年（1770）副贡。嘉庆四年到十五年任凤台县知县。[①] 葛氏为德平望族，明清两代出现不少文人，葛周玉是其中佼佼者。据今人考证，其私人刻书达十种，重要的有乾隆五十二年刻《德平葛氏族谱》、嘉庆刻《般上旧闻》（六卷，现藏山东省博物馆）。[②] 总的来说，葛周玉虽然是贡生出身而任知县的，但是有很好的儒学修养。文林郎是散官名称。“加三级纪录”是清代议叙制度的一种。[③] 葛周玉在泽州任知县期间留下的诉讼碑不止一通，泽州县书院村（今书院街）程颢书院中有嘉庆五年（1800）葛周玉处理村民宅基地纠纷的诉讼碑刻一通。

（三）当事人

诉讼当事方分别是下崖底东庄与南沟村，两村位于高平和凤台两县交

---

① ［清］张贻琯等纂：光绪《凤台县续志》卷二《职官》，山西晋城县人民政府翻印，湖北印刷厂 1983 年版，第二册，第 39 页。

② 唐桂艳：《明清时期山东文化世家刻书述略》，《齐鲁文化研究》2012 年第 2 期，第 209—219 页。

③ 议叙制度的研究者多以《大清会典》的说法为依据，实际上此类政书上的说法与碑文等各种民间材料上所见情况不符，参看何文竞《烔炀镇“正堂陈示”碑——清代议叙制度以及同治年间巢湖地区的社会问题》，《巢湖学院学报》2013 年第 5 期，第 7—9 页。

界处，东庄属于高平县，南沟属于凤台县。这起诉讼案由凤台知县审判，碑刻刊立在高平的东庄之中。碑文中并未明确说明哪一方是原告，哪一方是被告。

代表村庄作为当事人的实际上是个人或者民间组织。判决中并未提到这样的代理人。合同的签订方实际上也就是两个当事村庄的代理人或组织："凤台县南沟村乡约王喜成、靳永成，社首杨魁。高平县东庄村民张德润、张德龄。"碑刻最后的落款是"东庄村合社公立"，这是刊立碑刻的主体，而并非签订合同的主体，但可以推测张氏二人当为东庄社的社首。诉讼当事人实际上可以看作是南沟社与东庄社。南沟村除了社首之外，还有两名乡约参与。乡约是明清以来晋东南地区重要的一种民间教化的组织形式①，大多数禁碑或者合同碑刻中都有乡约或者地方的参与。例如，高平市三甲镇路家山的祭祀费用分摊合同碑上有"路家山乡约：季文太"②。从东庄南阁脊枋题记来看，东庄村至少在道光时期存在关帝会，晋东南地区的社往往具有更大的代表性，能够代表村庄作为诉讼主体，而"会"则更多偏向信仰组织的性质，一般不能代表村庄全体人出面，除非是直接涉及关帝庙的诉讼。社和会的这种区别是相对的，不能夸大。

诉讼碑上张德龄的名字见于张氏祠堂历代先祖碑上，"七世祖张德龄之位"，这也是此碑上最后一世的先祖。此碑立于道光二十八年（1848），距离诉讼碑嘉庆六年（1801）已经过去了 48 年，这时张德龄已经不在世了。张德润的名字没有见于先祖碑上。

（四）诉讼原因

诉讼判决比较简单，主要是陈述判决结果与依据，合同中说明了诉讼的原因："曩者敝村水缺，遇天旱而拮据尤甚。南沟村水养不穷，于是莫不以南沟之水为生活之计矣。去岁季冬忽因担水见阻，以致兴讼。"今东庄村已经完全成为废弃的村庄，无人居住，水坑无法寻找。东庄与南沟两村所处位置位于山区，东面为莒山，西面为香山，均为高平泽州两地的界山。周围三公里之内没有河流，这种情况下水井显得尤为重要。从碑文可以看

---

① 参看常建华《明清山西碑刻里的乡约》，《中国史研究》2010 年第 2 期。

② 咸丰八年《无题名合同碑》，壁碑，现存高平市三甲镇路家山村关帝庙中，宽 37 厘米，高 22 厘米。

出，东庄用南沟的水实际上是一个由来已久的习惯，但是，当出现天旱这样的情况时，水资源就会出现紧张。然而水资源的紧张或许只是部分原因，这种天旱时候水资源短缺造成的冲突是一直存在的，它的突然爆发以至于酿成诉讼可能和两个村社之间的其他矛盾还有一定的关系。

（五）审判依据与结果

葛周玉知县做出了有利于东庄村的判决，认为南沟村的诉求“不得为直”。他的理由是“昏暮叩人之门户求水火，无弗与者，至足矣”。此语出自《孟子·尽心上》，葛周玉通过引用儒家经典来说明南沟村应该给东庄村用水。判决中的“具遵结”实际上是清代民事纠纷中的调处息讼的一种方式。也就是在知县判决之后，由当事人双方给官府写具一个甘结文书，表明愿意遵守知县的判决而息讼。现存档案材料中有“具遵结”的文书实物留存。①

碑文判决并不能够完全解决两村争水问题，据村民说一直到20世纪90年代两个村还会因为争水而有矛盾，直到大概十几年前东庄全村搬迁与同属下崖底行政村的东坪村合并，问题才得以解决。

四、进一步的讨论

作为一个因争水而引发的诉讼个案，尽管碑文内容简单，但是其背后隐藏、包含着极其丰富的历史内容和文化内涵。有必要稍做深化讨论。

1. 水是人们日常生活必不可少的资源之一，水资源的主要矛盾因各地的地文条件不同而各有特点。太行山区的水资源主要有两个特点。一是存留非常困难。太行山区紧邻华北平原，长治以北（含长治）大多数河流自西向东流入华北平原，以桑干河、滹沱河和漳河为代表，长治以南（不含长治）大多数河流自北向南流入黄河，以沁河及其支流丹河为代表。这些河流均穿过太行山大峡谷，坡度大，流速快，因此，太行山地区水资源难以留存下来。新中国成立后建设大量水库等水利工程就是为了解决这一问题。这个特点使得太行山地区的农业用水基本靠天，生活用水主要依靠井

① 参看李青《清代民事诉讼意识的萌发——以清代档案为视角》，《政法论坛》2013年第4期。

池来解决，井池也有不少是蓄积地表水性质的井池。第二个特点是时间分布不均衡，季节性强。就整个山西的情况而言，泽州地区是降水量最大的地区之一。大部分地区年降水量在 600 毫米以上，部分地区在 700 毫米以上，按照气象学上的标准，这基本属于半湿润地区。但是这些降水分布极不平衡，大部分集中在夏季，夏季降水量可达 400 毫米左右，而冬季降水量常常只有 20 毫米左右。① 因此，在泽州地区存在大量季节性河流。这是地表水的情况。地下水方面，泽州地区同样是资源比较丰富的地区，大部分是弱富水区或富水区。② 泽州地区广泛存在的求雨现象并不是这一地区缺水的表现，而是分布不平衡的表现。唯其如此才会屡屡出现求雨灵验的事件，如果真的完全缺水，怎么可能出现灵验事件呢？这种特点造成用水紧张在某些特定的时间空间点上会变得特别突出，不结合具体的时空分布来抽象谈论缺水和求雨问题是不妥的。碑文中所提到的“去岁季冬忽因担水见阻”，这个时间点其实非常重要，这正是泽州地区最缺水的时候。

2. 凤台知县葛周玉的判决援引了儒家经典《孟子》的话来作为依据，这一点尤其引人注意。首先，在传统社会中，四书五经这样的经典作为权威文本本身就可以具有绝对的无可置疑的正确性，古代儒者的主要工作不在于建构理论，而在于解释经典。朱熹发挥二程思想而注遍群经，王阳明从心学立场出发贯通经典，他们的主要贡献都在于此。这和西方神学传统中解释圣经是一致的。因此，葛周玉援引《孟子》作为依据在当时是有绝对的合理性的。其次，经典文本在传统社会中具有某种宪法的意义，它们是制定一切律令格式的根本依据，但是经典文本往往只有对于一些伦理问题的总体的一般性的论述，很少会有针对具体问题的具体论述，也没有量刑赏罚等具体规定。这就需要律令格式等具体法条。再次，中国的法律一向以刑律为主，对于类似下崖底东庄这样的民事纠纷很难有具体的法条作为审判依据。这时候回到经典文本中寻找依据就成为一个选择。这个个案表明经典文本并非仅仅是修养或者教化的资源，它在治国理政的司法实践中起到了实实在在的作用。经典文本在实际的司法实践中有直接的作用，它们具有法制史的意义。最后，经典文本在传统社会的这种意义对于今天的司法实践而言意味着法制与传统之间的关系问题。中国的立法与执法实

① 山西省测绘局编：《山西省地图集》，内部资料，1995 年，第 15 页。
② 山西省测绘局编：《山西省地图集》，内部资料，1995 年，第 12 页。

践应该如何在中国传统的伦理价值观和社会习俗与西方的司法理念、技术和经验之间谋求平衡，这是一个有待解决的重要问题。

3. 下崖底东庄的碑文誊录了判语和合同两件文书，这两部分关系极为密切。合同是由东庄社与南沟社签订的，然而实际上背后有一个第三方，那就是审判者知县葛周玉。合同书虽然是约定东庄社与南沟社的关系的，但是实际上也是给葛周玉的一个承诺，也即同意和息，日后不再因吃水而争讼。这也就是“具遵结”的意思，它实际上就是这个诉讼争端的解决方法。因此，这个合同其实比较特别，它没有约定任何的权利义务关系，更像是向葛周玉表态以后不再争讼而已。

4. 知县、乡约、社首和村民各自在诉讼中扮演的角色也值得注意。诉讼最终是以调解的方式得以解决的，而这个调解是通过乡约和社首作为中介来完成的。乡约和社首具有一定的官方身份，他们需要按照知县的意思来办事，另一方面它们也不是类似里甲那样纯粹为官方办事的吏役，他们又必须满足村民的诉求。从葛周玉的角度来说，他在落实判决和主张调解过程中也必须依赖乡约和社首这样的村庄组织的人员。

5. 碑文中明确说明“公同立此合同二纸，各执存照”，显然，合同书既以文书形式存在，又以碑刻形式存在，葛周玉的判语也是如此。民间文献的存在形式和其内容有关系，更和其功能与作用有关系。就内容来说，判语和合同都起到约束双方权利和义务的作用。但是，当判语和合同被刊刻在碑刻上的时候其功能和作用又有所不同，它具有了公示、教化、警示、长期留存等多种意义。审判者和当事人显然都意识到吃水的纠纷不会因为一纸判决就完全解决，碑刻材质最主要的特点就是能够长期留存，这也就是碑上常见的“永垂不朽”的含义。当事人都意识到判语和合同在以后的争执中还有用处，应该长期保存，这就是将文书刻碑的原因。另一方面，这同样也是乡约和社首对上下交待的办法。对上可以通过合同的方式表明自己的态度和调处的成果，对下可以用知县的判决来让村民信服，增加说服力。说到底，文书和碑刻这些民间文献本身可以看作是进行社会治理的技术手段。正如同商业文书是商号管理的技术手段一样。东庄村刻碑的另外一层目的是为了在日后发生纠纷的时候作为一种证据来说服南沟村，这也是为什么东庄刻碑，而南沟村没有刻碑的原因，因为诉讼中得到好处的实际上是东庄村。

03 窑栈关帝庙嘉庆二十年（1815）《无题名碑》

一、村庄与庙宇概况

窑栈村位于高平市区正东方向6.5公里处，东侧毗邻米山镇通往长治的官道，隔丹河支流大东仓河与东南庄相对，向南由官道可直达米山镇，北面紧邻酒务村，西侧经过上冯庄达七佛山脚下，与高平县城遥望。窑栈村位于七佛山东麓的山脚下，为丘陵地形，整个村沿一条小山沟呈东西带状分布，东西长约400米。窑栈村在清代属于十五都南庄西里，碑文和县志中均称作窑站①，今属米山镇，现有人口60余户，300多人②，规模不大。总之，窑栈村是一个规模较小但交通便利的山区小村庄。窑栈村所在位置是大东仓河河谷地带，大东仓河是丹河一条重要支流，流经陈区镇和米山镇，是沟通高平市区与东北方向的重要通道。高平市区东侧有高山，交通不便，去往高平东北均需绕行东南方向的米山镇，也就是经由大东仓河河谷。窑栈的位置也可以看作是处于东部的大东仓河河谷与高平市区所在盆地两个区域之间的地带。

窑栈村规模不大，关王庙是村中现存唯一一座庙宇，但即便在整个高平来看都是历史最悠久的关王庙之一。窑栈村关王庙位于村西，坐北朝南，村中主路的路北。始建年代不详，成化十二年、万历三十三年重修。“泽州高平县举东乡窑战村原有古迹，正西□□关王圣贤宝殿一座，自古成化十二年补修，被风雨损坏。今有本庄为首善人李守光、申守库、李朝先、李朝旺、李朝敬、秦世银等重修本社圣贤古庙。”③ 从碑文中可以看出窑栈关王庙的始建至少应当在明代前中期，万历重修时还在万历皇帝给关公封帝

---

① ［清］傅德宜等纂修：乾隆《高平县志》卷四《里甲》，凤凰出版社2005年版，第58页。

② 数据来自田野调查中询问村民。

③ 万历三十三年《无题名碑》，现存高平市米山镇窑栈村关王庙，形制壁碑，宽65厘米，高45厘米。碑文记载成化与万历两次重修情况。

之前，因此还称作关王圣贤宝殿或圣贤古庙，关王庙或圣贤庙都是泽州地区晚明前清时期对关帝庙的称呼。乾隆四十六年再次重修。① 现存关王庙建筑为正殿三间，西耳楼一间，东耳楼两间，东西厢房各三间，山门东耳房两间，西耳房缺。东耳房东侧有一个小阁，小阁再东侧为一戏台，三间，无耳房，坐南朝北，与庙宇并列。庙宇南面为一条小山沟，戏台的位置受地势影响，不能修在正殿对面。关王庙现废弃，毁损严重，正殿、山门和西厢房屋顶均已坍塌。关王庙中以前曾经作为学校，还有黑板留存。正殿内有残存壁画。庙宇东侧约百米有一棵古槐，年代久远。

二、碑文整理

窑栈关王庙嘉庆二十年诉讼碑位于东侧殿前，壁碑，镶嵌于墙内，宽61厘米，高30厘米。2013年9月8日孟伟等人田野调查中发现，2015年6月30日杨波进行了补充调查和碑文的现场校核，碑刻保存完好。碑刻无题名和篆额，共计19行，每行约10字，四周祥云纹环绕，无碑阴。现根据实地调查，校录碑文内容如下：

碑额：无

题名：无

吾村关圣庙昔有住尼小广勤俭生息，增置河西平中地叁亩。去后归俗，因诸君子同念一族之谊并无争碍情事。今俗家长门李佩基，任德裕等，二门［李］秀基、［李］成［基］等互相争夺，业经兴讼，幸赖戚友处和，两门情愿将地归庙，以免异日争执之衅，当日完词以及诸费，庙内共花过银拾叁两有零，同中言明自此以后地属关圣庙社地，以为住持度日之资。与小广俗家等毫无干涉，永不反口，勒石为志②。

同中人李清和、牛汉云

匠师李成宝刊

嘉庆二十年四月念日立

---

① 乾隆四十六年脊枋题记，现存高平市米山镇窑栈村关王庙正殿脊枋。

② 原文为“誌”，参看原格式整理。

三、碑文考释

（一）当事人

这起诉讼案例是家族内部因为争夺地产而发生的，诉讼的当事一方是李氏家族的长门李佩基及其侄子李德裕，另一方是二门的李秀基和李成基，两人当为兄弟。李氏家族是窑栈村中最主要的家族。万历重修碑中捐款人数共计 29 户，其中李姓 20 户，占了三分之二还要多，其余申姓 3 户、牛姓 2 户、宋姓 1 户、王姓 1 户、秦姓 1 户、靳姓 1 户，都是一些人丁很少的杂姓。“李时太银一钱、宋思成银二钱、李时盛银二钱、王交□银二钱、李印守银一钱五分、李守元银一钱、李守章银二钱、申守库银一钱、李朝先银一钱、李朝旺银五钱、李守成银一钱、李自根银一钱五分、李朝兴银三钱、李朝方银三钱、李朝运银五钱、李朝郡银六钱瓦六百、秦世银银七钱、靳朝云银五钱、李朝增银五钱方砖二百、李朝臣银三钱、李朝镇银三钱、李朝奉银三钱、牛朝海银二钱、李朝亨银二钱、牛国真银二钱、申记福银二钱、申记财银二钱、申记增银二钱、李国熙□石一块、李朝敬银五钱。”①从为首的人数也可以看出李氏家族在村中的地位，万历重修时共有为首六人，其中李姓四人，申姓和秦姓各一人。从嘉庆二十年发生的诉讼来看，窑栈村的家族结构从晚明开始并未发生多大变化，仍然还是李姓家族占主体，牛姓家族可能地位有所提升。

（二）诉讼原因

家族内部争夺地产是非常普遍的情况，窑栈关王庙嘉庆诉讼案的特殊之处是其起因和村中社庙有关系。作为诉讼标的物的“中地叁亩”的地产原本是属于关王庙住持尼姑小广所有的，其初始的来源并不是来自村社公共资金，也和其俗家的家族没有关系，而是小广用自己的积蓄购买的，是小广的私人财产。按碑文所述来看，小广在诉讼发生时应该已经去世，否则不会发生诉讼。小广在去世之后，其原来的地产归属成了问题，其俗家

---

①　万历三十三年《无题名碑》，现存高平市米山镇窑栈村关王庙，形制壁碑，宽 65 厘米，高 45 厘米。

李氏家族的长门和二门发生了争议，以致兴讼。从起因上来看，这个诉讼案例与关王庙之间并没有直接的关系，村社并非当事人，村社从未宣称小广的地产是归村社的。

（三）诉讼的结果

虽然此案例“业经兴讼”，但是碑文中并未明确说明知县如何审判此案，也没有说明判决是怎样的，但是最终的结果是清楚的。由此看来，这个案例应该也是以调处息讼的方式来解决的。所谓“当日完词”包括两个含义：一个含义是诉讼的当时双方写具甘结一类的文书承诺不再兴讼；另一个含义应该是当事双方与村社签订地契，约定了将地归村社。这样，原属小广的地产没有属于当事双方的任何一方，而是归村社所有，成为社地，实际上也成了庙产。

四、进一步的讨论

窑栈关王庙嘉庆诉讼案原本是一个很简单的家族内部争夺地产的案例，但是因为涉及村社、社庙、住持和社产等问题而变得复杂，有很多值得进一步讨论的地方。

（一）庙田的所有权

这个案例表明泽州地区庙田归属上的复杂性。在泽州地区，绝大部分的庙田实际上都是归村社的，并不是住持个人所有。社庙的日常管理者是庙宇住持，这些住持可能是僧道尼，也可能是俗家的信众。在大多数情况下，这些人都不是庙产的所有者，庙产的所有者是村社。咸丰十年东崛山的碑文中详细地记述了庙产转移的过程：“吾村关帝庙自修建以后即有住持僧，看守田粒所入，以为僧自用之资，道光十二年住持僧去矣，僧去之后，每年所收租子除纳粮之外，约可余三石有零，子母相权，积至道光贰拾叁年，本利共计钱肆拾伍仟玖佰叁拾文，此钱存到维首李永成名下。”[①] 当住持僧还在的时候，庙田的收入是由住持僧来管理支配的，但庙田所有权还

① 咸丰十年《无题名碑（庙田碑）》，现存高平市马村镇东崛山关帝庙，壁碑，宽53厘米，高42厘米。

是村社的。住持僧走了以后，这部分款项的管理职责就转移到了维首李永成的名下。这条材料说明了泽州社庙两种管理模式，一种是住持代管的模式，另一种是社首代管的模式。两种模式下庙田的所有者和其收入的所有者都是村社和社庙。窑栈的案例则是另一种情况，小广所置办的地产是属于她个人的。这里存在的问题是，关王庙的日常开支甚至一些修缮费用是不是也从小广个人的庙田收入中支出呢？从所有权决定收益的角度来说，这应该是不可能的。因此，小广在担任关王庙住持期间就应该有两笔账，一笔账是替村社管理的公共账目，另一笔是其自己的私人账目。这两笔账实际上很难分清楚，由此也可以看出窑栈关王庙在小广任住持时的制度存在一定缺陷。

（二）庙田的管理与增值

庙产特别是庙田在管理过程中会出现增值，主要的方式一般是发典生息。发典生息这种做法广泛应用在各种公共事务之中，县政府管理的文庙有学田来解决文庙日常开支费用问题，大家族有专门的祭田来解决家族祠堂祭祀的问题，社庙也用同样方法来解决日常开支和修庙资金的问题。庙产是不是能够增值很大程度上取决于管理者是否勤俭和廉洁，如果管理不善就会出现不好的情况，“乃后世营理非人，每年除祀神纳粮外，悉入己囊，置屋□倾斜，栋梁朽败于不顾”①，而社庙的实际管理者一般就是住持。窑栈关王庙的案例同样表现出特殊性，虽然小广置办的土地一开始并不是庙产，但是她却是在任住持时候依靠勤俭而买地的。作为一个乡村小庙里面做住持的尼姑，其买地的资金来源是很困难的。

（三）庙田管理的三种模式

以上两个方面的问题分别是庙产的所有权和管理的问题。东崛山和窑栈两通碑文中一共反映出了三种模式。第一种模式是庙产归社，住持无个人财产，社庙一切财产归社。第二种模式是住持管理社庙，同时住持有个人财产，包括地产。第三种模式是庙产归社，没有住持，社首兼管庙产，社首有个人财产。后两种模式都存在着社产与个人财产区分不清的问题，这也就是为什么在泽州地区的社庙中最广泛存在的模式其实是第一种模式。

---

① 洪宪元年《补修关帝庙碑》，现存河西镇河西村关帝庙。

反过来，这样就要求住持的人选要么是那种基本没有私人财产，无家可归的社会底层人士，要么就是职业的佛道教徒。这两类人都属于没有个人财产的人，正因为如此，他们在管理社庙过程中不会出现损公肥私的情况。

（四）买与捐的结合

值得注意的是，碑文中明确说明村社最终取得原属小广的土地的时候实际上是支付了费用的，换句话说，李氏家族并没有将地施给村社，而是卖给了村社。这里需要注意两点。第一点是在清代的土地买卖制度中，土地买卖并不是完全自由的，即便是用钱来买地，也是首先需要有买的权利。因此，村社能够买下这片地也是李氏家族给予的一种权利，否则这种买卖不可能实现。第二点是村社支付的“拾叁两有零”的买地费用是比较低廉的。根据现存契约文书，嘉庆诉讼案发生的时期，窑栈村附近的地价一般是每亩十两左右。南圪塔村与窑栈同属于米山镇，两村距离很近，现存南圪塔村的乾隆四十二年地契中三十三亩六分五厘卖出价格是三百三十六两五钱，价格是每亩十两。① 乾隆地契为上地，窑栈碑文中三亩地是中地，再考虑乾隆四十二年到嘉庆二十年的增值情况，嘉庆二十年窑栈三亩地市场价应该不低于三十两，而村社是以十三两的价格获得这块地的。这表明李氏家族虽然是将土地卖给了社里，同时又有捐施的成分，是以一个远远低于市场价的价格卖给了社里。

（五）社产归公

当庙田的产权从小广俗家转移到社庙之后，这片土地就成了碑文所说的“社地”。它既是庙产，也是社产。小广离开以后，庙中还是有住持的，这片土地收益的用途就是“以为住持度日之资”。这时，由于村社是以集体的名义买下了这片地，土地的产权就和住持不再有关系了。这样，经过了小广置地、小广还俗、李氏兴讼和施卖地产给村社这样的过程之后，窑栈关王庙庙产的管理模式转变为了泽州地区大部分社庙的模式，也就是社产归公，住持仅是管理者的模式。

---

① 乾隆四十二年南圪塔村崔氏地契，高平市委宣传部借阅。

04　三槐庄二仙庙嘉庆二十二年（1817）《无题名碑》

山西是我国重要的煤炭生产地区，开窑采煤历史悠久。然而，在传统社会中，由于种种原因，开窑会引起各种矛盾纠纷，以致酿成诉讼。这类诉讼所反映的矛盾是长期的，诉讼只能解决短期问题，因此，这类诉讼常常会成为村庄订立各种村规民约的契机，而在这个过程中地方政府、里甲、乡地、村社等各种力量都起到了各自的作用。本案例就是这方面的一个典型案例，这种案例在晋东南地区具有很大的普遍性。

一、村庄与庙宇概况

三槐庄今属高平市石末乡，位于市区东南方向 22 公里陵川、高平两县交界处，三槐庄连同北侧紧邻的西瑶村是高平东南部伸入陵川县的一小部分，东西南三个方向均属于陵川县，两村位置也正好是陵川附城镇和西河底镇的分界线，东侧为附城镇，西侧是西河底镇的黄庄村，南侧是西河底镇。三槐庄为丘陵地区，周围多小山，对于村庄地形和周围环境，碑文中说："脉由陵邑凤山发源，至村有蜿蜒，聚落东有五花峰，南望磨山，北依景丰岭，西北空缺，前后两河环绕夹护。"① 旧村呈长方形，南北略宽，约 300 米，东西近 200 米，新村在旧村南边沿东西向主要道路呈带状展开。清代县志中并未说明三槐庄属于哪个都里，二仙庙民国十三年重修碑中称三槐庄为晁山里。② 三槐庄现有人口 160 余户，600 多人③，中等规模。三槐庄是一个中等规模边界地区的山区村庄。本案例涉及的西瑶村位于三槐庄村北，两村直线距离约一公里，两村之间隔一座小山，山南山北各有一条小河，即"前后两河环绕"，人口规模与三槐庄接近，同属高平石末乡。

① 民国十三年《三槐庄重修西寨二仙庙碑记》，现存石末乡三槐庄二仙庙。

② 民国十三年《三槐庄重修西寨二仙庙碑记》，现存石末乡三槐庄二仙庙。

③ 数据来自田野调查中询问村民。

三槐庄二仙庙位于三槐庄村外，三槐庄与黄庄之间，三槐庄村地理中心向西约700米，坐北朝南。三槐庄二仙庙始建年代不详，这类村外庙宇一般创建较早，民国碑中将三槐庄二仙庙所在位置称作西寨，“西寨原有二仙庙也……昔人建寨于此，系一村之锁钥，为避兵起见，寨故有庙，庙祀二仙，二仙，吾乡之灵神也”①。可知此处原有堡寨，二仙庙应在堡寨之中。此类防御性堡寨大多建于晚明时期，民国碑文中又说“据旧碑重修于明代万历年，改修于清世乾隆嘉庆年”②，这种说法应该有一定根据，则此庙始建当不晚于晚明，明万历、清乾隆和嘉庆时期都有重修，2006年经过重新修缮，现保存完好。现庙宇规模为正殿三间，奉祀二仙，东西侧殿各三间，奉祀药王和奶奶。东西厢房各七楹，南面门楼，村民按照当地习惯也将此庙称作奶奶庙，高平民间将所有女性神灵都统称奶奶。三槐庄庙宇不多，除了村外的二仙庙外，村中西北方向还有三教堂一座，也称为甘露寺，是村中大庙，始建于康熙六年，乾隆时期重修，今存重修碑刻。

二、碑文整理

三槐庄二仙庙嘉庆二十二年诉讼碑位于庙院内南侧，方首方趺，高130厘米，宽50厘米，厚20厘米。2013年9月16日杨波、颜伟等人田野调查中发现，碑刻保存较好，个别字迹存在少量损坏。碑刻无题名和篆额，边框无纹饰，共计8行，每行30余字，无碑阴。现根据实地调查，校录碑文内容如下：

碑额：无

题名：无

特授高平县正堂加六级记录十二次王

为严禁开窑以保庙宇事

照得□［三］槐庄之西有二仙庙一座，创修多年，系一村之保障，前有西瑶村民张俊起等在庙旁开挖煤窑，经社首吴广成、张泰兴等拦阻，以致互讼到案，当即差查去后，嗣后该乡地以张俊起自知不合，

① 民国十三年《三槐庄重修西寨二仙庙碑记》，现存石末乡三槐庄二仙庙。

② 民国十三年《三槐庄重修西寨二仙庙碑记》，现存石末乡三槐庄二仙庙。

愿将窑眼填塞，永不复兴，禀请销□［案］，并据该社首吴广成等呈请示禁前来□□除批准取结存□外，合行给示严禁。为此示，仰该社首乡地并居民人等知悉，自示之后，如有不法之徒仍在该庙附近地方开窑，有损殿宇者，许尔等立即赴县禀报，以凭拿案究治，决不姑宽，各宜凛遵，勿违。□至告示者。

右仰通知

嘉庆二十二年十一月二十日

告示

实帖庙内

三、碑文考释

本案例发生在两个村庄之间，碑文内容实际上是地方政府告示的抄录，现就碑文涉及的主要内容考释如下。

（一）当事人

本案例当事人一方是“西瑶村民张俊起”，西瑶村与三槐庄村毗邻，位于三槐庄村西北方向。从地理位置上来看，三槐庄二仙庙距离西瑶村更近一些，直线距离不足400米，而距离三槐庄700米以上。三槐庄二仙庙位于西瑶村正南方向，西瑶村有所谓“南北松坡，东西山厂”① 之说，二仙庙所在山实际上即是西瑶村民所说的“南山”②。西瑶村有李和张两个大姓，西瑶有一座远近闻名的玉皇庙，嘉庆二十四年西瑶玉皇庙的重修是由李嘉敏、李嘉秀和张永增共同发起的③，这个时间和本诉讼案例发生时间仅差两年，这里的张永增应该与张俊起为同一家族。诉讼除了西瑶村民张俊起之外也有西瑶村的基层组织参与，那就是碑文中提到的“乡地”，不过乡地组织在其中主要起到了一种协调的作用，并不能视作当事人。

本案例当事人的另一方是三槐庄村社，三槐庄村社最早的记录是同村

① 道光十一年《无题名碑》，现存西瑶玉皇庙。

② 道光十一年《无题名碑》，现存西瑶玉皇庙。

③ 道光七年《西瑶村重修玉皇庙碑记》，现存西瑶玉皇庙。

的三教堂雍正脊枋题记中有“合社清宁”①，可见，至少在雍正时期，三槐庄大社已经存在。本案例中三槐庄大社的代表是社首“吴广成、张泰兴”。从三教堂乾隆重修碑的捐资名单来看，吴和张两姓是三槐庄的大姓，占了绝大部分，其中吴姓人数更多一些，乾隆重修碑文最后落款是“维首张、吴二家同合社人等仝立”②，这表明三槐庄并不是纯粹由村社管理的，村社与吴和张两姓家族共同管理着三槐庄。总的来说，高平地区家族势力不是很强大，村庄管理主要由村社来进行，但是相对来说，石末地区是高平家族势力比较强大的区域，高平现存仅有的几处祠堂大部分位于石末乡。

（二）诉讼事由

本案例是因为开煤窑而引起诉讼的。三槐庄和西瑶附近有多种矿藏分布，包括红土、硫黄和黑矾，现在仍有化工厂存在，这里还有造桑皮纸的手工业传统③，总的来说，这个区域是采矿业和各种手工业比较发达的区域之一。这是西瑶村民开窑的背景。按照西瑶村碑文中的说法，西瑶南山坡是属于西瑶村社的，“且古有南北松坡，东西山厂［场］，历来社裁［栽］松树原为培补风脉而矣。所有南山中松坡地松林虽属于社，而坡地小松尚未入社”④，而这个南山正是三槐庄二仙庙所在地。由此看来，南山靠近西瑶的北坡应该是属于西瑶村的，而靠近三槐庄的南坡则是属于三槐庄的，二仙庙位于山顶。从碑文来看，三槐庄村社从未主张张俊起是在三槐庄范围内开窑的，看起来西瑶张俊起应该是在西瑶村范围之内开窑的，也就是西瑶南山的北坡。但是，由于其窑眼位置靠近二仙庙，三槐庄大社对开窑行为进行了拦阻。两村之间的矛盾造成诉讼。

（三）审判者及议叙制度

碑文一开始所说的“特授高平县正堂加六级记录十二次王”就是本案例的审判者王元瑀，正堂是明清时期对知县的称呼，以表明是正印官，以此区别于佐贰官。此案审判者知县王元瑀，云南省广南府宝宁县人⑤，举人

① 雍正三年脊枋题记，现存三槐庄三教堂（甘露寺）正殿脊枋上。

② 乾隆三十八年《乾隆重修大庙佛殿记》，现存三槐庄三教堂（甘露寺）。

③ 高平县地名办公室编：《高平县地名志》，内部资料，第188页。

④ 道光十一年《无题名碑》，现存西瑶玉皇庙中。

⑤ 宝宁县，今为云南广南县，位于云南省东南部。

出身，嘉庆十七年到二十年任高平知县。“加级和加纪录”的说法反映的是清代对官员的一种褒奖制度，称为议叙制度。《清会典》中对加级和加记录有明确的说法，卷十一之《吏部》条载：“凡议叙之法有二。一曰纪录，其等三：计以次，有纪录一次、纪录二次、纪录三次之别。二曰加级，计以级，有加一级、加二级、加三级之别，合之，其等十有二。自纪录一次至纪录三次其上为加一级，又自加一级纪录一次，至加一级纪录三次，其上为加二级，加二级以上纪录如之，至加三级而止，凡十二等。”按照这里的说法记录最高三次，而加级最高三级，加一级相当于记录四次，合起来一共是十二个等级。但是，民间文献所见到的情况并不是如此，本案例中王知县的记录和加级的数量都超过了三，大量民间文献都证明实际上的议叙办法并不是按照《清会典》的规定执行的。①

（四）审判结果

互讼的事情发生之后，在西瑶村乡地的调解下，张俊起承认了错误，主动填埋了窑眼，承诺不再兴窑，案子以具结的方式结束的。具体的结果整理如下：

（1）已经开凿的煤窑窑眼由张俊起自己填塞；

（2）张俊起承诺不再兴窑；

（3）永远禁止在二仙庙旁开凿煤窑；

（4）接受三槐庄大社的请求，用公示禁令的方法对村民进行宣传、教育和警示；

（5）给予三槐庄大社以权力，可以对违反告示继续开窑的人予以告发，禀官后查拿。

这样的判决毫无疑问是有利于三槐庄大社的判决结果。

四、进一步的讨论

本案例是一个典型的因诉讼而颁布禁约的案例，同时也是将县政府告示直接“抄誊勒石”之后刊立的碑文，对其中所涉及的法制史、社会史和

① 参见何文竞《焗炀镇“正堂陈示”碑——清代议叙制度以及同治年间巢湖地区的社会问题》，《巢湖学院学报》2013 年第 5 期，第 7—9 页。

民间文献学方面的问题有必要略做进一步的探讨。

（一）禁兴窑的缘由

高平地区是多煤铁资源的地区，从很早时代开始就有开凿煤窑和铁矿的记载，出产的兰花炭是非常著名的无烟煤品种。碑文中所见因为开窑而产生的矛盾纠纷很多，最终引发诉讼的也不少。在此类争议或者诉讼中，判决结果一般都是偏向于禁止开窑，其最主要的理由主要有两类。一类是保护风脉，特别是一些重要的山，例如高平县城北的高平主山韩王山上有类似禁碑："山西泽州高平县正堂宋（缺文）南形势乃阖县来脉祖龙，万家生齿，攸关一邑本源……后敢有违禁抗法盗开窑口者，许该里乡地即时（缺文）重究，决不轻贷。"① 这里明确以风水学上所说的保护"来脉祖龙"作为理由禁止兴窑，这是因为韩王山是高平主山，在风水上非常重要。另一个理由就是本案例中所说的保护庙宇，类似本案例中以保护庙宇为理由而禁兴窑的也不少，"遵仁明韩大老爷堂谕，二仙岭周围交界以内，永禁挖窑劚矿，恐于庙宇奎楼有碍"②。这样的现象应该从两个方面来认识。一方面不能过分夸大这些案例中地方社会对兴窑的限制。实际上，大量存在的此类碑刻从反面证明了泽州地区开窑之多。实际上，地方社会并非一味地反对兴窑，禁止兴窑主要是在一些特殊的地方，一类就是庙宇旁边，另一类就是那些关系风水来脉的重要山脉上。本案例中三槐庄大社申诉以及知县判决的依据也主要是这两条，碑文中的"系一村之保障"其实就是风水中的说法，"有损殿宇者"就是保护庙宇的说法。另一方面，以上所说两个方面的理由主要都是一些文化因素，这表明传统社会的一些文化因素确实对于经济发展有一定的制约作用，当经济发展与文化理念发生矛盾的时候，地方政府和社会都倾向于维护传统的文化理念，而舍弃经济发展，从这个意义上说这些案例又确实表明传统社会具有明显的保守倾向。

（二）诉讼碑、禁约碑与告示碑

本案例碑文既是诉讼碑，同时又是禁约碑和告示碑。从碑文中可以看

---

① 康熙二十二年《州县遵奉府院宪文永禁兴窑碑记》，现存韩王山法云寺。碑断为两截，中间连接处有部分缺字。

② 光绪十一年《永禁兴窑碑》，现存西李门二仙庙中。

出诉讼碑、禁约碑和告示碑这三种类型的碑刻文献之间的复杂关系。从民间文献的角度来说，从不同的角度看待同一份文献，它就反映出不同性质的文献类型，文献类型并不是固定不变的，它取决于研究者看待它的角度。从法律社会史的角度来说，这反映出诉讼案件与乡村社会治理以及地方政府社会管理之间的复杂关系。诉讼既是处理具体的矛盾纠纷，同时也是地方政府进行社会管理的手段，也是推动乡村社会治理日渐成熟的契机。晋东南地区广泛存在各种各样的此类禁约告示碑刻，这些碑刻有不同的类型，从中可以反映地方社会的多种复杂样态。从禁约告示的缘由来说，有的是因为诉讼，有些则并不是，本案例的诉讼就是禁约告示的直接原因。诉讼和禁约之间就具有直接的因果关系，这表明诉讼案件对于推动乡村社会建立村规民约等成文的规范是有积极的意义的。从禁约的发起者来说，有的是政府自上而下发起的，有的是村社由下而上提出请求，然后地方政府认可的，本案例就属于后者。但是，发起此类的告示则是县政府的一种权利，地方上的村社等各类社会组织都没有权力发布此类告示，但是村社确实也可以通过发布村规民约的方式来进行类似的公告。在本案例中，因为涉及其他村庄，一个村社的公告显然解决不了问题，有必要向县政府请求公示严禁。这同时也表明诉讼不会必然地和自动地推动村规民约规范的建立，这个进程需要民间和官方各方面的组织和力量的共同参与才能完成，诉讼只是一个契机，而完成这个进程的各种社会经济条件是更为重要的。

（三）乡地、村社与水官

在本案例中，除了当事双方西瑶村民张俊起和三槐庄大社之外，西瑶的乡地也起到了重要的作用。乡地是乡约和地方的合称，是泽州地区里甲与村社组织之外另外一套社会组织系统。一般认为，乡约和地方都是清代基层社会的组织，主要是以村庄为单位，负责社会教化和治安方面事务。[①]和其他村庄组织相比，乡地的官方色彩更明显一些。西瑶村的民间组织比较复杂，最早在道光七年重修碑中就有社的记载。[②] 道光十一年坡地小松入社的碑文中又有“水官、维首、社首仝立”[③] 的说法，这说明西瑶不仅存在

① 参见常建华《明清山西碑刻里的乡约》，《中国史研究》2010 年第 3 期，第 117—138 页。

② 道光七年《西瑶村重修玉皇庙碑记》，现存西瑶玉皇庙。

③ 道光十一年《无题名碑》，现存西瑶玉皇庙。关于晋东南的水官组织参看杜正贞《村社传统与明清士绅：山西泽州乡土社会的制度变迁》，上海辞书出版社 2007 年版。

村社组织，还存在水官组织。但是，互讼的案子发生之后，出面进行调解的是乡地，在乡地的调解下张俊起承认了错误，填埋了窑眼。在发生纠纷和矛盾之后，究竟由哪一种村庄组织来进行调解可能有一定偶然性，在碑文中各种村庄组织都可以作为调解的主体。但是，总的来说，村庄内部矛盾的调解大多数都是由村社来进行的。本案例中涉及村庄之间的关系，而且已经到县政府进行了诉讼，因此，官方色彩更浓的乡地参与调解就更为合理。这就是乡地组织在本案例中扮演的角色。

（四）告示的格式与使用

清代基层县政府通过各种公文与地方社会发生关系，由下向上的是各种称作“状”类的公文，郭庄关王庙顺治案例中的“执照状”和双泉永乐寺道光案例中的“结状”都是这类自下而上的状的例子。由上到下的则称作“牌”或者“示”，本案例的文书类型就是“示”。示又称告示，主要功能是公告令人知晓，是政府为了实现向百姓宣传、劝告、知晓和禁戒等目的而下发的一种下行文书类型。从本案例可以看出，“示”的一般格式如下：

（1）发文者的身份说明，一般的格式就是本案例中的“特授××县正堂加×级记录×次×（姓氏）”，所有类似告示都是如此；

（2）以“为……事”的格式来概括告示的核心目的是什么，本案例中是“严禁开窑以保庙宇”，类似的还有“为示禁事”“为申明定例严行查禁事”等；

（3）以“照得”的格式开始叙述事件的缘由，“照得”的意思就是以下所述是经过查察之后知晓的事实；

（4）叙述完缘由后，以“为此示”的格式总结，并说明政府对地方社会的具体要求，结尾处以“各宜凛遵，勿违”等套话作为结语；

（5）以“右仰通知”或者“右谕通知”作为结尾；

（6）颁发告示公文的时间；

（7）大字在最左边写明“告示”这种公文类型；

（8）如果告示是纸质的，就用“实帖某地”字样说明贴在什么地方，如果告示是木牌，则要写“实悬某地”，就是悬挂在什么地方。

“示”这种文书的公布方式主要有两种：一种是将示写在纸上，直接贴在醒目的地方，这种就称作告示；另一种是告示制作成木牌，悬挂在重要的位置，这就是牌示。本案例中的告示首先是写在纸上，贴在庙内的，然后再将告示“抄誊勒石”，刻在了石碑上，以使得它能够长久保存，永垂不朽。碑文最后的“实帖庙内”就是将告示贴在庙内，让人们都知道的意思，碑文完全按照纸质文书的原格式刻写在碑上的。

05　双泉永乐寺道光五年（1825）《无题名碑》

一、村庄与庙宇概况

双泉永乐寺道光五年碑文所记载的诉讼发生在两个村庄之间。双泉村位于高平市区东南方向21公里，高平与陵川县边界处，东南两个方向均为陵川地界，东面经由下必村可直达重要的市镇附城镇，西面可以很方便地到达石末镇的石末村，北面隔小山与高平地区重要的商人故里侯庄相望。可以说，石末和侯庄等地的商人要过附城出白陉都需要经过双泉村。双泉村地处丘陵地带，周围山脉众多，但海拔不高。整个村呈东南到西北走向的带状分布，东南到西北方向最长约800米，东北到西南方向较窄，约200米。双泉村在清代属于陵川县的双庄里，乾隆县志编纂时有260户，1627口①，规模较大。新中国成立后仍属陵川县，1971年划归高平，今属高平石末乡。双泉村是一个较大规模的两县交界处的山区村庄。双泉村正南方向就是碑文中发生诉讼的另一方窑岭村，窑岭位于陵川附城镇西5公里，西靠高平西瑶和三槐庄，东可达附城镇。清代与双泉同属于陵川县的双庄里，乾隆县志编纂时有40户，508口。② 1997年窑岭村整个村进行了搬迁，在岭上建立了新农村，旧村废弃。窑岭在规模上比双泉村小了很多，是一个山区小村庄。根据调查中询问的情况，双泉村和窑岭村都是以王姓为主，窑岭村基本都是王姓，双泉村规模较大，有冯、张等其他杂姓。两村家族可能有一定的渊源关系。

道光诉讼碑现存于双泉永乐寺。永乐寺是一个佛寺，始建年代不详，现存正殿康熙脊枋题记："时大清康熙四十八年岁次庚寅五月十三日巳时上

① ［清］程德炯等纂修：乾隆《陵川县志》卷八《城池》，凤凰出版社2005年版，第238、253页。

② ［清］程德炯等纂修：乾隆《陵川县志》卷八《城池》，凤凰出版社2005年版，第253页。

梁合社［以下漫漶］。”由此可知，此庙至少在清代早期就已经存在，其始建当不晚于晚明。永乐寺位于村北小山坡上，庙宇规模较大，上下两院，毁损严重，正殿、东西侧殿各三间，两边厢房大部分坍塌。双泉村庙宇众多，有迎神馆、龙王庙、奶奶庙、佛堂、观音阁、小庙底、关帝阁和文昌阁等多座阁或庙，但现存碑刻很少。其中最具特色的是双泉迎神馆，紧邻永乐寺西边，有明显元代以前的建筑风格，具有国保级别的价值。

二、碑文整理

双泉永乐寺道光五年诉讼碑位于东配殿墙上，壁碑，宽 45 厘米，高 31 厘米。2013 年 9 月 16 日杨波、颜伟和张源潮在田野调查中发现，碑刻保存完好。碑刻无题名和篆额，事实上是将具结状直接刻在碑上。碑文分为前后两个部分，为两份具结状，最后是刊立时间，共计 17 行，每行约 20 字，四周基本无边框，无碑阴。现根据实地调查，校录碑文内容如下：

碑额：无

题名：无

具结状人王四女、王兴祐、王廷纲，今于

与结状事。当堂寔结，得蒙恩讯明。小界山所长树株，双泉村有大社粮票为凭，系双泉村大社之物，与小的窑岭村无干。所有小的村社王四女等，纠人伐小界山松树二十九株，念小的乡愚无知，已将松树抬入小的社内，恩宽免责。断着小的社内奉给双泉村大社价钱十五千文。遵断息讼，嗣后安分守法，再不敢纠众向小界山砍伐树株，结状是寔。

十一月初三日批：准结。

具结状人王四女、王兴祐、王廷纲。①

具结状人王兴旺等，今于

与结状事，当堂寔结，得蒙恩讯明。实系小的村维首王四女等，

① 按碑文意思，王四女显然是最主要的具状人，因此排名按照从中间到两边的顺序。参看原格式整理。

鸣锣邀集小的等向小界山砍伐树株，不去议罚，小的等无奈随伊等去的。念小的乡愚无知，恩宽免责，此坡山实系双泉村大社之物，与小的窑岭村无干。结状是寔。

十一月初三日批：准结。

具结状人：王兴旺、王丑孩、王九女、王安□、王兴□、王□法、王□保、王□根、王□□、王□锁、王本□

道光五年十一月初三日

双泉村合社勒石

三、碑文考释

（一）当事人

本案例因盗砍树木而起，一般来说，这类案件的被告不应该是村社，但是此案比较特别，此案例的当事人实际上就是两个村庄的村社组织，第一份具结书的具结状人实际上是窑岭村的维首，砍树这件事情并不是窑岭村某些个人所为，而是有组织的行为，整个村社应该对此负责。因此，虽然具结是以个人身份进行的，但是诉讼当事人事实上是村社组织。由于碑文是具结文书，因此只出现了窑岭村的当事人的名字，第一份具结书的三个人应该全部都是维首，是主要的负责人。第二份具结书的 11 个人都是参与者，共计 14 个人。双泉一方虽然没有具体的人出现，但是碑文中明确说明窑岭村砍树的行为是侵犯了双泉大社的权益，因此，诉讼的另一方，也就是原告，应该就是双泉大社。以上是从社会方面说，从经济方面也能看出诉讼当事双方实际上是两个村社，“断着小的社内奉给双泉村大社价钱十五千文”。赔偿的主体是窑岭村社，这里的赔偿费用显然不是王四女等人个人支付，而是由窑岭村社从村社社费的公共账户之中支付的。从这些案例可以看出，村社是可以作为诉讼的主体的，虽然当时没有特别明确的法人概念，但是这也说明了当时法律上对村社组织作为法人资格是认可的。

（二）诉讼事由

窑岭村王四女等维首三人带领村民十一人在双泉与窑岭交界的小界山砍伐树木二十九株，并抬入了窑岭社内。这一行为严重侵犯了双泉村大社的权益。从具结书来看，窑岭村是知道小界山是属于双泉大社的，这种行为就具有了盗窃的性质了。无论如何定性，砍树是此次诉讼的主要原因。根据实地调查的情况来看，窑岭旧村已经全部拆除，村民全部搬入新村之中。旧村仅留下佛爷庙、奶奶庙和关帝庙（阁庙）三座庙宇（目前新农村建设中，一般都是拆村不拆庙），且没有碑刻记录。从庙宇位置来推断，原来窑岭村地势较高，从关帝庙（阁）俯瞰可以看到小界山和双泉村。小界山的位置大体上就在窑岭和双泉两村之间，双泉村的正南略偏西，窑岭村的正北略偏西，距离两村都是大约一公里左右。现在的小界山上仍然还是树木茂密。

（三）判决结果

此案例的判决结果如下：

（1）重申并确认小界山树木的产权归属双泉大社，因砍伐树株产生的纠纷责任在窑岭村社；

（2）窑岭村社当事人区别对待，王四女等三人维首是领导者，是主犯，负有主要责任。其余十一人是从犯，但也负有责任，两份具结书是分开写具的；

（3）对于窑岭村的维首和村民不予惩罚，但主犯三人和从犯十一人要分别写下具结书认罪悔过，承诺不犯；

（4）二十九株松树已经抬入窑岭村，不需追回，窑岭村赔偿双泉村社，共计十五千文。

以上判决中首先是对小界山及其附属树木的产权认定，这是判决的基础和前提。其次是对责任人的认定，对于这种很多人集体犯案的情况，认定责任人一定是费了很多工夫。然后一方面具结悔过，免于处罚，另一方面做出财产赔偿。由于树木的价格实际上很难有确定的标准，多种文献中记载的树木单价差别很大，无法作为估计标准。这里无法推测这个经济赔偿与这些树木的市场价有多大差距。

总的来说，判决可以说是有理有据又有节制的。此次判决的关键依据是双泉大社提供的粮票，由此确认小界山的土地及其附属树木是属于双泉大社的。粮票是清代的一种纳税凭证。① 一般是在纳税之后写明什么地方什么人什么时间纳税多少，相当于纳税以后的收条。双泉大社就是用这样的纳税凭证来证明小界山的土地是双泉大社所有，与窑岭村没有关系。

四、进一步的讨论

1. 双泉永乐寺道光五年碑文性质比较特殊，实际上是将两份具结书刻在了碑上。具结是清代一种比较有特色的司法制度。具结是一种行为，其最基本的含义是对于自己的行为愿意承担法律责任的一种承诺和表示，以甘结、具结书或具结状这种书面文书的形式来表达。具结主要有两种：一种是和解的具结，当事双方同意不再兴讼而和解，写下的具结书实际上是保证书，这样可以避免日后纠缠不清；另一种是认罪的具结，有过错一方承认自己的过错，愿意认罚，表示不敢再犯，这种具结书实际上是悔过书。下崖底东庄嘉庆案例中的甘结就是前一种类型。本案例中的具结是针对有过错一方，对其过错不给予刑罚，而是令其认错悔过，然后结案的一种处理方式。因此，本案例中的具结就属于司法实践中的“具结悔过不予追究”。具结状有时候也称作“结状”或“保状”，具结除了当事人自己悔过以外，还有乡亲互保的含义，这也就是“保”“结”的含义。②

2. 具结书作为一种公文，格式比较固定，一般来说包括如下几个部分：

（1）具结状人的名字

这个内容的固定格式是“具结状人某某今于与结状事”，有时候也可以是“具结状人某某今于爷台前与结状事（为结状事情）”，意思基本一致。

（2）对于知县老爷堂断的接受和认可

这一部分措辞可以不同，本案例中是“当堂寔结，得蒙恩讯明”，这实际上是具结的前提。具结是知县审判的一种方式，是审判的一种结果。

（3）诉讼案例事情的来龙去脉的叙述

将事情的缘起、过程、结果和知县的调处或惩罚意见都简要叙述一遍，

① 参见王琦主编《中国粮票宝鉴》，甘肃人民美术出版社 2000 年版。

② 参见沈玮玮《从甘结到具结悔过：传统民事司法信任的转变》，《安徽大学学报》（哲学社会科学版）2010 年第 2 期，第 128—136 页。

这既是对案件信息的确认，又是具结人对知县判决的认可。

（4）对知县开恩免责的强调和感谢

具结一般来说是一种比较良性的结果，即便有处罚也比较轻微，因为没有使用刑罚的手段，这是非刑罚的处罚。本案例中的“念小的乡愚无知，已将松树抬入小的社内，恩宽免责”和“念小的乡愚无知，恩宽免责”就是这种表达。

（5）再次做出认罪悔过或愿意结状的保证

具结书最重要的就是要认罪或愿意和解，并对此做出保证。本案例中“遵断息讼，嗣后安分守法，再不敢纠众向小界山砍伐树株，结状是寔”和“此坡山实系双泉村大社之物，与小的窑岭村无干。结状是寔”就是这种表达。

（6）具结状人的签字画押

碑文中并没有刻出画押，实际的具结书上最后落款名字下面每个当事人都要画押，以作为凭证。

（7）知县的批示

具结书知县要进行批示，一般来说这种批示比较简单，既然是知县要求写的具结书，一般都是直接批准结案就可以了。有时候知县会在批示中反复重申强调不准再犯或不准纠缠。

3. 对于明清泽州村社来说，树是非常重要的社产。树作为社产主要是村社自己种植或者说生产的。很多修庙的经费都是来自卖树的收入，这些树虽然也有捐施的，但是大部分是村社自己种植的。庙宇修建的一个常见的经费来源是出卖社产。大部分情况下，最常见的出卖的社产就是卖树。这样的例子很多，例如，“共入卖树木钱七十九千七百四十一文”①，有时候卖树钱在修庙中比例还很高。为了保证卖树修庙的经费来源，同时也为了保护社产不流失不被破坏，村社一般都禁止随便砍伐树木，卖树钱必须用于村社的公共事务：“一议境内四季不许在地内堎边打柴以及窃伐树株，违者，无论经谁查出，扭庙议罚。”② 这是对村社内部的管理规定的社规。本案例中出现的情况就是邻村盗砍树株的情况，这类案例其实并不鲜见，中

① 光绪元年《重修关帝庙碑记》，现存建宁乡郭庄关王庙，笏首壁碑，高 217 厘米，宽 67 厘米。

② 道光十四年《大社永禁桑羊碑记》，现存河西镇义庄村关帝庙，壁碑。

村观音寺民国案例也是类似的情况。

4. 社界或村界是村社管理中很重要的问题。杜赞奇在研究20世纪前期华北平原的“青苗会”的过程中，认为青苗会“使村庄在历史上第一次成为一个拥有一定‘领土’的实体”①，这显然是不对的。泽州地区至少从清代中期开始，类似华北平原上青苗会的组织就非常普遍了，一般称作“巡秋会”，相应地，村界或者社界也就已经比较清晰了。实际上，民国时期所推行的各种组织和制度（例如诉讼相关的息讼会）在清代早就已经在民间广泛实行，民国时期的主要变化是将这些组织和制度转变为官方的国家制度。那么，究竟是什么原因促使清代前中期社界开始清晰化呢？社会经济的发展是根本原因，而类似本案例这一类的社产纠纷则是直接原因。村社制度的成熟与普遍化带来的一个结果就是对于村庄公共经济资源的充分利用，类似山上的树木这种财产受到了更大的重视。泽州地区地处山区，山上很多无主土地上野生的树木等资源以往可能都处于无人在意也无人管理的状态。北张寨观音堂道光案例中“本庙之遗址即有荒坡一所，杂树繁繄，自古无人以为已有”，这就是长期以来荒坡没有任何人有所有权的情况。村社的出现显然不仅仅加强了对村中事务的管理，同时也加强了对村庄周边的山林资源的管理。当周围村社都普遍加强这种管理的时候，社界就具备了成熟的条件。从社会经济的实践来说，社界的出现是社会经济发展到一定阶段的产物，同时又能够更好地促进社会经济的发展。从思想意识的角度来说，社界的出现更加能够强化村社的那种自我身份认同的意识，能更加清晰地区分“我们的”和“他们的”。从各方面来看，社界的明确划分都具有某种现代性的意义。这也是杜赞奇重视研究这一问题的根本原因。

5. 村社对于其成员的处罚，也就是碑文中提到的“议罚”，广泛存在于各种禁约碑刻上。议罚原因主要是窝赌嫖娼、纵羊食桑等败坏风俗或侵犯个人和集体利益的行为，议罚的具体手段一般是罚钱、罚物和罚戏等。但是，当我们通过禁约碑刻来研究村社的议罚的时候，看到的更多的是议罚的正面的功能，是对于那些违背社会主流风俗和侵犯了个人或村社集体利益的惩罚。在双泉永乐寺道光案例中，碑文中说窑岭维首王四女等人在纠集村民去盗砍树木时威胁村民要议罚。无论这种供述是不是真实的，至少说明，当时人们相信这是可能的。也就是说，议罚有时候完全取决于社维

① ［美］杜赞奇著，王福明译：《文化、权力与国家》，江苏人民出版社2003年版，第187页。

首的意志，并没有一个特别具体的程序化的规范。议罚既可以起到正面的积极作用，又具有一定的危害性。实际上，在调查中，我们能听到村社吊打村民，滥用暴行的说法，即便这种动用暴力私刑的做法并不常见，这也说明村社权力是有可能被滥用的。村社在村庄中实行赏罚权力的正当性实际上是来自村民自身，村社的权力不是由科层制的政府指派的地方基层官吏，而是村庄自身产生的，但是即便如此，因为各种原因，这种正当性还是非常有限的。赵树理在小说《李家庄的变迁》中所描述的社首在纠纷中偏袒一方，最后导致另一方家破人亡的例子不能说仅仅是小说家言，而是有一定的现实根据的。

06 石末神山庙道光二十六年（1846）《补修紫峰山暨白马寺碑记》

一、村庄与庙宇概况

石末村位于高平市区东南19公里处，与陵川和泽州两县交界，西面与石末乡晁山村相邻，南望泽州县的黄庄，东南方向经过双泉村是陵川附城镇。石末村属石末乡，为乡政府所在地，石末乡因石末村而得名。石末村下辖石末、义洲地、上石板坡、果木园、森山、王寨头、赵家河等7个自然村。村子有两条公路与市区连接，一条向北经烧石岭、米山通往高平市区；另一条则向西由连接石末和河西的石河线连接市区，这条道路向东南方向经过双泉就可以到达陵川附城镇。石末村地处丘陵地带，周围多小山丘。村子北面是烧石岭。东面和南面为蒲河，过了蒲河再往南为紫峰山，紫峰山上民国碑中说紫峰山的位置是“山位石末之南，蒲河之阴”。东面有新中国成立后兴建的石末水库。石末因为位置地处高平市东南的烧石岭之末端而得名，古称典蒲镇、蟠龙镇、石村镇等。石末古村主要为东西向带状村落，东西长400多米，南北200多米，现在村中的古街为以前古村的主干道路，新村主要沿通往市区的两条主干道路向北和向西发展，下辖几个自然村都位于西部，靠近晁山村。石末村共有10个村民小组，500多户，2000多人，是山区大规模村庄，村中姓氏较杂，许、冯、司等几个姓略多。每年农历七月初九举办物资交流大会，村中原有业余秧歌剧团驰名全市。清代高平著名历史学者司昌龄为石末村人，著有《泫志拾遗》等重要的高平地方历史著作，晚年隐居村南紫峰山。

石末神山庙就在石末村村南紫峰山上，也就是司昌龄晚年隐居之处，距离石末村中心约一公里。神山庙是现在村民比较常见的称呼，也有称作孙真人祠或碧霞宫的。这个庙的名称有多种说法，乾隆十一年的碑刻中没有提到庙的名称，只说到碧霞元君殿。所以此庙现在也有人称作碧霞宫。在道光补修碑中也没有说明山上的庙究竟叫什么名字，在开头讲述山上的名胜时提到有孙真人祠，这应该是奉祀药王孙思邈，但是在同一块碑的碑阴中最后又提到紫峰山三教堂。这有两种可能性：一种可能性是紫峰山上的庙叫作三教堂，孙真人祠是另一个庙或者此庙的一个殿；另一种可能性是紫峰山和三教堂是分开说的，紫峰山就是指紫峰山上的庙，此碑题名就叫作补修紫峰山，实际上是说补修紫峰山上的庙，但是并没有说叫什么庙。三教堂指的是村中的大庙，也就是现在的宣圣庙。宣圣庙民国碑中提到的三教堂几乎可以肯定是指宣圣庙，则这里的三教堂也可能是指宣圣庙。笔者认为后一种可能性较大，因为紫峰山和三教堂下面各对应一个住持，不过一个庙有两个住持也并非不可能的，而且此补修碑其他地方都没有提到过村中的三教堂，但是三教堂（宣圣庙）是村中大庙，作为大庙的住持参与其中也不是不可能的。根据这个材料我们可以肯定紫峰山上的庙确定有孙真人祠，是否有三教堂存疑。民国二十一年重修碑刻中仍然没有提到山上庙的名字，只是叫作古刹，同时再次提到孙真人祠这个名胜。综合两次碑刻，我们把此庙叫作孙真人祠也不是不可以。中殿现有康熙庚寅年（1710，康熙四十九年）脊枋题字，称“移修大悲阁”，这个大悲阁在碑文中都没有提到，时间上略晚于重修碧霞元君殿的时间。在近年新修白马寺与此山上的南殿时的碑刻中，村民把紫峰山上的庙叫作神山庙。历代碑文中并没有出现这个名称。由于碑文中没有一个比较统一的名称，我们这里暂且按照村民现在的习惯叫法来称呼此庙。

神山庙的始建不知何时，现前院前廊檐柱的柱础上有一石刻字迹写有“万历十二年”字样，如果这个石刻是当时捐赠的刻字的话，则此庙的建筑应该不晚于万历十二年这个时间。康熙三十六年村人周姓一家重修了庙中最北面的碧霞元君殿，但是这次重修是局部的，并不是整体重修。康熙四十九年移修了大悲阁，这是现在的中殿，很有可能在此之前只有现在的前院，而万历十二年的石刻也是在前院。道光二十余年补修了此庙，此次补修应该是清代中期一次较大规模的补修。民国二十一年，村中庙宇几乎全部修缮一遍，也包括了此庙。以上两次修庙的费用都来自砍伐山上的树木卖出后而得的钱。而同时从乾隆时期开始一直到民国二十一年，碑文上三令五申，一直强调保护山上树木，禁止砍伐。此庙原有戏台，在庙外，现在地基犹存，但是被掩盖在一片荒草之中。① 石末村是大村，庙宇和碑刻众多，计有宣圣庙、白马寺、玉皇庙、西庙、小儿塔、关帝庙、神山庙、牛王庙、文昌阁、观音阁等十余处。

二、碑文整理

石末村神山庙道光二十六年诉讼碑位于二进院廊下东侧，方首方趺，高124厘米，宽56厘米，厚20厘米。2013年6月5日杨波、王潞伟和王天等人田野调查中发现，其后多次到石末村补充调查。碑刻保存完好。碑刻有题名，无篆额，四周勾连雷纹环绕，有碑阴。现根据实地调查，校录碑文内容如下：

【碑阳】

碑额：无

题名：补修紫峰山暨白马寺碑记

常闻岳降嵩生，山之为灵，昭昭也。即如紫峰山特起于地之东南，掩映乎村之西北。岗峦耸翠，可卜紫气之东来；松柏苍青，足征人文之蔚起久矣。夫为石末村之屏藩也，旧有壁掌洞，湮没而古迹②莫寻，又有孙真人祠，灵应而邑志可证。且向有司静山先生遗文不没，而禁碑至今如昨矣。第殿宇古刹，檐瓦催残，见之者莫不触目伤心。感慨系之矣。虽屡年微有补缉③，奈货斧不给，终不能告厥成功。是岁执事者，欲有所更张，因请众维首公议，将山中大树抉伐五十余株，自货板木，积金千余。于二年内，庙宇苫盖，并白马寺前后三院一统完缉。既有以妥圣神之灵，且有以壮人民之望。岂不懿哉！岂不懿哉！④ 无如乙巳岁仲夏，有犯山界两次起石者，公议罚戏。演戏之后，事有蹭蹬，

① 以上概述综合利用了神山庙中的历代碑刻、石刻和题记，包括乾隆八年禁约碑、乾隆十一年重修紫峰山碧霞元君殿、道光二十六年补修紫峰山暨白马寺碑记、民国二十一年重修地亩碑、民国二十一年重修紫峰山古刹碑记、前院西侧前廊一个柱础下的石刻题记、碧霞元君殿中墙上有民国时期题诗和中殿的康熙脊枋题字。

② 原字为“蹟”，“迹”的异体字，参看原格式整理。

③ 当为葺，下同。

④ 原文就是重复一次，可能是衍文，也可能是强调。

因酿成讼词。后经邻庄处和，着伊仍还戏价，优礼妥神，又照禁碑罚银五两入社。自此以后，公议向有所施之地，增置山厂者，复为照界安碑，以志不朽。并将社田数段落按实注明于后。此盖非为一时计，而实为千古计也。是为序。

陵邑儒学廪膳生员冯树典拜撰①

灿西院居士许步霞拜书

大清道光二十陆年岁次丙午九月榖旦

玉工许起凤刊

【碑阴】

碑额：无

题名：无

水泉上方圆捌分。西北出路东至水河，西、南、北皆至棱根。

摩天岭松树数拾株，四至界碑古赵山。

东山坡地拾三亩四段。东南至社山厂，西北至古路。

东水池一个，北至路，三面皆至本山厂。

岭南山一架。约有地十亩，四至界碑，每年贴许姓粮钱一百文。

东山坡地一亩四段，四至皆本山厂内。

羊窑头地四亩四段，东至后堎，西至路，南至崖根，北至山。

南山坡地一亩六段，四至皆本山厂内。

神南沟地四亩八段，东、西至崖，南、北至水河本社。

西岭上地二亩四段，四至皆本山厂内。

神南沟地三亩一段，南、北至堎，东至水河，西至本山。

西湾地四亩六段，南至堎，三面至本山。

坟东地十四亩二段，东至路，西至坟边，南至堎，北至本山。

北圪条地三亩三段，东至路，三面至山。

茶棚底地三亩一段，南、北至堎，东至坟边，西至本山。

池上地二段，东至水河，西至本山，南至古路，北至堎根。

南沟边地一亩一段，东、西至堎，南至崖根，北至坟界。

神南沟地一亩五段，东至社地，西至水河，南至崖，北至堎。

---

① 原字为“譔”，同撰，常见于碑文中，撰的异体字，参看原格式整理。

神东头地三亩三分，东、北至埈，西至水河，南至埈根。
总计本山每年应封银贰两九钱整

合社公立
白马寺住持正玉正喜
紫峰山住持本安
三教堂住持觉林

三、碑文考释

此碑涉及的问题较多，现逐一考释。

（一）白马寺与三教堂

此碑题名为“补修紫峰山暨白马寺碑记”，其实际的含义应该是补修紫峰山上的神山庙以及村中的白马寺。除此之外，碑阴中出现了神山庙（紫峰山）、白马寺和三教堂三个庙宇及其住持的署名。关于神山庙前面已经有比较详细的说明，现简要介绍白马寺与三教堂。白马寺位于石末村东，古街东端，坐北朝南，东阁北侧，现在与东阁之间为村中广场。白马寺历史悠久，据现存于宣圣庙中的民国重修碑记载“先有后佛殿五楹，创建于后汉天福十年”，据碑文中说这个说法的根据是白马寺中的残碑，但现在并未发现。明末，白马寺有了一次比较大规模的扩建，明末的白马寺已经发展成为三进院规模的大型寺院了。道光二十六年碑刻中补修白马寺的规模也是三进院，民国九年再次补修白马寺。近年新修白马寺时将除了后殿及其耳楼之外的建筑拆除，拆除之后原来位置辟为小广场。白马寺的规模差不多恢复了明末增修之前的样子。从白马寺的情况来看，白马寺是村中规模最大的庙宇，也是最重要的庙宇之一。这次补修显然不是单纯由神山庙来进行的，而是村社整体进行的，而后来的诉讼也是由村社作为当事一方来进行的。

碑阴最后落款除了出现神山庙和白马寺之外，还有三教堂，这里的三教堂是指村中的大庙，现在称作宣圣庙，实际上是元代所建的文馆，文馆在后来改建为三教堂。宣圣庙名称见于元泰定三年碑刻的碑额中，此庙为元代所立文馆，文馆一名也见于泰定三年碑的正文中，所以也可以称文馆。按照后来高平地区其他村的习惯，此类文馆多有称作文庙的，但此庙历代碑刻与村民都没有称文庙者。万历八年碑中称作“先师庙”或“先师孔圣庙”。民国时期的碑文中所说的三教堂基本可以断定就是指此宣圣庙，所以此庙在民国时期已经改称三教堂。这种改造估计在清代就已经完成，神山庙这通碑刻上的记载就是证据。现国保定名为宣圣庙，取碑文所见最早名称，现村民则多称其为“大庙”。

（二）司昌龄

碑文中提到“向有司静山先生遗文不没，而禁碑至今如昨矣”，这里的司静山即司昌龄。司昌龄（1726—?），字静山，高平石末村人，乾隆时期高平著名学者。其祖为御史，其父司九经曾受业于陈文贞相国之门。司昌龄潜心著述，长期隐居在紫峰山上。雍正末年，本地官员举荐他参加博学鸿词科考试，辞不赴试。纂述凡数百卷，计有《十一史精华》《古学精华》《泫文备征》《紫峰集》《泫志拾遗》等书。知县曾聘请其主编县志，婉言谢绝，但其所著《泫志拾遗》多为后来修志者所采纳。石末村牛王庙现存司昌龄小传碑刻一通，现将主要内容引用如下：“吾乡有司君，讳昌龄，字静山者，清乾隆间之岁进士也。生平好学，自壮年以至耄耋，食无求饱，居无所安，焚膏继晷，无时忽辍，道学之名，扬于四方，求坐寿序碑文者，趾错于门。君之文仿唐宋，韩、柳、欧、苏，士林中莫不景仰，选□十一史精华暨南史等书，著《紫峰集》，修《县志》，阅者咸赞其美，君之亲属暨戚属以及其友，君多载于志。素与人谈论，说出皆文词，无俚语。当斯时也，文冠全县，不以功名为尚，有隐士风，惜其文多未梓。村西约二里许有地名义州者，君坟墓在焉。其族人培恭等恐代远淹没，欲勒石流芳，嘱余为文。余枵腹枯肠，不善于文，又不能辞，遂援笔略述其事，以志不忘云而。”① 道光碑文中提到的司昌龄的遗文是指乾隆八年《紫峰山禁约碑记》，司昌龄撰并书。今存石末神山庙内。这通司昌龄亲自撰书的碑刻与道光碑刻上发生的诉讼案有密切关系。

---

① 民国十八年《无题名司昌龄小传碑》，现存石末村牛王庙。

（三）诉讼当事人

本案发生在村社与村民之间，碑文中犯界起石的村民没有留下具体的名字，但是肯定是石末本村村民无疑。这个村民起石的用途碑文中也没有说明，由于没有说是开窑之类的生产性用途，应该就是普通生活用途，则村民应该不具有手工业者或者商人的身份，就是普通的农民。但是也有迹象表明这个犯界起石的村民并不是普通村民，从最后处罚来看，三项处罚加在一起所需要的钱是不少的，对于普通村民恐怕很难承受，而且敢于如此与村社对立诉讼也很难是普通村民。虽然不能说是工商业者，但是至少应该是村中的富户、大户。

诉讼的原告应该是石末村社，石末村社最早比较明确的记载就是神山庙中乾隆八年的禁碑，乾隆八年禁碑就是由石末村社刊立的，也是由石末村社制定了禁令。不过，这个时期的石末村社应该已经非常成熟了。对于石末这样的大村来说，村社出现的时间应该更早。但是目前无法在清代以前碑刻上找到明显证据证明明代及其以前就有村社组织。

（四）诉讼缘由

神山庙与白马寺补修之后于道光乙巳年发生了诉讼案，道光乙巳年是道光二十五年（1845）。对于此诉讼案，碑文中记载比较简单，但是本案例中反映的问题是一个延续很长时间的很重要的乡村社会问题。道光二十五年发生的“有犯山界两次起石者”的事件是此次诉讼的直接原因。这个事件实际上正是违背了司昌龄撰书的乾隆时期的禁碑的规定，乾隆禁碑中规定：“耕过山界石内者罚银伍两”，也就是不允许越过紫峰山的山界。发生了这次事件之后，村社利用民间的方式对犯山界者进行了惩罚，也就是“公议罚戏”。问题本来已经解决了，但是不知道因为什么原因，矛盾没有平息，反而激化了，以致酿成了诉讼。这是本案例中诉讼的起因。

（五）诉讼结果

诉讼的解决应该也是具结销案的方式，其中邻村起到了重要的调解作用。本案例中当事人双方应该是犯山界的村民和石末村社，而调解者是邻村。诉讼的最终结果基本上又重新回到了村社民间性的解决方案中：“着伊仍还戏价，优礼妥神，又照禁碑罚银五两入社。”这里对与犯界起石的村民给予了三个方面处罚：

（1）所谓还戏价，应该是指在诉讼发生之后，犯界起石的村民将演戏花的钱要了回去，现在重新议罚之后，他又将这部分戏价还了回来，这是对原来罚戏处罚的再次的追认；

（2）敬神，这里的敬神基本上就是祭祀；

（3）按照乾隆司昌龄撰书禁碑中的规定进行了议罚，也就是罚银五两，这个数量还是不少的。

四、进一步的讨论

石末神山庙道光案例涉及的时间段比较长，其中很多问题也有一些特殊性，现就一些相关问题稍做深入探讨。

（一）石末村社的历史

石末村现存最早的碑刻是元代泰定时期的碑刻，碑文中有社长的记录“社长冯伯元；社长贾进”[①]。元代的社的性质比较复杂，一方面它确实是当时官方认可的基层社会组织，主要是劝农组织。另一方面当时的中央政府对地方管理并没有深入到基层，大多由地方豪强进行实际的统治，因此，元代所谓作为官方基层组织的社和宋代就已经存在的村社之间是什么关系仍然需要进一步的研究。无论如何，元代碑刻上的社长的记录不能说明石末村在元代就存在村社组织。这是因为，我们能够见到一些在元代存在社（社长），但是到了明代完全没有社的例子。例如伯方村就是如此，元代有社长组织人修庙的记载，但是明代中期好几通碑刻中都没有出现社，出现社要到了晚明时期了。[②] 这表明元明更替以后，元代的基层组织社也消失了，村中还是没有社。

宣圣庙明代碑刻中也出现了社，但是这个社也不能肯定是村社组织。这通碑刻中出现了三次“社”，下面逐一分析。第一次出现社是“约长公举另行奖赏即为社师，州县礼待免其杂差”。这一通碑是一通记载乡约制度的碑，本身非常重要，这里的社师究竟是什么意思还有待考证，但是应该是

① 泰定三年《无题名（修宣圣庙）碑》，现存石末村宣圣庙。

② 杨波：《和合之治：村社治理下的多种信仰共存——以高平伯方村为例》，未刊稿。

乡约制度中的一种名称，其含义更多偏向于一种乡约制度中的教师。“州县礼待免其杂差”这种待遇也不像是对社首的待遇。第二次出现社是说“如朱文公、吕蓝田、司马温公之所谓乡约义社之类”。这里首先是一种概述，不是特指，显然不是指石末的村社，其含义比较明显，朱文公指朱熹，吕蓝田指继承张载关学的吕氏兄弟，司马温公则是司马光，都是北宋提倡乡约义社的大学者，吕氏兄弟就是《吕氏乡约》的最早提倡者，他们被明清时期鼓吹乡约制度的那些人们奉为思想来源。这和村庄中的村社不是一回事。最后一次出现是在碑阴中“洪武礼制中所载乡□厉祭于里社，祭仪多同。其五土五谷之神在春□二社。本镇西北古迹社坛设祭乡厉，祭无祀先神，每年□清明、七月十五日、十月初一日设祭厉坛东北”。这里的社明显是指社祭的传统，和村社看不到直接关系。除此之外，没有任何迹象表明这个时期石末有村社存在。

（二）乾隆禁碑

本案例的起因和最终的结果都和乾隆年间司昌龄撰书的禁碑有密切关系，所以需要首先了解这通禁碑的内容，乾隆禁碑内容如下：

石末镇为高平东南之望，而紫峰山又石末东南之望也。虬松古柏离奇突兀于苍岩碧嶂之间，观方者见菁葱之佳气，验人文之日盛焉。乃有村农野竖垦污莱于崔嵬之上，纵牛羊于维乔之下，岁月渐深，视为固然，不及今而为之所，匪独嘉树见戕，山灵且将怒之矣。里人张钿等，谋于众绅士，追还侵地若干段，封殖松柏，永禁樵牧，刻石而记之。庶蔚然深秀，益为兹山增色，而地之灵者人自杰，其补于乡邑岂小焉而已哉！

一耕过山界石内者罚银伍两

一开垦荒土者罚银叁两

一牧放牛羊者罚银叁两

一移取松柏者每根罚银壹两

一割草拾松子莪者罚银伍钱

所罚之银入社公用。禁约既定，各宜遵守，倘有恃强不服者，鸣官究治。

乾隆八年岁次癸亥秋七月中浣勒石

乾隆八年这通禁碑中，司昌龄所说的禁约的发起人是“里人张钿”和“众绅士”，而实际上从后面的“所罚之银入社公用”来看，禁约制定和执行的主体还是村社，这和前述三槐庄二仙庙嘉庆案例中的情况不同，后者是由知县颁布的禁约。禁约一共有五点，核心是围绕保护紫峰山而展开的，紫峰山及其一切生态和物产资源都在保护范围之内。这种村社禁约的出现是因为当时就已经出现了“村农野竖垦污莱于崔嵬之上，纵牛羊于维乔之下”的情况，禁约正是针对这些破坏行为的规范。这通禁约碑刻至少能够说明以下几个问题：首先是这时候的紫峰山已经属于村社公共的社产，归属村社进行管理了，这是村社能够制定这种禁约的前提；其次，在乾隆八年的时候侵犯紫峰山的各种资源的情况应该已经是比较普遍的情况，这和乾隆时期人口与经济的发展是有关系的；最后，此碑的碑阴有山界的详细范围，调查中此碑被砌在墙里，碑阴只露出很少一点点，内容是山界的四至，当时就已经对山界的四至做了严格的规定，并且立了界石作为标志。乾隆禁约碑既预示了后来道光诉讼碑中类似争议情况的存在，同时又为后来解决这种纠纷奠定了很好的村规民约的基础性规范。

（三）罚戏

道光二十五年发生了“有犯山界两次起石者”之后，最早的处罚手段是罚戏。罚戏是非常有民间特色的村社议罚手段，广泛见于碑刻之中。唱戏不仅仅是一种单纯的娱乐活动，它也承担着社会管理的职能。村中有人违反了村规或禁令，罚戏是常见的一种惩罚手段；“爰集老老幼幼公议演戏扶碑，严禁赌局以及孩童踢毬玩钱之事一并列在禁中，永不许有犯，如有犯者，入社公议罚戏三天如有不遵罚者各社送官究治”①。这里提到了唱戏的两个作用：一个作用是在立禁碑的时候唱戏，这是一种宣传教化的作用；另一个作用是有人违反禁令之后罚戏，这是一种惩罚方式。罚戏既惩罚了犯有过错的人，同时又丰富了村民的娱乐生活，更重要的是它起到了很好的宣传教育作用，没有什么事情比唱戏更容易被更多的人们知道了。

（四）村社失灵

按道理说，用罚戏的方式对“有犯山界两次起石者”进行了处罚之后，事情就应该得到了解决，但是并非如此。这个案例所反映的就是当村社的民间管理方式失效之后会发生什么事情。我们讨论村社的各种治理方式的

---

① 嘉庆二十四年《禁碑》，现存寺庄镇西德义村关帝庙中。

时候，往往是从制度的角度来进行讨论的，也就是说我们往往在意的是村社以何种方式进行村庄治理，但是这种治理手段的效果怎样呢？是不是能够解决当时村中的问题呢？从这个案例可以看出，村社治理未必能解决所有的问题。碑文中没有说明为什么罚戏之后，矛盾没有解决，反而激化了。但是无论如何，最后的结果是演化为了诉讼案。也就是说，当村社治理手段不能解决村中的矛盾问题的时候，就需要通过诉讼这种方式进入到官方的国家规定的解决问题的程序之中。在这里，民间性的治理手段和官方的管理方式的界限和结合就表现得非常明显。国家系统内的通过诉讼方式解决民事争端的制度具有潜在的无限制的特点，理论上它可以处理一切问题。但是，在实际中，很多问题在诉讼之前就在村社这种民间制度中得以解决，而并不一定要用兴讼的方式来解决。反过来，民间性的制度不是万能的，毋宁说，民间性的制度始终是以官方的制度为后盾的。这就是几乎所有的禁约碑的最后都要加上一句和乾隆禁约碑中“倘有恃强不服者，鸣官究治”类似的话。这就说明当村社无法协调矛盾的时候最终交由政府来解决。

（五）官方制度与民间制度

有意思的是，虽然围绕紫峰山的矛盾导致了诉讼案的出现，但是矛盾的最终解决竟然又回到了民间的一套制度中来。这是比上述国家制度与民间制度关系更加耐人寻味的现象。诉讼实际上就是将民间社会村社制度所无法解决的问题上升到官方的层面上，但是这种上升到官方层面的做法本身其实却是进一步在民间社会中扩大了事件的影响范围，进一步地带来了更大范围的民间社会力量参与到争议的调处中，最终再次将事件纳入民间社会的解决框架之内。通过邻村的参与再次调解了双方的矛盾。如果事情没有闹到兴讼的地步，邻村或许还并不知道或者并不愿意参与到事件的调解之中。由此可以看出，官方制度和民间制度的关系并不是机械的，官方制度并不总是充当着民间制度的后备解决方案的角色，反过来，官方制度和民间制度是在一种复杂的互动和合作之中解决问题的。在我们所见到的绝大部分的诉讼案例当中，知县的判决大多数都是具结和解或者认罪免罚这种结果，最终基本上都回到了民间社会的解决轨道上，这些例子其实都是县政府利用各种民间力量来缓和矛盾的处理办法。

（六）邻村的调解作用

在本案例中，我们看到了村际关系的另一个侧面。本书很多案例属于村庄之间的矛盾，例如下崖底东庄关帝庙嘉庆案例中下崖底东庄与南沟村争水的矛盾，三槐庄二仙庙嘉庆案例中三槐庄与西瑶因开窑而产生的矛盾，双泉永乐寺道光案例中双泉村与窑岭村争夺社产的矛盾，等等。碑文中没有提到是邻村的什么人或者什么组织来进行调解的，但是邻村村社的可能性比较大。本案例中，邻村出面调解是解决矛盾的关键。我们常常提到村社的调解纠纷的功能，当村社作为第三方调解村民之间矛盾的时候，这种调解纠纷的功能似乎是比较有效的。但是当村社成为当事人一方，村民成为另一方的时候，问题就不那么简单了，这个时候村社没有了第三方的那种客观中立性。这个时候就需要一个合适的第三方的出现，邻村就是这样一个第三方。这里没有说明邻村究竟是哪个村，但是想必这个邻村一定和当事双方都有比较密切的关系。然而，这种调解很难像村社调解村民矛盾那样成为一种制度性的办法，只能是偶然的行为，这也就是为什么这种邻村调解是在已经发生诉讼的情况下才介入。无论如何，邻村的调解表现出了村庄之间的一种良性的互助的关系，这是村庄关系的另一个侧面，也是考察诉讼碑刻材料时容易忽略的方面。

07 寨上关帝庙道光二十七年（1847）《井碑记》[①]

一、村庄与庙宇概况

碑刻所叙述的诉讼案例发生在寨上和丹水两个村庄之间。寨上村是一个很小的山区村庄，位于高平市区东南方向约十七公里处。西侧隔四明山与兴洞村相望，村东为高庙山（也称凤山），山上有二仙庙。丹水村位于寨上村东北方向约八百米，丹水村现有人口一千多，三百多户，村民以李姓居多。寨上旧村基本呈东西带状分布，东西长一百米，南北长四十米，即便现在，也不足一百户，人口三百余。[②] 现存各种高平县志中都没有提到寨上这个村子，《高平县地名志》中说寨上“原名丹水寨，又因村子临沟靠河，曾用名‘寨河’，后演变为‘寨上’”[③]。因此，按照当地的习惯推断：寨上可能一直是依附于丹水而存在的小村。也即现在所说的与“行政村”相对应的“自然村”。寨上和丹水所在的位置位于四明山山麓，是高平东部的一片山区，这个位置再向东南方向就进入高平东南丘陵区域了，寨上和丹水基本就位于这两个区域的交界处。高平东南部的丘陵是高平最缺水的地区，发生了众多争水案例，本案例虽然与水井有关，但是并不是因为争水而诉讼，而是争夺社产而诉讼的。

寨上村的关帝庙位于村东的山谷之中，距离村中心直线距离大概 150 米左右，其朝向并不是传统的“坐北朝南”，而是因地势而“坐西北朝东南”

---

① 此碑文考释曾发表于《法律文化论丛》（沈阳师范大学主办，知识产权出版社，2016 年第 1 辑），原稿有部分错误。现借此机会做出更正。碑文整理中“古来道井”一句的“道”当为“遗”；“相得已久”的“得”当为“传”。审判者“游太老爷”注解的文献来源有误。碑文整理中多出“/”符号，为整理中行标记，当删除。

② 数据来自田野调查中对村民的询问。

③ 山西省高平县地名办公室编：《高平县地名志》，内部资料，1988 年，第 175 页。“寨上”这类村名在高平地区非常常见，现在大多是自然村，例如下马游寨上、唐西寨上等，此类村庄原多为堡寨类聚落。

方向。庙南原有小河，如今大部分时间干涸，河床犹在。关帝庙东南角山门南侧有文昌阁一所，小河从阁下流过。在高平现存两百多座关帝庙中寨上关帝庙的地理位置是一个特例，绝大部分关帝庙均位于村中，仅有此庙是位于山谷之中的。正如原村常庄关帝魁星阁光绪二年《建修春秋阁碑记》中所说："若夫庙宇妥神各有其位，如炎帝位南方，大王镇河务。关圣帝君，福神也。凡有血气者莫不尊亲，位宜街市丰隆处。"① 当时的人们也注意到了关帝庙多位于村中的现象，寨上关帝庙的特殊地理位置可以从其修建历史中看出一些线索。

寨上关帝庙创建于康熙四十五年，现存康熙四十五年创修碑记，碑文中称此庙为"协天大帝关夫子庙"②。嘉庆七年重修，现存脊枋题字。康熙四十五年创修碑中仅仅提到正殿七间，这实际上是正殿三间加上南北侧殿各二间。嘉庆七年重修时提到正殿三间，南北耳楼四间，其所述规模与创修时一致。这时并无配殿存在。现建筑规模较大，正殿三间，两侧侧殿各两间，配殿各六间，正殿正对戏台三间，一侧为耳房，另一侧为一山门。山门南侧有一阁，为文昌阁。道光七年碑文中有"寨上村旧有关圣大帝神庙，因去岁祈祷雨泽"③，可见，此庙在道光七年时的名称是关圣大帝庙，而且其功能主要是求雨。关帝作为求雨神灵在高平地区极为罕见，其地理位置的特殊性和功能的特殊性有关系。目前，寨上关帝庙损毁非常严重，正殿已经完全坍塌，院内杂草丛生。庙中除道光二十七年《井碑记》之外另有康熙四十五年创修关帝庙碑、道光七年和道光十九年重修碑等多通。目前部分碑刻被掩埋在废墟之下，部分碑刻被村民抢救性保护，移到了村委会大院之中。非常庆幸，道光二十七年《井碑记》是相对完整的。

二、碑文整理

寨上村关帝庙道光二十七年《井碑记》原位于庙宇东南角山门内，后

① 光绪二年《建修春秋阁碑记》，现存高平市原村乡常庄村关帝魁星阁中，笏首壁碑，高152厘米，宽50厘米。

② 康熙四十五年，无题名碑，现存高平市北诗镇寨上村关帝庙正殿前墙上，壁碑，宽39厘米，高38厘米。2013年8月22日杨波、颜伟和张林峰调查时发现，当时正殿尚存。2015年6月8日杨波补充调查时正殿已经完全坍塌，康熙四十五年和道光七年碑均被埋于废墟之下。

③ 道光七年，无题名碑，现存高平市北诗镇寨上村关帝庙正殿前，笏首，下部深埋与地下，今已连同康熙创修碑一同埋于坍塌的正殿废墟之下。

被村民移到村委会大院内。碑刻形制为笏首方趺，高180厘米，宽45厘米，厚20厘米。2013年8月22日杨波、颜伟和张林峰调查时发现。2015年6月8日，杨波做补充调查。2016年10月28日杨波和张鹏再次做补充调查。碑刻现保存基本完好，碑首无篆额，中间为寿字图案，周围蝠纹环绕，碑身四周刻连环万字图案。无碑阴，碑阳题名为井碑记。现根据实地调查，校录碑文如下：

碑额：无

题名：井碑记

夫物有正主，水有源头，余村东南有村人杜树元、杜树谭兄弟二人，祖遗水井一眼，本村汲取，遇旱则陆村共汲，相传已久。至道光四年间，杜树元兄弟分析虑及井台汲水酿祸难当，同其族叔杜宗蒲将井施于本村大社，照旧经理，施状存社，不意道光二十七年二月间邻①近丹水村李培坦等立庙争井涉讼，在告蒙正堂游太老爷讯明断结，余等恐年远凭没，难以查考，今将堂断并施状刻碑以（徒）［图］② 永垂不朽后免端，是为记。

计开：

堂断讯得王绪高等以立庙赖井谋坏村脉控李培坦等，呈出契据二纸，其井为杜树元祖上开凿，至道光四年施入社内，实有证据，李培坦等不得以"古来遗井，不记流年"含混之说没人之善，惟李培坦于井边立庙亦属善举，王绪高控称有碍伊村村脉，亦属渺茫之说，不得以村数百家偶有疾疼，即归咎于之非。断令两村公延堪（与）［舆］③细为相度，如果于该村有碍，可以余等移易修盖，如无所碍，亦即立碑叙明前由，寨上施井之美④，丹水有立庙之功，公汲此井，各务敦睦可也。

具呈人：王绪高、杜树良、冯广聚、杜招

① 原文为"隣"，为邻的异体字。

② 原文为"徒"，当为图，希冀之意。

③ 原字接近于與（与）字的草书写法，碑文中与字如此写法很常见，下文与字同比写法，当为舆字误写为與。

④ 原判决当为"寨上有施井之美"，刻碑时漏掉"有"字。

执年社首：王绪高、杜树通、杜树稳、杜炳福

立施井文字人：杜树元、杜树谭

因分家，祖父遗留内有村精河地二亩，四至之内有水井一眼，此井分与弟，弟不敢要，分与兄，兄不敢领，二人恐怕井台匪人作事，不如将此井所填。内有族叔杜宗蒲不愿，言说此井一来合村紧要所用，二来大旱之年五里三庄紧要所用，不然，我与大社商议将此井施与社中，可也不可？二人情愿，蒙叔前去社中商议，大社情愿，口说无凭，总要亲笔写来井台四至，才能凭信。弟兄情愿将井台四至写与大社，东至路，西至路，南至河中心，北至崖根，四至之内水井一眼，尽系大社所管，日后井台有匪人做事，与施井人无干。社中一面承当，此井户族人出争端者与大社无干，施井人一面承当，二家情愿，不许反口，恐口说无凭，立施井文字存证。

同族叔：杜宗蒲

同社首：王绪高、张振昇、杜树德、杜长在

杜树元自书

大清道光四年十月二十八日

立施井文字人：杜树元、杜树谭

执年社首：王绪高、杜树通、杜树德、杜炳福

维首：杜树良、杜树温、杜显元、王永舜、杜九福、杜树昌、杜树谭、杜招、赵大成、赵发盛、杜树德、冯广聚

合社仝立

石工：杜宗德

大清道光二十七年二月二十七日

寨上村

三、碑文考释

整个碑文分为四个部分。第一部分是一个小序，简略叙述事情本末。第二部分是一个知县的判决书，碑文中称“堂断”。第三部分是杜树元、杜

树谭兄弟二人施井的字据，碑文中称之为“施井文字”或“施状”，性质接近兄弟二人与大社签订的捐赠合同。第四部分是刻碑的各种参与者的落款署名和日期。碑文所记实际上为前后两件事情，一件是道光四年施井，另一件是道光二十七年诉讼。简要考释如下：

（一）古井

古井，即“诉讼标的物”，现仍存在，位于关帝庙东南方向大约二百多米处。出关帝庙后沿河道南行，大概二百米后，河道折向东，北侧就是古井。古井周围砌筑方形的井台，现井台仍然保存完好。其周边环境基本与碑文所说“东至路，西至路，南至河中心，北至崖根”的四至情况符合。古井旁边有五间房屋，不知建于何时。“堂断”中说李培坦在井边立庙，不知是否这五间房屋就是当时所立之庙的原址。

（二）施井

施井的主要当事人涉及杜氏兄弟二人、杜宗蒲和大社。

（1）古井原属杜树元和杜树谭兄弟二人的祖父所有，杜树元、树谭分别成家之后，其祖父作为遗产留给了兄弟二人。也就是说，在道光四年之前，树元、树谭兄弟二人是古井的实际所有者。虽然如此，但是，通常情况下古井还是村中人们公用的，特别在大旱的年景中还供周边的村庄人们公用。杜树元、杜树谭二人出现在道光七年的捐款名单之中，“（杜树）元施钱三百文，（杜树）谭施钱三百文”①，施井发生在道光四年（1824），诉讼案发生在道光二十七年（1847）二月。由此断定：道光四年的兄弟二人，已经成年——具有独立完成施井和捐款的行为。当诉讼案发生时（道光二十七年），两人年龄至少在四十岁以上，抑或在五十岁左右。以此推算，则杜氏兄弟二人大概出生在乾隆末年到嘉庆初年。

（2）施井过程中起到重要的协调作用的是杜宗蒲，系树元、树谭兄弟的族叔。杜宗蒲的名字也出现在道光七年的碑刻中，而且还是寨上村“村社事务”的实际组织者，抑或，当时是具有“社首”资格的老人。道光二十七年诉讼案中，杜宗蒲的名字没有出现，刻碑的执年社首和维首中也都

① 道光七年，无题名碑，现存高平市北诗镇寨上村关帝庙正殿前，笏首，下部深埋于地下，今已连同康熙创修碑一同埋于坍塌的正殿废墟之下。

没有他的名字出现，这个时候他应该已经去世——类似杜宗蒲这样的当事人的去世，很可能就是后来“诉讼”的诱因。

（3）依照现存碑刻可知，寨上村庄不大，按照传统习惯，隶属丹水村。实际上早在康熙四十五年创修关帝庙时就有“寨上村社”①，这时还没有明确的大社的说法，可能当时还是隶属于丹水大社的。至少在道光四年，寨上村已经“独立”，有了属于自己村庄的“大社”。而寨上村大社，便是树元、树谭两兄弟赠予和布施“古井”的“对象”。

由此可见，正是树元、树谭二兄弟的实际所有和愿望，以及杜宗蒲从中说合，作为中介，完成了古井“契约式”的布施与赠予的产权转移。

（三）诉讼当事人

诉讼案的当事人分别是寨上村的王绪高和丹水村的李培坦。与其说是当事人，远不如说是寨上村和丹水村的两位代理人更为恰当——通常情况下，村庄与村庄的事务，一般都由社首出面处理。诉讼双方表面上是王绪高等社首和丹水村的李培坦，但是实际上诉讼是在两个村之间发生的，最后的判决也是落实到两村共同延请堪舆。寨上方面，由于古井是属于大社的公共财产，诉讼的主要具呈人就是当时的执年社首王绪高，这是由社首代表大社维护大社的公共权利。李培坦的身份和其所修之庙的归属（个人、家族、村会抑或村社）都不得而知，但是两村共同延请堪舆一事也应该由丹水大社来负责。现存于丹水村东庙山门口的一块道光十四年的碑刻上有“大清道光十四年东社重修”字样，这表明丹水当时应该至少有东社存在，大社也应该存在。由此可知，村庄大社同时也是诉讼主体，在村庄之间发生诉讼案时，大社就要代表村庄集体提起诉讼或者应诉。

作为寨上大社代表人的王绪高也见于寨上村道光七年重修关帝庙的碑文中，当时施钱数量和杜氏兄弟一样，也是三百文，排名在他们之前。李培坦则是邻近村庄丹水村人，李培坦的情况，目前不详。根据实地询问村民，发生争议的地段现在仍然还是丹水和寨上两村的交界地带。

---

① 康熙四十五年，无题名碑，现存高平市北诗镇寨上村关帝庙正殿前墙上，壁碑，宽 39 厘米，高 38 厘米。

（四）诉讼的起因和缘由

王绪高等以立庙赖井、谋坏村脉控丹水村李培坦等。丹水村民李培坦欲在古井旁修建一座庙宇，很可能是“龙王庙”之类的——古井旁的庙宇，基本为“龙王庙”。无论出于何种情况，或者还愿，或者祈祷，或者果真有“借修庙而赖占水井”之意，在寨上村的村民看来，都属于侵权的范畴，至少也有“谋坏寨上村龙脉”之嫌——作为呈堂的理由是成立的。因此，他们呈讼公堂，希望县大老爷给一个说法。

（五）诉讼的最终判决

诉讼案的审判者“游大老爷”是当时高平知县游大琛，字曼堂，霞浦（今福建省宁德市霞浦县）人，道光六年进士，道光十一年到十二年任高平知县，道光二十六年到二十八年再次担任高平知县。①

游大老爷最终做出的判决是：

（1）依据杜氏兄弟与寨上大社签订的契约，认定该古井属于寨上村大社所有；

（2）不支持李培坦的“古来遗井，不记流年”的狡辩，因为有契据二张，因此不得“没人之善”，明确制止“借修庙占有古井”的“图谋”；

（3）对李培坦在古井边立庙，表示支持，称之为“亦属善举”；

（4）不支持寨上村王绪高所持的“有碍村脉”的渺茫之说，也不能以“百家偶有疾痛”就“归咎于之非”；

（5）要求两村共同请堪舆风水师相看，如果确实有损村脉就要移建庙宇；

（6）如果没有损坏村脉，则要求“立碑叙明前由”，以避免今后还有纠缠。

以上判决，虽然不能用首鼠两端来描述，但是，“和为贵”思想体现得淋漓尽致，建议是：“龙王庙”可以修，修庙的选址，要请堪舆相看。进而，保持古井的“灾害时的公用”——“寨上施井之美，丹水有立庙之功，公汲此井，各务敦睦可也”是至关重要的。

---

① 陈学富纂修：光绪《续高平县志》卷八《职官》，凤凰出版社2005年版，第595页。

四、进一步的深化

作为一个历史的案例，尽管以一通碑刻的形式呈现，而其背后隐藏、包含着极其丰富的历史内容和文化内涵。有必要稍做深化讨论。

第一，在古代的农村，特别是山区村庄，属于村庄外围的自然地理和历史文化形成的共有资源，诸如道路、古井、树木、河道、地下矿产，乃至庙宇，常常会因为某些因素，而引发纠纷，导致诉讼，进而村庄与村庄的关系就成为“和睦社会”的一个重要方面，理所当然，也是地方政治通常需要解决的问题。解决问题的最根本原则是：和为贵，睦邻友好。

第二，明清时期的晋东南地区，村庄中村民的个人财产、家族财产、村庄共有财产、小社的财产、大社的财产、几个村的财产，乃至其相对应的责权利，异常复杂。在此案例中，施井之后古井就明确地成了寨上大社的共有财产。这种大社共有财产在高平很多其他碑刻上都有反映。北城街道办孔家村乾隆四十八年碑刻中列出了包括古柏、古槐、榆树、社地、水塘等社产①，充分反映了当时大社公有的社产的情况。面对如此复杂的情况，国家层面的律令，不可能尽善尽美地维护所有各方的权益，因此，县大老爷常常是代表国家，予以实际处理的“主体”，个人的道德、品性和偏好，决定着事件的走向和结果。

第三，个人财产转移为公有财产的时候，通常也采用“契约方式”。村民捐赠是大社共有财产的来源之一。这种财产所有权是通过叫作“施状”的这种契约文书的形式来确认的。在“堂断”当中，王绪高等人所呈给知县看的“契据二纸”应该就是这个“施状”，这个施状被明确界定为契据。施状这种契据在判定古井的所有权上起到了关键性的作用，有效地否定了李培坦提出的“古来遗井不记流年”的“含混之说”。这种施状在所有权的确认上和买卖关系中的地契和房契等有同等效力。

第四，在民间文献中，契约有书面和碑刻两种形式，两者的意义和实际效应，非同一般——短暂性和永久性的内涵，秘密性和公开性，等等，便蕴含其中。而维护村庄共同利益的代表，便是“社首”之类的人，村社

① 乾隆四十八年，无题名碑，现存北城街道办事处孔家村三官庙正殿前西墙上，壁碑，宽 61 厘米，高 28 厘米。

治理的问题也可以由此展开和追寻。在本案例中，签订契约的双方本来是杜氏兄弟和代表寨上大社的社首们，其中约定的主要事项也是和他们之间关系有关的，“日后井台有匪人做事，与施井人无干，社中一面承当，此井户族人出争端者与大社无干”。当后来因为古井与第三方丹水村发生争议时，契约有必要在更大范围内公开，因此需要立碑传世。立碑既是知县的要求也是村社的需要，游大琛的“堂断”中明确要求立碑“如无所碍，亦即立碑叙明前由”。碑文前面的小序中也表述了立碑的主要目的：“余等恐年远凭没，难以查考，今将堂断并施状刻碑以（徒）［图］永垂不朽后免端。”这表明在地方政府和村社两个方面都希望通过立碑这种方式来稳固和强化诉讼的效果。立碑一方面可以起到公示的作用，让两村所有村民了解诉讼的情况；另一方面立碑能够避免日后围绕古井可能再次出现的争议。正因为如此，碑文中不仅叙述了整个施井和诉讼的过程，同时还将堂断和施状完整地附录在后面。

第五，在太行山地区，自金元以来的村庄庙宇，特别是村庄大社的庙宇，具有相当丰富的功能，不仅仅是村民“春祈秋报”“祭祀活动”的场所，也是显示和体现权力、责任，确认所有权益的场所——规约碑、诉讼碑刻立在大庙中，碑刻立在关帝庙之中也表明了这个关帝庙在寨上村所具有的重要地位，它在某种意义上是村庄公共活动的中心。不过，寨上村比较小，目前发现仅有关帝庙一个庙宇。当然，作为公共的娱乐之地——戏台的作用，不言自明。

第六，在知县的判决中，堪舆起到了重要的作用。一方面知县否认了王绪高等人依据风水观念提出的李培坦建庙与破坏风水之间的关联性，不支持原告王绪高等人的这种主张。堂断中说：“王绪高控称有碍伊村村脉亦属渺茫之说，不得以村数百家偶有疾疼即归咎于之非。”这种判决表现出很强的理性的倾向。但是另一方面，在最后的判决中又要求原被告双方共同延请风水师（堪舆）来作为最后是否移建庙宇的判定依据。风水师在这里起到了某种专业技术人员的作用。反过来王绪高等人之所以能够以李培坦破坏村脉作为诉讼理由，也反映出堪舆风水在当时社会有广泛影响力，大多数人认为可以作为依据。

08　北张寨观音堂道光二十八年（1848）《无题名碑》

一、村庄与庙宇概况

北张寨村位于高平市区东南方向18.5公里处，南面紧邻南张寨，东倚蒲河，西靠毕家院村，北面是石末与北诗两乡镇交界处的石佛岭。北张寨村地处高平东南部的丘陵地带，村落周围地形比较特别，东、南、北三面都有一条深沟。北张寨老村呈近正方形，东西南北均约300米，新村向东南和西北两个方向扩展。北张寨村在清代属于第十七都龙尾里①，今属石末乡，在石末乡与陵川县、北诗镇三地交界处，现有人口200余户，近千人。② 北张寨是一个中等规模地处偏远的山区村庄。

北张寨观音堂，又称南观音堂，位于村南边缘处，坐南朝北，下临深沟。道光六年碑文中称此庙为南观音堂③，是和北观音堂相对而言的，村北小山坡上有另一个观音堂（又称文王庙④），两庙一南一北，遥相对应。观音堂始建年代不详，2007年修缮庙宇的新碑中说庙建于道光二十八年，这明显是错误的。道光二十八年发生诉讼案时庙早就已经存在，现存道光四年碑中明确提到康熙年间重修："吾村之南观音堂者历来古刹，不知创自何年，无人能征之矣。自康熙年间重修庙宇有花梁可考。"则始建还在康熙之前。道光四年重修。现仅为单殿庙宇，三楹，原来规模应该也是如此。北张寨村庙宇较多，除南北两个观音堂外，村中还有大庙、三官庙、玉皇庙和祖师庙等庙宇。南观音堂是所有庙中规模最小的。

---

① ［清］傅德宜等纂修：乾隆《高平县志》卷四《里甲》，凤凰出版社2005年版，第58页。

② 数据来自田野调查中询问村民。

③ 道光六年《无题名碑》，现存北张寨村观音堂。

④ 高平地区因民间传说周文王多子而将文王作为求子的神灵，而求子神灵又统称奶奶或者观音。

二、碑文整理

北张寨观音堂嘉庆二十年诉讼碑位于殿内墙上，方首壁碑，镶嵌于墙内，宽 55 厘米，高 109 厘米。2013 年 9 月 15 日杨波和颜伟等人田野调查中发现。碑刻无题名和篆额，四周无纹饰，无碑阴。碑文分为前面的小序和后面捐款题名两个部分。小序约 5 行，每行 40 余字，捐款题名共计 13 列（纵向），3 行（横向），共 39 个捐款主体，其中人名 38 个，堂号 1 个。现根据实地调查，校录碑文内容如下：

碑额：无

题名：无

盖本庙之遗址即有荒坡一所，杂树繁緊，自古无人以为己有。不意于道光二十八年，村有张魁茂突来砍伐大槐树二株，众所不愿，伊直禀官。于七月十二日经游太爷讯断，伊遂遁辞，官知其所穷，愈见荒坡与树株尽属庙有，并将四至指明，东至官路，西至水河，南至庙后堎根，北至水河北槐树，而今而后北至内所有，他人不得私意骗赖，以为己有。爰以为序，刊石永垂，其捐资姓名开列于左：

邑儒学生员华国张凤文撰文并书

（1）张瑞隆（捐钱二串）①

（2）张永平各捐钱贰串

（3）张治元（捐钱一千五百文）

（4）张炳祥各钱壹千五百文

（5）张模捐钱肆串

（6）张焕武捐钱贰千五百文

（7）张校（捐钱一串）

（8）张焕文各捐钱壹串

---

① 捐款编号为整理者加，下同。括号内捐款数额为原碑省略的，整理者补充，碑文原“各”字保留。

(9) 张瑞珍（捐钱一串）

(10) 张镛（捐钱八百文）

(11) 张焕禄各捐钱捌百文

(12) 张轮（捐钱五百文）

(13) 张榆各捐钱五百文

(14) 张炳如（捐钱五百文）

(15) 张炳忠（捐钱五百文）

(16) 张乾各捐钱五百文

(17) 常锡瑞（捐钱五百文）

(18) 张龄各（捐钱五百文）

(19) 张治业（捐钱四百文）

(20) 张炳光各捐钱肆百文

(21) 张全贵（捐钱三百文）

(22) 张学孟各捐钱叁百文

(23) 张炳哲（捐钱三百文）

(24) 张治魁（捐钱二百文）

(25) 张世和各捐钱贰百文

(26) 张世文（捐钱二百文）

(27) 纯济堂捐钱叁百文

(28) 张钊（捐钱二百文）

(29) 张世振（捐钱二百文）

(30) 张如秋（捐钱二百文）

(31) 张小牛（捐钱二百文）

(32) 李永昌各捐钱贰百文

(33) 张怀珍（捐钱二百文）

(34) 张炳升（捐钱二百文）

(35) 张良（捐钱二百文）

(36) 张炳清（捐钱二百文）

(37) 郭沧注（捐钱五百文）

(38) 张治邦各捐钱五百文

(39) 张琮捐钱叁百文

石工王泰刻字

大清道光二十八年十月初六日谨立

三、碑文考释

（一）当事人

北张寨观音堂道光案例的当事人是很值得仔细考虑的。当事人的一方一定是砍伐槐树的张魁茂，但是另一方碑文中并没有明确说明。碑文中的荒坡就是指北张寨观音堂南边的深沟，荒坡实际上一直以来是无主的土地。张魁茂砍伐槐树并没有侵犯某个个人的权益，因此事而表示不满并进行阻止的应该就是观音堂的人。因此，当事人的另一方应该是观音堂。而碑文中说“伊直禀官”应当是指张魁茂禀官，因此，张魁茂是此次诉讼的原告，观音堂是被告。

（二）诉讼事由

北张寨观音堂位于村庄边缘，庙宇坐南朝北，庙后面即是一道荒坡，也就是争议发生地。荒坡是一片无主的土地，张魁茂砍伐这片荒地上的树木。但是因为这片荒地邻近观音堂，观音堂的人出面阻止，认为这些树木的所有权应该归观音堂。张魁茂对此不满，而提出诉讼。

（三）审判者与判决结果

诉讼案的审判者“游太爷”是当时高平知县游大琛，字曼堂，霞浦（今福建省宁德市霞浦县）人，道光六年进士，道光十一年到十二年任高平知县，道光二十六年到二十八年再次担任高平知县。① 诉讼案发生的时间就在道光二十八年，正是游大琛担任知县的时间。

对于这个案例，游知县支持了观音堂，做出了有利于观音堂的判决，判决结果整理如下：

（1）判定观音堂后面的荒坡和其上的树株全部归观音堂所有，明确了

① 陈学富纂修：光绪《续高平县志》卷八《职官》，凤凰出版社 2005 年版，第 595 页。

所有权；

（2）明确了观音堂所属荒坡庙产的四至，以明确界限；

（3）将四至刊立在碑刻上，明确宣示所有权；

（4）以后禁止任何人侵犯观音堂荒坡及其上的财产。

对于一块原本无主的荒坡，游知县的判决确实明显对于观音堂有利。

四、进一步的讨论

（一）不属于村社的庙宇

北张寨观音堂的碑文中没有出现“社”的名称，本诉讼案例发生的整个过程中也看不到社的身影。可以说，北张寨观音堂不是由村社管理的庙。这可能有两种情况。一种情况是北张寨村并没有社，然而，其他几座庙宇中的碑文可以证明，北张寨很早就存在村社。将观音堂和北张寨其他庙宇的组织管理机构做一番比较能够让我们加深对村庄庙宇管理的认识。文王庙康熙十九年（1680）脊枋题记上有“合社”的说法。祖师庙雍正八年（1730）《创塑祖师神像碑记》落款是“合社仝立”，组织者称作维首，玉皇庙乾隆五十六年（1791）《临波禅师施地碑记》的组织者也称作维首。[①] 由此可见，至少在康熙时期，北张寨已经有了村社组织，而且文王庙、祖师庙和玉皇庙等北张寨其他庙宇的重修全部都是由村社组织管理的，组织者也都称作维首，维首是村社领导者通常的称呼。观音堂道光时期的两块碑刻则完全不是如此，显得与众不同，碑刻中没有社的字样，重修的组织者称作“执事者”和“总理首事人”。[②]“执事者”和“总理首事人”这种说法比较普通，基本上修庙过程中的负责人都可以这么称呼，因此有总理社首的称呼，就是修庙过程中担任负责人的社首。从这些迹象来看，北张寨观音堂和北张寨其他庙宇不同，它并不属于村社的社庙。观音堂有可能并没有一个明确的组织，修庙只是临时组成一个领导班子来负责完成。另一种可能性是观音堂有某种类似“会”的组织存在。无论如何，观音堂都不是

---

① 康熙五十五年《无题名创修神龛碑》，现存北张寨村三官庙玉皇庙（二庙合一）；乾隆辛亥年《施地碑记》，现存北张寨村三官庙玉皇庙（二庙合一）；雍正八年《创塑祖师神像碑记》，现存北张寨村祖师庙。

② 道光六年《无题名碑》，现存北张寨村观音堂。

属于村社管理的社庙，这一点是比较明确的。传统泽州社会中的各种民间组织非常复杂，村社是其中最常见、最重要的一种，但是还是有一部分庙并不属于村社。

（二）捐款

碑文后半部分都是村民的捐款，而这些捐款的用途碑文中并没有说明。捐款总计 39 人，金额共计 26 700 文，也就是二十六千七百文。这笔钱应该是词讼费用，光绪十一年邢村碑记中有词讼费用的记载“兴词讼费钱四十九千九十一文”①，光绪时候的词讼费用应该要比道光时候更多一些。本书秦庄岭玉皇庙民国案例中也提到词讼费用非常多，“惟县、省讼费钱为数甚伙，向在大社支借。今将断有王、邢两姓之款抵补外，有不足焉，仍须大社补助若干串文”。这个案例中因为涉及到省里打官司（民国已经开始实行多级法院审判制度），所以费用较高。这些词讼费用是需要村社来支付的。本案例中观音堂虽然不是村社管理的庙宇，但是因庙宇而发生的诉讼也是应该大家集体出钱的，而正是因为不是村社管理的，因此可能并不像村社那样有日常的地亩摊派的社费以供支出，而需要专门为此临时捐款。这笔捐款费用应该就是用作词讼费用的。因为有捐款记录，本案例碑刻也是另一种形式的捐资碑，只要存在公共性的费用支出，都可能会涉及捐资，并非只有修庙时才会捐资。诉讼可能出现捐资，禁约碑刻也可能出现捐资，只是这类碑刻出现捐资的情况比较少见罢了。

（三）无主的土地

和双泉永乐寺道光案例的情况不同，北张寨观音堂并没有类似粮票那样的证据证明庙宇旁边荒坡的产权是属于观音堂的。我们一般用地契这样的凭证来证明土地的所有权，然而，对于村庄来说，并不是所有的土地都是有地契的，一些荒坡荒地就不大可能都有地契。这些土地本来就是无主的土地，它们也从来没有发生过交易，它们既不是用来种地的田地，也不是专门用来种树的山场，这些土地上的树木也是自然生长的。村民对于无主土地上的看法原则上并没有什么不妥之处，这和双泉永乐寺道光案例的情况是完全不同的，窑岭村村民的行为具有盗窃的性质。既然如此，为什

① 光绪十一年《重修二郎庙碑记》，现存邢村二郎庙内。

么知县的判决还是支持了观音堂呢？恐怕其中的原因就是无主土地的收入应该更多用于满足公共的集体利益，如果任由村民个人砍伐，这会引起更多的矛盾。观音堂这个庙宇自然就具有了对其周围土地以及树木的所有权了。反过来，本案例的判决结果本身就成为这片荒坡所有权的最好证明，这片荒坡即便是在诉讼之后也没有相应的地契，土地产权并非都要用地契来证明，诉讼判决也可以证明这一点。龙尾东岳庙民国案例中龙尾村对于河滩土地的所有权也是以道光时期的判决为主要依据的。

09 北凹玉皇庙咸丰五年（1855）《北凹村西河井碑记》

一、村庄与庙宇概况

北凹村位于高平市东南，距离市中心约18公里。北靠晁山村，南侧为瓮庄村，西南为河西镇的南凹村。北凹村位于石末村西南，其东有紫金山，蒲河从其北面流过，南面是万松山。玉皇庙碑刻中对北凹村地形说得很清楚：“东南靠山，西北界河”，“北凹村东枕紫金，西望蒲河，北绕龙台，南萦松岭，倚山临水，称形胜焉”。① 这里所说的松岭应该就是万松山，龙台应该是指晁山北面的白龙王山。北凹村为丘陵地形，整个村呈长方形，东西长近400米，南北200余米。北凹村在清代属于二十九都晁山里，县志中均称作北凹里②，今属石末乡，现有170余户，700多人。③ 北凹村是一个中等规模交通不便的山区村庄。

北凹玉皇庙位于村中，坐北朝南，是村中大庙。庙内现存碑刻均与本庙修建无关，此庙始建及重修情况不详，正殿有“大清康熙”字样的脊枋题字，则此庙始建应该不晚于康熙时期。现存正殿三间，奉祀玉皇；东西厢房各五间，正殿对面有三间舞楼，正殿和舞台均有东西耳房。北凹村除玉皇庙外，还有关帝庙、未知神灵名称的东庙以及万松山上的二仙庙。

二、碑文整理

北凹玉皇庙咸丰五年诉讼碑位于庙内西墙上，壁碑，宽95厘米，高46厘米。2013年9月16日杨波和颜伟等人在田野调查中发现，碑刻保存完

① 嘉庆二十四年《栽松柏培养风脉序》，现存北凹村玉皇庙。
② ［清］傅德宜等纂修：乾隆《高平县志》卷四《里甲》，凤凰出版社2005年版，第60页。
③ 数据来自田野调查中询问村民。

好。碑刻有题名，无篆额，无边框，共计28行，每行约12字，无碑阴。现根据实地调查，校录碑文内容如下：

碑额：无

题名：北凹村西河井碑记

粤自北凹立村，东南靠山，西北界河，山麓之间水常缺乏。吾乡诸先君子乃于村之西鄙大河滩中甃井一眼，以便汲用，至今赖之，惜其附近井处未立界禁，遂将前人忠厚之意反启后世骗诈之端，是岁春旱，井水缺乏，饮啄之用维艰，压窑所耗尤甚，因禁其汲，以甦民生，乃丁壁村有王某者贪图压窑之微赀，甘冒窃水之不韪，及被寻获，情畏受罚，信口狡诈，任意混赖，本欲借此以免罚，反竟由斯以速讼。蒙摄高平县篆陈公印松龄字①鹤樵判云，查北凹村西河滩向有水井一眼，仅顾食用，彼瓦窑等既称另有水井，嗣后该村之井不许彼等和泥压窑汲用此水，永远存案。为此阖社公议禁止：离井百步不许另穿井眼，近井周②围不许再行开垦，爰述判语，以昭炯戒，谨书端末，以勗③来许。若后世鉴此慎守勿替，庶斯井之不朽也，是为记。

大清咸丰五年岁次乙卯春三月上浣之吉

北凹村合社仝勒石

三、碑文考释

（一）当事人

此次诉讼案的当事人一方是北凹村社，也就是西河井的所有者，西河井是北凹村社的社产。因此，相关权益都是北凹村社来争取。现存北凹村社的最早记载是嘉庆二十四年《栽松柏培养风脉序》碑记，现存北凹玉皇庙中，碑文记载了村社组织种树的事情：“今岁春，合社公议，自紫金山及

① “字”字与前“印”字原为小字，参看原格式整理。
② 原字为“週”，周的异体字，参看原格式整理。
③ 同“勖”，勉励。

南岭北台至关帝庙西池下田亩桑林间皆以松柏栽培其上。”由此可见，至迟到嘉庆时期，北凹村社已经存在。

当事人的另一方是丁壁村的王某，咸丰五年碑文中没有写明其名字，但从咸丰八年诉讼案中情况来看，丁壁出现的其他人名都是王姓的，丁壁王姓应该是大姓。丁壁村庙宇碑刻损坏严重，庙宇众多，但是碑刻仅存一块残碑，从中无法看出任何村庄家族结构的信息。现在丁壁村以冯姓较多，王姓很少。丁壁可能经历了比较严重的破坏，历史文化遗存破坏较严重，村庄姓氏结构也有较大改变。丁壁村位于北凹村西北方向 2.5 公里，正与争议发生地古井临近。丁壁村有小丁壁自然村，距离争议发生地更近一些，小丁壁只有几户人家，没有庙宇。

（二）事件缘由

正如碑文中所叙述的那样，北凹村的地形是“东南靠山，西北界河”，蒲河从村北入境，沿西部绕过村庄向南流。争议发生地的古井就位于村西靠近蒲河的地方，地势低，更容易取得地下水。咸丰五年春，天旱，地下水位下降，井水缺乏。在这种情况下，北凹村社对用水进行了限制。这种限制可能有两个方面，一个方面是对生产性用水进行限制，优先保证生活用水；另一个可能是对其他村的用水进行了限制，优先保证本村用水。无论如何，丁壁村王某在这种情况下仍然在井中取水用作砖窑的生产用水，从而发生矛盾无法解决，最终导致诉讼案发生。从咸丰五年碑文中，我们看到对有限水资源的争夺是诉讼的原因，但是在咸丰八年碑文中对此又有另一种说法：“咸丰五年丁壁有王姓者用粪筒往砖窑上取水，殊不洁静，有碍饮食，因而成讼。”这里的说法是王某污染了井水。民事争议常常会因为一件小事而牵扯到其他的事情，以致出现很难说清楚的情况，这个案例估计也是如此。总的来看，水资源缺乏导致争水应该是主要原因，粪桶打水导致饮用水污染可能是次要的原因。

根据实地调查的情况来看，争议水井的位置距离北凹村大概近一公里，北凹村向西有一条东西向的山沟，穿过这条山沟就可以到西河边上。其下游大约一公里处就是丁壁的小丁壁自然村，河边现有砖窑的遗址，虽然不能断定为本案例中的砖窑，但是大体上位置是差不多的。砖窑距离水井大约五百米左右，实际上比北凹村要更近一些。

（三）判决结果

本次诉讼案的审判者是代理知县“摄高平县篆陈公松龄鹤樵”。陈松龄，字鹤樵，直隶献县人，进士出身，咸丰四年到五年代理高平知县。[①] 摄就是暂摄、代理的意思。陈知县对此案的判决显然有利于北凹村社。判决明确了北凹西河井的用途：只能用于食用，不能用于压窑，也就是只能用于生活，不能用于生产。因此，西河井水不再允许王某等人和泥压窑时使用。

北凹村社在此判决基础上又做出了更详细的禁约：“为此合社公议禁止：离井百步不许另穿井眼，近井周围不许再行开垦。”这是为了防范其他可能对西河井破坏的行为，可以说是相当全面的。这和石末神山庙道光案例中规定不能在山界内耕种等具体规条是类似的，都属于村社颁布的禁约。

四、进一步的讨论

1. 北凹村地处高平东南部丘陵地带，这个地理位置和下崖底东庄关帝庙嘉庆案例中的地理位置正好是一东一西，都是高平南部与晋城交界地区，远离丹河河谷地区的东西两个方向的山区，也都是缺水的地方。和北凹同属一个区域的还有南庄，南庄玉皇庙光绪案例反映的也是同样的因水成讼的问题。水资源缺乏的问题受到整个区域的地文和水文特点的影响，这方面的情况在下崖底东庄关帝庙嘉庆案例中已经做了说明，它同时也受到小区域环境的影响，因此，因水成讼的情况大多发生在山区村庄中就容易理解了。这和汾河谷地地区因为争水而发生的纠纷就有所不同了，那些纠纷常常发生在沿河的谷地地区。

除了诉讼发生的地点的地文水文特点之外，还需要注意的是诉讼发生的时间。下崖底东庄关帝庙嘉庆案例发生的时间是冬天，而北凹玉皇庙咸丰五年案例发生的时间是春天，刻碑的时间是春三月，诉讼案发生的时间一定早于三月。泽州地区降水分布不均衡，冬春两季降水明显要少，水资源相对缺乏，更容易发生争水的情况。

然而，此次诉讼的判决并没有一劳永逸地解决所有矛盾纠纷，仅仅过

---

① 陈学富纂修：光绪《续高平县志》卷八《职官》，凤凰出版社 2005 年版，第 595 页。

了三年，围绕西河井的诉讼案再次发生，而本案例诉讼发生之后竖立的碑记在咸丰八年的诉讼案中扮演着重要的角色。

2. 同样是争水的案例，将本案例与下崖底东庄嘉庆案例相比能发现很多值得进一步思考的问题。下崖底东庄嘉庆案例中知县支持了下崖底东庄向邻村取水的主张，但是本案例中知县却否定了丁壁村到邻村北凹取水的主张。由此可见，同样是两村争水，但是性质不同，最终的判决也就不同。下崖底东庄嘉庆案例中，下崖底东庄取水是为了食用，如果不允许取水，整个村庄就可能面临严重的缺水问题，知县不可能允许这样的事情发生。而本案例中，丁壁村的王某等人取水是为了和泥压窑，是生产用水。王某不取水也只会影响到他的砖窑的生产，不会产生严重的社会问题。由此可见，两个主要的问题导致了判决结果的不同。一是判决结果造成的影响的范围。下崖底东庄关帝庙嘉庆案例影响的是东庄整个村的村民，而本案例仅仅影响王某的砖窑。另一个是判决结果造成影响的性质。下崖底东庄关帝庙嘉庆案例影响的是村民基本的必需的生活需要，而本案例却是生产需要。梨园玉皇庙同治案例中明确将这种原则概括为“食用为先，杂用为次”，就是优先考虑基本生活需要的意思。这在某种意义上和现在的企业拉闸限电是一个道理，任何时候政府都要首先保证大多数人的基本生活需要。

3. 北凹玉皇庙咸丰五年碑实际上可以看作是禁碑。这个禁约的出现和此前几个案例又有所不同。同样是因为诉讼案而订立的禁约，三槐庄二仙庙嘉庆案例中是村社请求县政发布告示颁立禁约，本案例则是诉讼案发生后村社自己立的禁约。石末神山庙道光案例的禁约是在诉讼案之前的乾隆时期就确立的，最终调解结果的依据就是此前的禁约。禁约和诉讼的关系潜藏在这些类型各异的情况中。诉讼案作为一个短时段的事件，其背后隐藏着的是更长时段上复杂的村庄社会经济关系。村庄各种争议矛盾有时候会引发诉讼案发生，大多数时候可以在村社制度的框架下得以解决，但是问题仍然还是存在的。诉讼案的发生本身有一定的偶然性，如果村社的民间调解能够解决矛盾纠纷，就不会发展到兴讼的地步。但是这种偶然性的事件背后需要处理和解决的是村庄的各种社会经济矛盾。禁约就是为了解决这些矛盾纠纷而产生的。一次诉讼案的判决并不一定就能够一劳永逸地解决问题，判决结果并不一定能够让当事人心服口服，以后还会再次发生同样的矛盾。本案例就是如此，三年以后的咸丰八年再次因为争水的问题闹到县衙，酿成又一次的诉讼，这就是北凹玉皇庙咸丰八年诉讼案例。同样地，一次诉讼案的判决也不能保证同类型的矛盾纠纷以后不会再次发生，因此有必要通过禁约的方式对此类社会经济关系进行规范和限制。由此进一步展开就可以看到诉讼案有两种类型：一种是其背后隐藏着一种长期的社会经济矛盾，这种情况下诉讼案可能刺激相关禁约规范的产生；另一种是其背后的事件是一次性的，判决结束以后，只要当事人不再纠缠，事情就过去了，这种诉讼案与禁约就没有关系。例如窑栈关帝庙嘉庆案例所涉及的土地产权问题，只要产权明晰以后，问题就解决了，这种诉讼就不会有禁约的出现。

4. 本案例碑文中一开始就提到西河井“未立界禁”，碑文作者显然将这一点作为后来之所以产生争议诉讼的根源之一。这里的界禁一般就是标明四至的碑石。石末神山庙乾隆八年碑刻中也提到了界石：“耕过山界石内者罚银伍两”，这是明确山界限的界石。石末神山庙乾隆和道光两通碑刻的碑阴都刻着紫峰山山界的详细四至记录，就是为了明确界限。在很多诉讼案中也可以看到村界或者社界的重要性，例如双泉永乐寺道光案例中的社界问题就决定了山上树木的归属权问题。北张寨观音堂道光案例又体现出庙界的问题，庙界的确定才能决定荒坡上树木的归属权。无论山界、村界、庙界，还是这里的井界，这些界限的划分都表明了至少到清代中期，泽州村庄中已经存在着越来越明确的界限的思想意识、实践行为和相应的制度保证。

10　拥万关帝文昌阁咸丰七年（1857）《无题名碑》

一、村庄与庙宇概况

拥万村位于高平市区东南16公里处，交通便利，地理位置极为重要。西面隔四明山与北诗村相望，四明山是南北向的一列山脉。拥万村西山上有历史悠久的二仙庙，如今已经重建。沿四明山东麓向南向北分别是丹水村和炉引村，丹水即寨上关帝庙道光案例中的丹水村。拥万向东就进入到高平东南部与陵川县相交的大片丘陵地带，拥万地处丘陵，整个村庄基本呈东西向带状分布，规模较大，东西达700多米。拥万村在清代属于十七都龙尾里，但是称作姬万村①，新中国成立后原为拥万乡政府驻地，现合并到北诗镇。1940年左右国民党高平县政府曾驻于此地。现有500余户，近2000多人，是大村，主要姓氏为唐、韩、宋等，村中庙会为农历九月十三。拥万是一个大规模的交通便利的山区村庄。

高平市北诗镇拥万村关帝文昌阁咸丰碑刻上叫作关圣帝君、文昌帝君阁，也就是关帝文昌阁，光绪重修时称作春秋阁，大概是光绪重修成立春秋会后改称的。关帝文昌阁位于村西，也称为西阁，此阁始建于雍正己酉年（七年，1729年），为唐姓家族所建。后来也基本一直是唐姓家族所有，并非社中所有。光绪二年重建，此次重建仍以唐姓为主，但成立春秋会来募集款项。此次重修到各地募捐，范围很广。此阁为一双向阁，横截面近正方形，南北两个方向分别奉祀关公和文昌，现在已废弃。

二、碑文整理

拥万关帝文昌阁咸丰七年诉讼碑位于阁上，墙上镶嵌，壁碑，宽61厘

① ［清］傅德宜等纂修：乾隆《高平县志》卷四《里甲》，凤凰出版社2005年版，第58页。

米，高 30 厘米。2013 年 8 月 10 日杨波、王潞伟和颜伟等人在田野调查中发现，2015 年 6 月 8 日和 13 日杨波两次进行了补充调查和碑文的现场校核。碑刻保存完好。碑刻无题名和篆额，共计 17 行，每行约 15 字，四周边框无纹饰，无碑阴。现根据实地调查，校录碑文内容如下：

碑额：无

题名：无

村之西北旧有关圣［帝君］、文昌帝君神阁一座，近因宋太平直接神阁山扉滴水修建房屋，唐应瑞等拦阻以致控官兴讼蒙袁大老爷堂讯未结，今有乡亲等不忍伊等争讼，从公和处，姑念宋太平工已告竣，着宋太平命乐酬[①]神，日后唐应瑞，仝侄［唐］松年、［唐］松生补修神阁，倘有伤毁宋太平房屋之处，宋太平各自补修，于唐应瑞等无涉，故立碑以为记云尔。

同乡友

武生：刘肇基、韩崙

廪生：常鹤鸣、李瑗、刘增荣、康复来

大清咸丰七年十一月十五日立

三、碑文考释

（一）诉讼当事人

本案例的诉讼双方都是拥万村的村民，一方是关帝文昌阁的所有者唐应瑞及其家族，另一方是住宅紧邻着关帝文昌阁的宋太平及其家庭。这类矛盾纠纷是比较简单的村庄内部村民发生的矛盾，只是因为涉及关帝文昌阁才以碑刻记录下来。拥万村是一个很大的村庄，人口众多，其中，唐、韩、宋是比较大的姓氏。当事双方的唐氏和宋氏都是比较大的家族。

---

① 原字为“酧”，酬的异体字。

（二）诉讼缘由

高平地区的阁门有两种类型，一种类型的阁实际上是进出村庄的通道，相当于村门，阁也就是村庄的边界，阁内就是村内，阁外就是村外，这是最常见的一种阁。另外一种阁比较少见，只存在于比较大的村庄之中，是村中一条小巷的入口。在一些大的市镇中，这种类型的阁一般都位于村中主街道的两侧，分割了一条一条的小巷，是巷口的标志。拥万关帝文昌阁就是后一种阁，它建在一个巷口上，和其他住宅距离很近。本案例中的诉讼缘由就是“宋太平直接神阁山扉滴水修建房屋”，在拥万这样的大村中，村中地狭人稠，宋太平在盖房子的时候修到了关帝文昌阁的屋檐下面，这引起了唐应瑞的不满，进行了拦阻，双方发生矛盾，最终酿成诉讼。现在，关帝文昌阁与旁边的住宅仍然还是当年的位置关系，距离很近，关帝文昌阁是一座三间二层的阁楼建筑，屋檐较高，屋檐下面就是旁边的宋家住宅。

（三）判决结果

本案的审判者为当时的高平知县袁绳武，安肃县人，廪贡出身，咸丰五年到九年任高平知县。[①] 本案例最终同样以调解来结束，调解的主体是本村的乡亲，经过调解，双方达成以下一致意见：

（1）鉴于宋太平的房子已经盖好，不要求其拆除；

（2）作为处罚方式，要求宋太平为村中唱戏，其实就是罚戏；

（3）唐应瑞及其家族后人日后修神阁的过程中如果损坏了宋太平的房屋，宋太平自行修补，唐家不负责任，这是为了免除日后因为两建筑临近而有可能产生的隐患。

四、进一步的讨论

1. 拥万关帝文昌阁具有家庙的性质。所谓家庙至少应该满足如下几个条件。首先，在庙宇的创建和重修的过程中，某个家族起到了绝对主导的地位。庙宇兴建的发起、组织和资金来源都主要来自这个家族。拥万关帝文昌阁的修建一直以唐姓家族为主体，整个创建和重修过程中都没有村社

---

① 陈学富纂修：光绪《续高平县志》卷八《职官》，凤凰出版社2005年版，第595页。

的参与。其次，家庙往往都是一个家族延续几代人持续兴建的，家庙是和这个家族有关，而不仅仅是和家庭有关。换句话说，家庙应该有持续性，是一个家族长期维护的。拥万关帝文昌阁从雍正创建开始一直是由唐姓家族修缮，直到光绪二年重修时开始有其他姓氏和商号参与，但是仍然是以唐姓家族为主体的。再次，与修建过程中的主导地位相对应的是家庙的所有权应该是这个家族的，它不属于社或者会这类的其他组织。有些庙宇虽然其兴建活动的发起、组织、捐资乃至碑文撰写等全部都是某个家族的，但是其庙宇的归属明确是属于社的，这种庙宇不能叫作家庙，仍然还是社庙，只不过这个家族在社中影响较大，出现这种情况的原因主要是村中这个家族的人数占有绝对优势。拥万关帝文昌阁家庙性质比较明显，这也就决定了当围绕庙宇发生争议之后诉讼的主体是唐氏家族，而不是村社，这是和其他很多涉及社庙的案例所不一样的地方。

2. 庙宇的地基是修庙过程中很重要的问题，它是最重要的庙产。一般来说，庙宇地基都是通过四至碑来进行明确的，即便没有四至碑，也有相应的地契上的四至来进行规范。大多数情况下，这类问题都能够妥善解决，但是有时候当地基不明确，而矛盾争议问题又没有处理好的时候就会引起诉讼。从碑文来看，宋太平修房屋是在建阁之后。出现这种争议的原因是关帝文昌阁没有清晰地明确其地基的范围，而拥万关帝文昌阁这种类型的阁庙本来就是建在路当中的，它的位置本来就非常特殊。这种事情本来是可以妥善处理的，但是竟然发展到了去知县处诉讼的地步。最后的解决方案也是一种折中的方案。从这个例子可以看出，如果庙宇地基问题处理不好就容易因此引起诉讼案。

围绕地基发生的争议未必一定要通过诉讼解决，也可以通过社友协商解决：“本因庙南有小市房一座，东西南北各有地界，惟南至照壁后滴水与李葆墙界相连，李葆年幼一时，冒昧将此房租钱存于永庆号钱五十千文，道光十三年□修补房屋，又侵占小市房照壁滴水，社友当此唱彼和，□名责实，房屋基址，并应得租资与李葆□中面讲，李葆默□自安口舌，是非公议。李葆得过房租大钱五十千文理宜取出，侵占照壁滴水应罚大钱五十千文，李葆欣然遵命，二共钱一百千整。日后社中修理，李葆将滴水即速退出，不□迟拖。”① 原村关帝庙的这次纠纷和上述拥万关帝文昌阁是类似

① 道光十五年《无题名碑》，现存原村关帝庙。

的。最后通过协商得到了解决。侵占了照壁的滴水要退出，还要罚款。

3. 石末神山庙道光案例中已经出现了罚戏的情况，本案例中的罚戏又略有不同。一般来说，罚戏是村社的一种议罚的方式。而本案例中并没有明显的村社的参与，但是仍然有罚戏的做法。一种好的制度会在不同的组织形态之间进行传播，我们无法追溯罚戏这种制度最早是如何产生的。当我们将罚戏看作是村社在村庄治理中采用的一种方式的时候，其实看到的只是表面现象，罚戏这种制度植根于泽州地区的地域文化之中，它未必一定要以村社组织这种方式来表现，其他非村社组织也可以采用这种方式来处理矛盾纠纷，乃至没有任何组织的情况下，也可以采用这种方式。进一步说，泽州以外的地区，只要是受到这种地域文化影响的组织或者人群中，人们在处理矛盾纠纷的时候也可以采用类似的方式，这就是山西会馆中采用这种方式的根源。一种制度在不同的组织形态和地域空间中可以进行传播，只有将这种制度放到一定的时空范围中来进行讨论才能更好地理解其意义，也才能更好地理解其动态变迁的情况。

4. 在传统社会中因为修房而发生纠纷是非常普遍的事情，即便到了今天依然如此。房屋作为人们日常居住的地方，是日常生活的基本需要，同时又被赋予了很多文化的含义。然而，我们在诉讼碑刻上却极少见到此类的诉讼内容。这主要有两个原因。一方面的原因是因修房发生的纠纷虽然很常见，但是并不是特别严重的不可调和的矛盾。村社内部有一套成熟的调解纠纷的机制，而此类纠纷正是村社最容易调解的纠纷类型。村社对于村庄各种矛盾纠纷的调解需要仔细区分，有些类型的矛盾村社比较容易调解，有些则比较难。因为盖房发生的纠纷往往比较容易。另一方面的原因则更为重要一些，这和碑刻这种文献形式的特点有关系。因为修房发生的矛盾一般只是涉及村民个人，它不涉及村庄的集体利益。而碑刻这种文献形式是刊立在村社庙宇之中的，只有当诉讼涉及村社集体利益的时候才可能以碑刻形式长期保留。因此，这一类的纠纷即使是发展到了诉讼的阶段也不大会以碑刻的形式留存下来。本案例是比较特殊的，因为争议的其中一方是一座庙宇，因此以诉讼碑刻的形式保留了下来，即便如此，本案例也基本上和村社无关，其刊立主体并不是村社。

11　北凹玉皇庙咸丰八年（1858）《袁大老爷永断西河井汲水碑文》

一、村庄与庙宇概况

北凹村位于高平市东南，距离市中心约18公里。北靠晁山村，南侧为瓮庄村，西南为河西镇的南凹村。北凹村位于石末村西南，其东有紫金山，蒲河从其北面流过，蜿蜒流过西面向南，南面是万松山。玉皇庙碑刻中对北凹村地形说得很清楚："东南靠山，西北界河"，"北凹村东枕紫金，西望蒲河，北绕龙台，南萦松岭，倚山临水，称形胜焉"。[①] 这里所说的松岭应该就是万松山，龙台应该是指晁山北面的白龙王山。北凹村为丘陵地形，整个村呈长方形，东西长近400米，南北200余米。北凹村在清代属于二十九都晁山里，县志中均称作北凹[②]，今属石末乡，现有170余户，700多人[③]，中等规模。北凹村是一个中等规模交通不便的山区村庄。

北凹玉皇庙位于村中，坐北朝南。庙内现存碑刻均与本庙修建无关，此庙始建及重修情况不详，正殿有"大清康熙"字样的脊枋题字，则此庙始建应该不晚于康熙时期。现存正殿三间，奉祀玉皇。东西厢房各五间，正殿对面有三间舞楼，正殿和舞台均有东西耳房。北凹村除玉皇庙外，还有关帝庙、未知神灵名称的东庙以及万松山上的二仙庙。

二、碑文整理

北凹玉皇庙咸丰八年诉讼碑的情况比较特别，现存于北凹玉皇庙中的咸丰八年碑刻有两通，其中一通为残碑，另一通完好。经过认真比对，两

---

① 嘉庆二十四年《栽松柏培养风脉序》，现存北凹村玉皇庙。

② ［清］傅德宜等纂修：乾隆《高平县志》卷四《里甲》，凤凰出版社2005年版，第60页。

③ 数据来自田野调查中询问村民。

通碑刻的内容完全一致。但是两通碑刻形制不同，完整的一通碑刻为壁碑形制，但并未砌入墙内，碑宽 112 厘米，高 59 厘米，厚 27 厘米；另一通残碑是立碑的形制，高要大于宽，现仅存中间一小段。两通碑刻中，其中一通应该是翻刻的。两通碑刻现均放置在庙院之中，没有立起来，也没有砌入墙内。完整的碑刻有题名，无篆额，只有一朴素边框，无纹饰。残碑题名和篆额部分均缺损。2013 年 9 月 16 日杨波和颜伟等人在田野调查中发现。完整的碑刻共计 28 行，每行约 14 字，无碑阴。现根据实地调查，校录碑文内容如下（以完整的一通碑刻为准）：

碑额：无

题名：袁大老爷永断西河井汲水碑文

从来耕田而食者亦凿井而饮，故《礼》有出泉之端，《易》详用汲之文①，井养于以不穷焉，北凹缺水，向在村西大河滩井上汲水，井不记凿自何人，汲亦不知始自何时。咸丰五年丁壁有王姓者用粪筒往砖窑上取水，殊不洁静②，有碍饮食，因而成讼。经陈仁慈断定北凹村得汲王姓不得和泥压窑使用，井之周围不许别穿井孔，近井周围不许再行开垦，田地立有碑记，不料王安顺等竟将石碑盗去，村中亦未深究，今年夏水泉不旺，村中揆工浚井，又有王跟林阻滞赖为己井，声言不许北凹村汲水，要将此井填塞。北凹人无水不能生活，将王跟林禀控在案。经袁大老爷堂讯，王跟林并无凭据，追回旧碑，扶立井旁，从宽免究。断令北凹村照旧汲水，再立新碑井边，不许王姓侵占，并饬差将往来赴井汲水路途同王姓指明步出，以免后日争论，北凹阖村感戴，即为勒石以绝讼端，不啻心铭为记仁慈袁大老爷恩德于无壓焉。

钦加同知衔高平县正堂加五级随带加二级纪录十次袁

增广生员常子惇撰

应试童生司荫生书

咸丰八年桂月上浣阖社仝立

① 语出《礼记》“天降甘露，地出醴泉”；《周易·井》“九三井渫不食。为我心恻。可用汲”。

② 原文如此，保留。

玉工韩根喜

三、碑文考释

本案例过程略微复杂，现对具体要素考述如下：

（一）当事人

本案例的当事人是北凹村社和丁壁村民。当事的一方丁壁村民前后提到两个名字：王安顺和王跟林，碑文中没有说明这两人中是否有咸丰五年诉讼案中的王某。碑文在叙述咸丰五年案例的时候仍然称作王姓，并没有说明名字。由此看来，本案例中的两人王安顺与王跟林可能并不是咸丰五年的王某。本案例虽然和咸丰五年案例非常相似，同样是两村争水，但是当事人已经不同，不能看作是同一案例。咸丰五年的判决已经解决了当年的争议，只是三年以后发生了类似的事情。本案例当事人的另一方是北凹村社，咸丰五年和八年两通碑刻中都没有提到北凹村社的具体代理人，也没有出现具体社首名字。

（二）诉讼事由

咸丰五年诉讼案发生之后，北凹村社将诉讼过程和诉讼后订立的禁约刻在碑上，立在了井边，其内容应该就是咸丰五年碑的内容。然而，这块碑记被丁壁村的王安顺偷走了，这件事情本来是对北凹村社权益的侵犯，但是北凹村社并没有采取任何措施，其结果是事情进一步恶化。咸丰八年夏天，井水不足，北凹村对井进行修缮，而丁壁村王跟林不允许北凹村人取水，并且对西河井主张了所有权。这一行为要比咸丰五年的争水更加严重。

（三）审判结果

本案的审判者为当时的高平知县袁绳武，安肃县人，廪贡出身，咸丰五年到九年任高平知县。[①] 袁大老爷的审判结果如下：

① 陈学富纂修：光绪《续高平县志》卷八《职官》，凤凰出版社 2005 年版，第 595 页。

（1）不支持王跟林对于西河井所有权的主张，判令西河井仍归属北凹村社；

（2）追回咸丰五年所立碑记，仍然立在原处，作为井界标志，对盗碑一事免于处罚；

（3）支持北凹村民取水的主张，并立新的碑记再次重申北凹村对西河井的所有权和相关禁约的有效性；

（4）不允许王姓日后再到西河井中取水，并要求县衙差役亲自带着丁壁王姓现场确认这一要求。

这个审判结果同样是有利于北凹村社的。

四、进一步的讨论

1. 碑记在本案例中扮演着重要的角色，至少在双方当事人那里扮演着重要的角色。本案例经历了一个盗碑、还碑和再立新碑的过程，碑记的被盗是事件的开始，而归还和新立是最后判决的重要内容。咸丰五年案例的一个附带的结果是北凹村社通过立碑的方式确认了自己的权利。碑刻并不仅仅起到记录历史的作用，同时它本身就是村社治理过程中的一个重要的工具。我们已经见到各种各样的“合同”“粮票”“状”和“告示”等类型的文书是地方政府行政和司法等工作的重要的工具，行政司法的实践是通过这些文书来具体实现的。不仅如此，这些文书同样也可以作为诉讼过程中重要的物证，来证明诉讼当事人的相关主张，维护其合法权益。同样，碑刻也是乡村社会进行村社管理的重要工具，其主要的功能可以概括如下：

首先，碑刻和地契一样都是对社产拥有所有权的一种凭证，村庄里并不是所有土地都有地契，类似于荒坡和河滩这种类型的土地并不属于某个个人，而一直就是一种公共用地。随着社会经济的发展和村社制度的越来越成熟，这类型的公共用地逐步明确了其所归属的村社。这种情况可以从北张寨观音堂道光案例中得到证明。但是，这类型的土地还是没有地契来作为所有权的证据，因此，基于官方诉讼而刊立的碑刻就是最好的证据了。本案例中，袁知县并没有其他证据可以判定西河井是属于北凹村社的，咸丰五年的碑记就是最好的证据。

其次，碑记和告示一样起到了一种宣示、教育和威慑的作用。对于北凹村内部来说，立碑这种方式可以向本村村民表明村社在诉讼案中所争取到的相关权益，而这种权益并不是属于个人的，而是全体北凹村民共有的。知晓这种权益是维护这些权益的前提，村民通过碑记了解到自己的权益就有利于他们共同参与维护这些权益。同时，咸丰五年所确立的禁约并不仅仅是针对丁壁这样的邻村，同时也是针对北凹村村民的，不许在西河井周围凿井和耕种对于北凹本村村民也同样具有约束力。对于丁壁这样的邻村的人来说，这样的碑记客观上确实能够起到一种威慑的作用，这也就是为什么丁壁村的王安顺要盗走碑刻，因为至少在他们看来，没有了碑刻，碑刻所主张的那些权利也就同样失效了。这种看法虽然看起来有些幼稚，但是却反映出村民对碑刻的重视，反过来证明了碑刻所起到的重要作用。

再次，碑记还是做出相关处罚的依据。民事纠纷在传统中国一直没有一套系统的法律规范，在这种情况下，民间性的禁约事实上就成了进行相应判决的依据。在司法实践中，民间调解息讼是很常见的。息讼是从诉讼角度衍生出的概念，因此息讼也需要一整套的民间性的制度作为保障。而碑记就是这种制度的重要组成部分。在这种意义上的碑刻就具有了法律的意义。

最后，碑记能够解决潜在的长期问题。碑刻这种民间文献最基本的物理属性就是能够长期保存，也就是“永垂不朽”的意思。“永垂不朽”并不仅仅是主观上精神上的不能忘记，作为一种村庄治理工具，其存在本身就能一直起到它的作用。乡村社会的很多问题是长久存在的，不是任何人、任何组织或任何制度能够彻底解决的，因此，它需要一种长期性的机制以持续有效地处理相关问题。本案例中的类似问题其实一直是困扰泽州山区村庄的问题，它们的真正解决还有赖于现代化的技术进步。

2. 泽州地区是手工业生产非常发达的地方。很多手工业生产都需要使用水，例如冶铁、造纸等，因此，很多此类手工业的分布区域都在河边。本案例中的砖窑也是需要水的，咸丰五年和咸丰八年两个案例中的争水都是因为砖窑生产需要用水造成的。三槐庄二仙庙嘉庆案例中也是因为西瑶村民开挖煤窑而导致的诉讼。可以说，以上这些案例都是手工业生产发展过程中出现的问题，这样的问题大体上在晚明时期就有了。这样的问题实际上是多方面的，首先是有限的物质资源需要进行合理协调分配的问题。例如本案例中北凹的西河井既作为生活用水又作为生产用水显然是无法满足两方面的需求的，在咸丰五年知县的判决中提到“彼瓦窑等既称另有水井”，如果丁壁的砖瓦窑（咸丰五年碑称瓦窑，八年碑称砖窑）确实另外有专门的水井，还要到北凹的井中取水，那就说明它原来的水井因水位下降而不能满足需要，或者在扩大生产之后无法满足需要。其次，除了各种物质资源确实不能满足需要外，人们的观念也是重要的制约因素。三槐庄二仙庙嘉庆案例中，煤窑的开凿并不一定就会损毁二仙庙，这其实更多的是人们的一种传统观念使然。无论是物质方面还是精神方面的原因，以上这些矛盾纠纷都是和当地的手工业发展有关系的，传统中国社会并不是一个停滞的社会，社会经济的发展会给社会带来很多新问题，而这些新问题也会促进社会的进一步发展。

12　双井里八村同治四年（1865）《无题名碑》

一、村庄（双井里）与庙宇概况

本案例比较特别，现存同治四年（1865）五通内容完全相同的碑刻，分别位于西李家庄三官庙、东李家庄三义庙、王庄雷音寺、桥南三教堂和郭家庄三教堂五座庙宇之中。此诉讼案涉及今河西镇东部和石末村西部的八个村庄。现将这八个村庄以及上述五座庙宇的情况稍做介绍。

八个村庄现在的名字是双井村、王庄、沟南村、东李家庄、西李家庄、郭家庄、椿树村和丁壁村，这八个村庄位置靠近，都是相邻的村庄，八个村庄所在的小区域位于高平东南方向，距离市区 10 余公里处。八村小区域位于今河西镇东北部和石末乡西北部，两乡镇交界处，北倚龙顶山与米山镇相望，龙顶山地势很高，米山镇和河西镇被龙顶山分隔开来；东南遥望白龙王山，过白龙王山即进入晁山石末等石末乡中心地带；向东为石末北诗两乡镇交界处的两沙壁和两靳寨四村；向西即是圣佛山，山上有著名的宋代庙宇崇明寺。八村所在小区域相对独立。八个村庄可以明显分为两个部分，北面的六个村庄（王庄、沟南村、东李家庄、西李家庄、郭家庄和椿树村）为丘陵地带，村庄规模均较小，都属于小规模的山区村庄；南面两个村庄（双井和丁壁）规模较大，地势开阔，交通便利，是河西镇通往石末乡的必经之地。八个村庄中只有王庄村是属于石末乡的，其余七个村都属于河西镇。

王庄村仅有雷音寺与诸神庙两座庙宇。雷音寺位于村东北，坐北朝南，始建于康熙十年（1671），乾隆二十九年（1764）重修，是村中大庙。现有正殿三间，东西侧殿各三间，与乾隆碑记所言相符；厢房东西各六间。南边舞楼今不存。调查时正在维修。郭家庄仅有崇明寺和三教堂两座庙宇，崇明寺位于村外西边圣佛山上。三教堂位于村东北，坐北朝南，仅有同治四年一通碑刻。沟南（当地人习惯称桥南）仅有三教堂一座庙宇，位于村北，坐北朝南，始建不详，民国十六年有重修。东李家庄庙宇略多，有三圣堂、观音堂、玉皇庙和三义庙。三义庙位于村中，坐北朝南。西李家庄仅有三官庙及其旁边附属建筑关帝阁。三官庙位于村中，坐北朝南，碑刻众多。以上五个村庄总体来说规模小，庙宇少，交通不便，具有很多共同的特点。

二、碑文整理

五通碑刻的具体位置和大小略有不同，具体情况如下：西李家庄三官庙碑刻位于山门内西侧，壁碑，宽 88 厘米，高 36 厘米；东李家庄三义庙碑刻位于西侧殿内，壁碑，宽 80 厘米，高 35 厘米；沟南村三教堂碑刻位于庙西墙内，壁碑，宽 88 厘米，高 37 厘米；郭家庄三教堂碑刻位于正殿前东墙，壁碑，宽 92 厘米，高 38 厘米；王庄雷音寺位于山门东侧墙上，壁碑，宽 94 厘米，高 37 厘米。碑刻内容格式完全一样，均无题名和篆额，无碑阴，共计 21 行，每行约 8 字。这种情况形成的原因是同样的碑刻内容在书丹的时候抄录了几份，大小不能保证完全一致，但是内容是一致的。2013 年 9 月 17 日到 19 日，杨波和颜伟等人在田野调查发现。碑刻保存基本完好，可相互参照校勘。现根据实地调查，校录碑文内容如下：

碑额：无
题名：无

遵仁明龙太爷堂断照古按丁甲四六分摊由来久矣，其各村应摊之数胪列于左：

北六村应摊四分
西李家庄该摊一分五厘
东李家庄西坡村①该摊一分零五毫
王家庄该摊七厘五毫
沟南村该摊三厘

① 西坡村三字字体较小。

郭家庄该摊二厘
窑则头该摊二厘

南两村应摊六分
双井村该摊四分
丁壁村该摊两分

西李家庄（社首）庞秋成、监生庞裕顺
东李家庄（社首）九品任永芳、任本忠
王家庄社首五班维社首
沟南村（社首）庠生石松文、石毓策
郭家庄（社首）郭永德

邑庠生牛炳箕撰并书
大清同治四年十二月初四日
仝勒石

三、碑文考释

（一）村庄名称：椿树村与王家庄

本案例的五通碑刻内容完全一致，碑刻上共计提到九个村的村名，但计数为八个。碑刻上这九个村的名字是：西李家庄、东李家庄、西坡村、王家庄、沟南村、郭家庄、窑则头、双井村和丁壁村。这里的西坡村就是《县志》中的椿树村，《高平县地名志》中说椿树庄原名西坡村，后改名为椿树庄①，实际上乾隆《高平县志》中已经叫作椿树村，而同治四年的碑刻中仍然叫作西坡村，所以，更合理的说法是椿树村和西坡村是这个村的两个名称。在本案例的碑刻中，西坡村刻成小字标在东李家庄的旁边，和东李家庄一起算作一个村庄。现在的椿树庄（西坡村）仍然还是东李家庄行

① 山西省高平县地名办公室编：《高平县地名志》，内部资料，1988年。

政村下辖的自然村。碑刻中的九个村名绝大部分与现在村名一致，除了椿树村现在称作椿树庄之外，仅有王家庄现在称作王庄。王庄在各种清代县志中都写作王家庄，同治版县志地图上和文字描述相同，王家庄何时改成王庄不详，或许只是同一个村两种不同称呼而已。

（二）窑则头与双井里八村

碑文中出现的九个村除了窑则头村待考以外，其他八个村庄在清代全部属于双井里，而且是县志记载的双井里的全部八个村。县志中记载："双井里，在县东南，庄八：双井村、王家庄、沟南村、东李家庄、西李家庄、郭家庄、椿树村、丁壁村。"① 碑刻比县志中的双井里记载多了窑则头村。窑则头村可能是指现河西镇窑头村（窑头村口语中也叫窑则头），窑头村位于河西镇中部，距离八村小区域3公里左右，中间间隔了西李门等村，总体来说距离稍微有点远，不过，清代里的划分并不一定是相邻的村，不相邻的村划分到一个里的情况很常见。窑则头也可能是指现朵则村，朵则和窑则头一样因为窑洞很多而得名，方言中的朵则和窑头都是窑洞的意思。朵则村紧邻八村小区域，郭家庄翻过圣佛山就是朵则村，距离更近，但村名有一点差距。窑则头村的具体所指仍有待考证。由于本案例比较特别，共有五通内容一致的碑刻，不能按照习惯以村庄庙宇加年号来对案例进行称呼，因为诉讼相关的八个村均在双井里，本案例可以称作双井里八村同治案例。

（三）诉讼当事人

同治四年碑刻中将八个村分为了两部分，碑文上称作"北六村"和"南两村"，由此可知，本案例的当事双方应该就是北六村和南两村。从前面的介绍可以看出，北六村和南两村在地理位置、地形条件、交通状况、人口数量和村庄规模等各方面均有比较大的区别。北六村是龙顶山脚下的一些山区小村庄，南两村则是南部平川地区的大村庄。这个案例的特殊之处就在于它既不是发生在个人之间的诉讼，也不是发生在村社之间的诉讼，而是发生在一个村庄集群和另一个村庄集群之间，这是非常少见的情况。

---

① ［清］傅德宜等纂修：乾隆《高平县志》卷四《里甲》，凤凰出版社2005年版，第60页。

（四）诉讼原因

同治四年碑刻中虽然对于本案例的具体过程没有叙述，仅仅列出了最终的审判结果，但是基本可以根据碑文推测诉讼发生的原因。碑文中一开始就指明“古按丁甲四六分摊由来久矣”，这显然是下面判决的依据，下面的判决就是依照四六分摊的原则做出的具体规定。反过来说，诉讼的起因一定是四六分摊的传统被破坏了，因此引起了矛盾。那么，究竟是哪一方对四六分摊的做法感到不满而想要改变呢？仔细考察现存五通碑刻的所在地就会发现，现存碑刻全部都在北六村中发现，南两村并没有相应碑刻存在，而碑文最后所列出的具体的纳税负责人也没有双井和丁壁两个村的负责人。由此可知，同治四年的碑刻是北六村共同商议决定刊立的，这是因为这个判决结果是他们感到满意的结果。反过来说，对传统四六分摊感到不满的就是双井和丁壁这南两村的人。本案例诉讼的缘由是双井和丁壁南两村的人不满意四六分摊赋税的传统做法，想要改变，因此，北六村作为原告起诉南两村，要求维持传统的赋税比例。

（五）审判者与结果

本案例的审判者“仁明龙太爷”是高平历史上著名的知县龙汝霖，他是同治县志的纂修者。龙汝霖，字皞臣，湖南攸县槚山人，举人出身，同治三年到九年担任高平县知县。

龙汝霖在本案例的判决中选择了维护原有的传统做法，也就是四六分摊。碑文中对每个村所分担的比例进行了详细的规定，不仅包括了北六村，也包括了南两村。既然碑刻是由北六村刊立的，而分摊的具体比例中又出现了南两村的具体份额，因此，这种分摊比例并不是由北六村规定的，而是龙汝霖的判决中规定的，应该是判决的一部分。在此基础上，北六村进一步具体规定了缴纳赋税的具体落实人员。

现将碑文内容与发现情况列表如下：

表 1　同治四年税赋分摊碑刻内容与发现情况一览表

序号	碑上村名	现村庄名称	现户数①	碑现存庙宇	分摊比例	村庄中负责人
1	西李家庄	西李家庄	146 户	三官庙	15%	庞秋成【监生】 庞裕顺
2	东李家庄 【西坡村】	东李家庄 椿树村	106 户 30 户	三义庙	10.5%	【九品】任永芳 任本忠
3	王家庄	王庄	130 户	雷音寺	7.5%	五班维社首
4	沟南村	桥南	75 户	三教堂	3%	【庠生】石松文 石毓策
5	郭家庄	郭家庄	72 户	三教堂	2%	郭永德
6	窑则头	待考			2%	无
7	双井村	双井	252 户	调查未见	40%	无
8	丁壁村	丁壁	349 户	调查未见	20%	无

说明：（1）本表依据对高平历史文化遗存的实地调查编制；

（2）本表的文献依据为村庄中发现的碑刻遗存；

（3）有关本表碑刻具体内容可参见《高平历史文化遗存调查资料汇编》。

四、进一步的讨论

1. 乾隆县志中除了对当时双井里村庄情况的记载之外，还记录了以前的里的划分情况："双井分南北，俱归并。"② 高平的里的划分在明末清初发生了很大的变化。明末高平的里共有一百六十一里，明末陕西农民军对泽州地方社会有很大的破坏，崇祯九年（1636）对很多里进行了归并，里的数目减少到了一百里。到乾隆时期，里的数目只有八十八里。县志中所说的原来的里的划分一般是指明末的划分情况。也就是说，在明末，双井里曾经一度分为双井南和双井北两个里，当时南北的区分想必就是同治碑刻

① 户数数据来自高平县地名办公室编《高平县地名志》，内部资料，第 186、192—198 页。

② ［清］傅德宜等纂修：乾隆《高平县志》卷四《里甲》，凤凰出版社 2005 年版，第 60 页。

上北六村和南两村的区分方式，诉讼的两个村庄集群在明末实际上是分别属于两个里的。那么，四六分摊的传统发生在什么时候呢？只能发生在归并里的时候，也就是崇祯九年或其后不久。明末归并里的时候所达成的四六分摊的比例想必在当时是一个合理的比例，是南北两个村庄集群都能够接受的一个比例。这样的比例在其后的两百年时间里，大体上应该都是一直按照这个比例在进行的。这两百年的时间是中国社会社会经济发展非常快的时期，社会经济的发展带来的变化让南两村的村民对原来的传统做法感到不满，于是造成了诉讼案。

2. 清代的民间社会税赋征收方法的细节其实并不是很清楚，近些年有人利用县一级的档案材料对此做了一些探索性的研究。① 实际上，不同区域可能还是存在一些差异。本案例的碑文能够让我们看到晋东南社会征收税赋过程中的一些细节。里甲制度在明初创立以来，在不同时期不同地域的实际执行情况是有很大差异的，清代的高平里的建制一直都是存在的，从本案例可以看出，税赋还是以里为单位来进行征收的。同治四年碑刻记载的其实就是双井里收税的一套具体规范。虽然里是存在的，但是这时的里已经不是真正意义上的里了。首先，里甲不再是依照户口进行编制的，而是直接以村庄为单位来征税的了，里甲可以说是名存实亡的。其次，征税的数量也不再按照丁或者亩的数量来征收，而是直接进行份额的摊派。这种情况下，很大可能征收的是定额的税赋，并不根据丁或者亩的变动而变动。户口和土地的统计都没有必要进行。总之，这个时期征税的方式基本上就是以里和村为单位将税赋按照从里到村逐级分摊，分摊比例按照传统习惯来确定，定额征收。

这样的征税方式带来的结果就是地方政府对于基层社会人口和土地的情况及其变动都不是特别了解。反过来，与此同时，也是在清代中期开始，村社制度走向成熟，标志之一就是对外越来越清晰的社界的划分，对内征收地亩钱作为社费，这些都表明村社对于村中人口和土地的情况及其变动是非常清楚的。以上两种情况同时出现可以说是这一时期乡村社会经济发展的最主要的特点之一。

3. 我们无法找到同治四年刊立碑刻时期八个村庄具体的人口数字，这

① 例如李怀印利用获鹿档案所做的研究：李怀印《华北村治——晚清和民国时期的国家与乡村》，中华书局 2008 年版。

里使用20世纪80年代的人口数据，大体上来考察一下人口数量（村庄规模）与分摊比例的关系，相关数据整理在表1中。总的来说，村庄人口数量和其分摊的税赋比例是正相关的，人口最多的双井和丁壁分担税赋最多，西李家庄、东李家庄和王庄居中，分担税赋比例也居中，沟南村和郭家庄人口最少，分担税赋比例也最少。碑刻中确定的分摊比例一定是依据当时的人口和土地数量来确定的，这是毫无疑问的。具体来说，北六村分摊比例确实稍微偏少了，北六村的总户数和南两村其实比较接近，但是南两村分摊比例多20%。如果从同治到20世纪80年代所有村庄的人口是按照相同比例增加的话，那么以上结论就是成立的。同治确立各村分摊比例的时候一定是综合考虑了传统的规定和当时各村的人口和地亩的具体情况，龙汝霖的最终判决中选择了维持传统。

4. 本案例最主要的判决结果是南北两方税赋的分担比例，最后确定为四六分。有趣的是，从碑文内容来看，双井村和丁壁村分摊的税赋比较重，而恰好我们在这两个村也没有发现这块碑刻。这可能是当时并没有在这两个村刊立此碑，也有可能是这两个村对这个判决不满意，故意损坏或者不保存碑刻。不过，从调查情况看，双井和丁壁两村规模较大，人口较多，交通便利，庙宇数量众多，但靠近主干道路，碑刻数量相对较少，碑刻破坏程度比较严重。因此，也有可能是因为这两个村历史文化遗存破坏较为严重，所以，这两块碑没有保存下来。

5. 税赋的征收办法①。同治四年的碑中还有一处需要注意的地方，那就是北面五个村中具体落实执行收税的责任人的身份。他们的身份分为两类：一类是王庄，是由村社来负责的；另一类是其他的四个村，都是由个人来负责，这些个人基本上都属于乡绅阶层。其中最值得探讨的是王庄的村社。碑中提到王庄的社首是“五班维社首”，五班是社首管理中的一种轮值制度。王庄的五班维社首制度最早出现在何时不得而知，但是应该注意到雷音寺乾隆重修碑中维首数量正好是五人，或许这就是五班维社首的最早形式。② 五人轮值担任社首，或者以五人轮流为主要负责人管理社中事务。从后面诸神馆的碑中可以看出，这里的社应该就是雷音社，王庄并没

① 本案例碑文解读有一定歧义，王庄旁边有社首两字。可以理解为只是针对王庄而言，也可以理解为所有五个村的个人都是社首。这一部分的讨论取后者，碑文整理中取前者，并不追求统一。参看原格式整理。

② 乾隆二十九年《重修村北大庙记》，现存石末乡王庄雷音寺。

有大社的说法。[①] 这表明村社具有征收税赋的功能，但是看起来这种功能并不常见，大多数的税赋征收还是村中的乡绅阶层的人负责，少部分村庄由村社负责征税。

① 光绪三十二年《创修诸神馆碑记》，现存石末乡王庄诸神庙。

13 梨园玉皇庙同治十三年（1874）《无题名碑》

一、村庄与庙宇概况

梨园村距离市中心3.5公里，东面为靠近市区的唐庄和上下玉井等村，此处既是以前南北官道，也是今铁路与一级路（省道227）通过之处，交通非常便利。西面即本案例中涉及的瓦窑头村，再西即进入野川附近的丘陵地带，北面经南韩庄和琚庄遥望市区西面的头颅山与金峰山，南面沿官道到达北陈、南陈等村。梨园村旧村原来规模不大，高平通往沁水的省道331经过村南，现在村庄向南扩展不少。梨园村与本案例诉讼另一方瓦窑头村附近小区域位于高平市区盆地西南边缘，正好位于高平盆地向西部山区过渡的中间丘陵地带，这是其在高平整体地形地势中的位置特点。这个小区域的地形特点与本案例中的争水有密切关系，后文考释中详述。梨园村在清代属于十九都玉井里①，今属南城街道办事处，现有人口150余户，600多人②，规模不大。紧邻梨园村的瓦窑头村地理位置和地形与梨园村类似，在清代与梨园同属玉井里，今也属南城街道办事处，现有近200户，900多人，规模比梨园略大。本案例争讼两村均为市区边缘的交通便利的中等规模村庄。

梨园村玉皇庙是村中大庙，位于村西，坐北朝南。玉皇庙又称碧云霄阁，始建时间不详，现存最早碑刻为康熙时期井泉龙王碑，这种碑应该立于泉池旁边，未必原属玉皇庙之物。推测此庙至晚在清代前期就应该存在。庙宇规模较大，上下两院，后高前低。上一进院正殿三间，奉祀玉皇，东侧殿三间奉祀牛马王，西侧殿三间奉祀蚕姑奶奶。东配殿五间，北一间奉祀龙王，中三间奉祀关公，南一间奉祀文昌。西配殿五间，北一间奉祀奶

① ［清］傅德宜等纂修：乾隆《高平县志》卷四《里甲》，凤凰出版社2005年版，第59页。
② 数据来自田野调查中询问村民。

奶，中三间奉祀阎王，南一间奉祀财神。下一进院为戏台院，山门倒座戏楼三间，两侧有耳楼各三间，东西看楼各五间。玉皇庙下一进院落现改为村卫生所和老年活动中心，西看楼为卫生所，东看楼为老年活动中心，上一进院落仍然为庙宇。庙宇前为一规模很大的文化活动广场。梨园村庙宇不是很多，除大庙玉皇庙外，还有关帝观音阁（又称慈云阁）、土地庙和山神庙，村东崇正桥是明代古桥，很有特色。一桥一阁一庙是梨园村最重要的古迹。

二、碑文整理

梨园玉皇庙同治十三年（1874）诉讼碑位于山门内，笏首方趺，高 170 厘米，宽 69 厘米，高 22 厘米。2013 年 7 月 4 日孟伟等人在田野调查中发现，2016 年 10 月 10 日杨波进行了补充调查。碑刻保存较好。碑刻无题名，碑额无篆额，有双龙戏珠纹饰，四周边框无纹饰，无碑阴。碑文共计 10 行，每行约 50 字，共约 550 字。现根据实地调查，校录碑文内容如下：

碑额：无

题名：无

钦加运同衔赏戴花翎即补直隶州知州特授高平县正堂加五级纪录十次杨

为晓谕事

照得水火两项，为日用所必需之物，水之所关，尤其紧要。今县属一带，地势高下不等，梨园村庄水势难得，非借天雨之水蓄积池中，不克以备食用。前瓦窑头、梨园两村争水道兴讼。瓦窑头村袁聚财等呈控梨园村高凌云等争挖水道一案，当饬书差，协同乡地，并委六村社首，逐细查明。瓦窑头村地势虽高，现有水井七眼，食用不缺，其所设池，为洗衣服，饮牲畜之用；而梨园村虽有水井四眼，三眼无水，其一眼水仅二尺，日用不足，不能不借池水以养民生。公禀前来，当经堂讯查确。民非水火不生活，食用为先，杂用为次。断令：梨园村水池之西，瓦窑头村青龙石碑之后，自北斜东南，所挑挖故水道，永远属梨园村引水正道；水永远归梨园池内，他村不得争狡。除堂谕外，合行出示晓谕。为此。示仰玉井里人等知悉。示之后，再有争狡此水者，许梨园村社首指名禀究。

各宜凛遵勿违。特示遵①

右仰通知

大清同治十三年六月二十四日

告示押②

社首

高凌云、赵祯祥、李发聚、王老胖、阎海江、赵竣、赵丙铸、高采顺、高百喜、宋发、王来保、郭来保③

敬领仝勒石

三、碑文考释

（一）当事人

本案例是发生在梨园村与瓦窑头村之间的诉讼。梨园村社最早见于康熙四十九年的井龙王神位碑中，碑文落款称“梨园村阖社仝勒石”，可见清初就有梨园村社存在。两村社的代表分别是高凌云和袁聚财。两人的身份碑文中没有明确指出，但碑文最后列出的社首名单中有高凌云，显然高凌云是梨园村社首之一。高凌云的名字也出现在梨园玉皇庙道光十一年（1831）碑刻中，高凌云是捐款数量最多的人之一，“高凌云各捐钱拾贰千文”④。道光十一年与本案例的同治十三年间隔43年，作为独立捐款而且捐

① 遵字为手写草书，或为批示。

② 押为小字。

③ 共计十二位社首，每行（左右）三个，共四行。按照碑文一般的排列顺序，当为先中间，然后两边。此处排序为从上到下，先中间，再右边，再左边。排列顺序表明社首地位。

④ 道光十一年《无题名碑》，现存梨园玉皇庙。

款数量最多的人，高凌云在道光十一年一定已经成年。道光十一年时高凌云是社首中排名最靠后的一个，可见他当时年纪应该还不大，但一定是村中富户。由此推算，同治十三年时他已经是一个七十岁左右的老人，是社首中资历最深的人。袁聚财的名字并未出现在社首名单中。按照诉讼碑刻刊立的习惯，只有判决结果对自己有利的一方才会刊立碑刻，此碑刻中的社首应当不包括瓦窑头村的社首。

（二）碑刻刊立主体

本案例中同治十三年碑刻的刊立主体需要略做考释。碑文中提到六村社首共同参与此案，那么碑刻最后的社首名单仅仅是梨园村的社首还是也包括其他邻村的社首呢？有以下一些理由可以证明这个社首名单就是梨园村社首名单。道光十一年碑刻中的社首名单是“张克己、赵梅、王永泰、赵金耀、高永义、高永兴、高秉政、张美全、赵开泰、王保宽、赵诠泰、高凌云”。从这个名单可以看出两点：一是人数共计十二人，和同治十三年碑刻的社首人数完全一致；二是主要姓氏是赵（4 人）、高（4 人）、张（2 人）和王（2 人）。同治十三年碑刻的社首姓氏结构是高（3 人）、赵（3 人）、王（2 人）、李（1 人）、宋（1 人）、郭（1 人）和阎（1 人），两者还是比较接近的，四十多年时间中发生这样的变化是能够接受的。再有，同治十三年社首名单中并没有注明每个社首都是哪个村庄的，如果是邻村社首都应该注明。目前在其他邻村碑刻中均未发现同治十三年社首名单中的社首。从以上理由来看，同治十三年碑刻中的社首全部都是梨园村的社首，也就是说，此碑完全是由梨园村村社名义刊立的，与其他村庄村社无关。

（三）水池、水道与水井

梨园村水池位于梨园玉皇庙西，紧邻玉皇庙，池边有 2010 年修缮之后的石刻题记，题记对此水池做了详细介绍：“碧云池承接梨园历史文化，玉皇庙为碧云霄阁，是慈云阁①，因此各取一字为碧云池。碧为青绿之色，洁净透澈；云是水蒸气形成的。碧云为青绿色的洁净之气。碧云引深②为祥瑞之气，碧云池是储蓄祥瑞之气的地方，同阁庙遥相呼应，成为阁庙池，水

---

① 原文未加标点，标点为笔者加，此处不通，当为观音阁，为慈云阁之意。
② 原文如此，当为引申。

池为梨园带来了灵气，成为迎紫气凝紫气的接纳之地。”① 实际上，调查中发现瓦窑头村除水井外也有一座很大的水池，就在瓦窑头大庙成汤庙前面，其面积比梨园村水池还要大。

本案争议的焦点在水道，水道的位置位于水池西面。梨园水池位于村西，再向西200多米地势逐渐抬高，就进入一片小山坡的范围，山坡一直向北，地势逐步抬高。从山上流下来的水通过水道流入梨园水池之内，水池里的水就是碑文中所说的天水。梨园和瓦窑头两村所处的位置从北到南逐步降低，梨园在山坡下的东侧，瓦窑头在西侧，但瓦窑头地势略高一些。梨园和瓦窑头两村如果都挖了水道，对于山上的雨水就有竞争关系，梨园的水道将水引到梨园水池中，瓦窑头的水就少了，反之亦然，这就是两村争夺的焦点。本案例的特殊性就在于实际上争夺的既不是井水，也不是泉水或池水，而是雨水，所以才说争挖水道。

碑文中提到的梨园村的四口古井和瓦窑头村的七口古井，现在大多可以考证。梨园村有三口古井可考，一口位于村东东阁的旁边，另外两口位于水池西面水道旁边。据村民说，东面的井因为地势较低，里面水稍微多一些，其他两口井，水很浅。这些井实际上和水池一样都是地表雨水蓄积的水，并非是地下水。三口井现在全部都被填塞。民国二十一年梨园村为了解决池水问题，在旁边的上玉井村购买土地凿井，现存碑记。瓦窑头村的七口古井至少有四口可考，水池边东侧有一口古井，保存完好，有井泉龙王庙神位碑，现在仍然在使用。水池南边也有一口古井，旁边有神龛，无神位，上有辘轳。村东另有两口井，也都保存完好，没有被填塞。其余井不可考，估计较早就被填塞了。

（四）诉讼缘由与结果

本案例的诉讼缘由是瓦窑头和梨园村争挖水道，争挖水道实际上是争夺山上流下来的雨水资源。审判者“钦加运同衔赏戴花翎即补直隶州知州特授高平县正堂加五级纪录十次杨”是当时的知县杨元第。杨元第，陕西咸阳武功县人，廪贡出身，同治十二年到光绪三年期间任高平知县。

本案的判决过程邀请了周围六个村的社首共同参与，碑文中却没有说明这六个村是哪六个村，最有可能的是唐庄、上下玉井、掌里、沟村和南

① 2010年，碧云池边石刻题记，现存梨园村水池边围栏上。

韩庄这些村庄。官府的书差与六村社首共同进行了调查，调查确认梨园村更需要使用水池中的水以维持生活需要。杨知县据此做出判决："梨园村水池之西，瓦窑头村青龙石碑之后，自北斜东南，所挑挖故水道，永远属梨园村引水正道；水永远归梨园池内，他村不得争狡。"判决明确了水道归梨园村所有，也明确了梨园水池的水永远归梨园村使用，其他村不得争夺。这个判决显然也是有利于梨园村的。

四、进一步的讨论

本案例有很多值得进一步探讨之处：

（一）缺水的情况

本案例诉讼双方瓦窑头和梨园两村是邻村，整个区域位于高平盆地的西南边缘，瓦窑头靠西，地势较高，按道理说梨园水资源应该更丰富。梨园与瓦窑头所在小区域正好位于东面的丹河干流与西面的野川河支流之间，野川河发源于野川西北山区（沟南村），向东南方向在南北杨村之间汇入杜寨河，继续向东南方向在康营东汇入原村河，此后称作许河，是丹河在高平境内最大的支流，这是整个西部地区的丹河支流的情况。梨园瓦窑头这个区域附近没有任何河流，比较缺水，紧邻瓦窑头西侧的沟村也发生了争水的诉讼，也就是沟村关帝庙民国十五年案例。地理环境对于争水这类诉讼有决定性的意义，高平东南部的丘陵地带是缺水最严重的地区，北凹玉皇庙咸丰五年和咸丰八年案例、南庄玉皇庙光绪案例和龙尾东岳庙民国案例等都是这个区域的争水案例。本诉讼案例发生之后，梨园村缺水的情况并没有得到根本改变，缺水的情况一致持续。民国二十一年梨园村为了解决吃水问题而在附近的上玉井重购地凿井，今存碑文："吾村向来井泉缺乏，取水常感困难，村民汲食，全赖池水以生活。迨至去夏，天气亢旱，雨泽稀少，池水竭涸，水无来源；而村民汲水，远行数里，苦无定所。因此公同商议，在上玉井村购到闫喜罗地基一块，价洋二十二元，即时拨工动众，一勇开凿。"① 但是这次凿井似乎还是没有解决村中缺水的问题，调查中村民说一直到 20 世纪 80 年代，梨园村仍然缺水，主要饮用水仍然依靠

① 民国二十一年《梨园村凿井碑记》，现存梨园村玉皇庙内。

水池里的雨水。直到 90 年代通自来水之后问题才得到根本解决。

（二）书差的调查

此次案例中知县派“书差”进行了实地调查，调查结果是判决的最主要的依据。这里的“书差”就是习惯上所说的书吏和差役的统称。书吏和差役是清代县政府的办事人员。一般来说，县衙设有三班（皂班、快班和壮班）和六房（吏、户、礼、兵、刑、工），三班的办事人员称作衙役或差役，六房的办事人员就叫作书吏，“六房人员统称为‘典吏’‘书吏’或‘胥吏’等，每房二至三人，其头目称‘经承’或‘吏书’‘户书’等”①，所以习惯上称作“三班衙役”和“六房书吏”。实际情况比这里所说还要复杂一些。很多县政府并不是按照三班六房来设置的，班房数量要更多。差役和书吏人员也远远不止二三人的数量。碑文中偶尔会出现这类书吏的记载，书吏会参与村庄庙宇的建设：“乾隆四十七年有税书牛廷玉劝捐祭祀钱壹百拾伍千文。”② 这里的税书也是书吏，应该是户房的书吏。本案例中负责实地调查的书吏应该是属于刑房书吏和快班差役。本案例中，书差在诉讼中扮演重要的角色，他们与社首配合进行了实地调查。

（三）诉讼调查中的地方势力

清代地方政府办理民事案件总是需要借助于地方势力。泽州地区明清时期村社组织非常发达，官方除了借助于里甲和乡地这样的官方基层组织之外，也要借助于村社这样的民间性更强的组织。本案例中书差与周围六村的乡地和社首共同负责调查工作就是为了使得调查结果有更大的代表性，既能够代表官方的判断，又能够代表地方各种势力的共同意见，这样判决才能更有说服力。这是就法理的角度而言，从实践操作的角度来说，书差去村庄中办案实际上也不得不与地方社首合作，否则工作也难以顺利展开。碑文中并没有说明六村社首都是哪六个村庄。梨园与瓦窑头所在的玉井里实际上一共是有八个村庄：唐庄、梨园、瓦窑头、长里（即今掌里）、南沟村、中沟村、后沟村（以上三村即今沟村）和路家村。③ 这么看来，六村的

① 徐新华、王家恒编著：《内乡县衙览要》，华艺出版社 2002 年版，第 28 页。

② 嘉庆元年《重修关帝尊神庙碑》，现存寺庄镇寺庄村关帝庙。

③ ［清］傅德宜等纂修：乾隆《高平县志》卷四《里甲》，凤凰出版社 2005 年版，第 59 页。

选择一定不是按照里的村庄来进行的，这种选择更多考虑的是在传统上和民间习惯上对梨园和瓦窑头两村有一定影响力的、关系比较密切的村庄，县政府的这种选择一定是按照民间的习惯进行的。

从石末神山庙道光案例中可以看出村庄矛盾可以由邻村来进行调解，本案例表明邻村也可以参与村庄之间的矛盾的调解。这种调解既可以是石末神山庙案例中自发进行的，也可以是像本案例这样由县政府指派进行的。无论何种情况，都体现出相邻村庄之间的密切关系和相互的影响力，也体现出村社在村庄事务中的主导地位。

（四）“食用为先，杂用为次”

书差与乡地、社首的联合调查为杨知县的判决提供了基本的事实依据，而判决的基本原则是“食用为先，杂用为次”。和北凹玉皇庙咸丰五年案例中一样，知县的判决都是优先考虑村民饮水的基本需要。北凹玉皇庙咸丰五年案例中丁壁村民取水的用途是砖窑的生产性用水，而此案中瓦窑头村民的取水用途是“食用不缺，其所设池，为洗衣服，饮牲畜之用”，这是调查中给瓦窑头村用梨园水池水的定性。在传统中国社会中，在物质资源有限的前提下，必须优先保证村民的基本生活需要，其他杂用的需要与此发生矛盾的时候都要首先考虑食用这个基本需要。

（五）井泉龙王庙：水与信仰

梨园村很早就有一通井泉龙王庙的神位碑。此碑现存梨园玉皇庙中，碑刻刊立于康熙四十九年，中间有九个大字“活生井龙王尊神之位”[①]。此类碑应该是位于井旁的，推测原来应该位于水池边上或者水池西侧的两口井附近，后来被挪入大庙之中。此类型的井龙王或者井泉龙王的神位或者神庙在高平地区是比较普遍的，瓦窑头村也有类似的神位碑，位于汤王庙前水池边，上面刻写着“奉祀井泉龙王尊神之位”。泽州地区奉祀的龙王有很多种，阳城与沁水交界的崦山白龙庙是最著名的龙王庙的类型，高平也有晁山的白龙王庙。还有比较不引人注目的井泉龙王庙，此类型的庙宇一般都建在井或水池旁，一般规模很小。也有建在大型庙宇中作为配祀神灵存在的，一般仅仅是一个小神龛，例如南城街道办事处的庄子后河村玉皇

---

① 康熙四十九年《无题名井龙王神位碑》，现存梨园玉皇庙中。

庙中山门两侧分别是河神神位和井泉龙王神位。此类信仰的存在体现着村民对于井、泉和池等这一类水资源的重视。

梨园村和瓦窑头村的大庙全部位于村中水池边，瓦窑头的几乎所有的庙全部都位于水池边，包括大庙汤王庙、奶奶庙（堂儿庙）、井泉龙王庙、土地庙、黑虎庙等。此类情况也出现在附近的谷口村，谷口村的济渎庙和骷髅庙也是位于水池边上。可以说对于这类村庄来说，水池是真正的村庄中心，庙宇建设的选址恐怕就是由水池位置而决定的，可以说是先有水池，后有庙宇。水池的信仰不仅体现在井泉龙王庙这种具体形式上，更体现在其他庙宇的选址上。这种对于水池的非对象化的依赖比井泉龙王这种对象化的信仰更显重要。

14　牛村玉皇庙光绪十一年（1885）《五社统归一社记》

一、村庄与庙宇概况

牛村位于高平市区正南方向11公里处，属于丹河河谷区域的边缘地带，东北两个方向都靠近丹河，向北上溯到下庄等村，向南到刘庄，再南就进入晋城境内。西南方向倚靠莒山，是莒山东北山麓的村庄。牛村整体上属于丹河河谷地带，交通便利。整个村庄大概呈正方形，东西南北各600米左右。牛村在清代属于二十七都丛桂里①，今属河西镇，现有500余户，2000多人②，是规模较大的村庄。牛村每年六月二十三有庙会。

牛村玉皇庙位于村中心，坐北朝南，是村中大庙。玉皇庙始建时间不详，现存最早碑刻为乾隆四十九年《东社重修舞楼七间碑记》。从牛村的地理位置和村庄规模推断，玉皇庙至少建于晚明时期。庙宇规模较大，上下两院，正殿三间，东西耳房和厢房俱存。山门倒座戏台比较有特色，格栅门尚存，门上有精美绘画。调查时庙宇损坏较为严重，庙墙局部坍塌，亟须修缮。牛村是比较大的村庄，庙宇众多，除大庙玉皇庙外，还有佛堂、七贤祠、白衣阁和皇阁，其中七贤祠比较著名，县志中记载："有七贤祠，元高平令郭质重修其祠，记略曰金明昌正大间相继擢第者七人，悉丛桂同里士也。"③

二、碑文整理

牛村玉皇庙光绪十一年（1885）诉讼碑位于牛村玉皇庙山门倒座戏台

① ［清］傅德宜等纂修：乾隆《高平县志》卷四《里甲》，凤凰出版社2005年版，第59页。
② 数据来自田野调查中询问村民。
③ ［清］傅德宜等纂修：乾隆《高平县志》卷四《里甲》，凤凰出版社2005年版，第59页。

下，笏首方趺，高195厘米，宽59厘米，厚24厘米。2013年7月10日杨波和张楠等人在田野调查中发现，碑刻保存较好。碑刻有题名和碑额，共计6行，每行60余字，四周边框有缠枝纹饰，无碑阴。现根据实地调查，校录碑文内容如下：

碑额：永垂不朽

题名：五社统归一社记

今夫分合者事，而所分合者人，其所以分合之故，实缘乎时势。世故有合久必分，分久必合者焉。余邻牛村，庄大户多，生植繁息。村东偏建立五社，无事则各保田禾，有事则统规大社，所以一规模而节费用耳。时则风俗敦庞，人心纯厚。社虽五，诸事举百堵兴口无彼此之判。迨至光绪丁丑岁，遭大祲，世风屡遭变迁。更兼杂物丛出，未经之事，几生间隙。不免雀角鼠牙①之争，以致涉讼。兹蒙韩慈断，今五社归一。凡庙宇向属某户者，统归大社。殆亦物极必返②者欤！因邀乡谊，善为调处，另立章程。重派班次，将前帐结清，各归各款。清查地亩，节俭繁冗，轮流接办，一年一换。为度清算账目，张贴花单，俾众周③之。如是则群疑顿释，亦庶几事无纷更，社亦可以永固矣，岂非时势使然乎？是为记。

邑庠生员张光裕撰文［两枚印章］

乡饮耆宾高维藩书丹［两枚印章］

邑庠生员秦鸣盛篆额［两枚印章］

维首

张标、焦学敏、李增发、姬跟泉、张家铭、焦廷槐、张全智、刘启明、刘呈瑞、史滨、李鸿宾、任永成、姬来昌、刘松林、张沂、李鸿文

仝勒石

---

① 原指强逼女子成婚而引起的争讼，后泛指狱讼、争吵，典出《诗经》。

② 原文如此，当为反。

③ 原文为週，异体字。

光绪十一年岁次旃蒙作噩律中夹钟①上浣之吉
玉工田闰三镌

三、碑文考释

（一）当事人与牛村五社

从碑文的记录来看，本案例的诉讼当事双方并不是特别清楚。大体上来说应该是五个小社，但具体情况则不得而知。牛村现存最早的碑刻是现存七贤馆的乾隆三十四年的《重修东禅房碑记》，其中并没有出现村社，七贤馆本身性质比较特别。这个时期应该已经存在村社，牛村玉皇庙乾隆四十九年《东社重修舞楼七间碑记》的碑记中有东社的说法，则这个时期牛村至少已经有了东社和西社的区分，但应该还没有五社的组织结构。这个时候的社首是张姓二人、焦姓一人。现存玉皇庙中乾隆五十一年的《重修玉皇庙内院东西楼陆间中庭三间东西腰房陆间外院东西殿陆间以及补葺山门舞楼一切彩画碑记》中有更为详细的社与会的记载："五十、五十一年收禁秋社六月六余钱七千一百廿二……收老社银十两，收钱会中银一百一十二两五钱八分、钱四十六千五百四十六文，收咸宜会银二百四十四两九钱八分、钱十四千二百九十三文。"特别值得注意的是碑文中这些社和会捐款的过程"复请诸公十数家，诣社会借银"，上文所引社和会的捐款是通过募捐的方式获得的，这种做法一般只是针对外村或者外地商人才进行的，可见，修庙的维首主体和其他社和会的主体是相互独立的。这表明牛村各种社和会已经分离，不过，这里提到的各种社和会很多，但是还是没有五社这个结构存在。现存玉皇庙嘉庆十九年碑刻中首次出现了"五社维首：刘统、任玉振、任恒升、张哲、李丕显等"的说法。② 这表明，至迟在乾隆时

---

① 纪年为较古老纪年法，出自《尔雅》和《史记》，旃蒙作噩即乙酉之义。纪月用十二律纪月法，夹钟即二月仲春之月。

② 乾隆三十四年《重修东禅房碑记》，现存河西镇牛村七贤馆内。乾隆四十九年《东社重修舞楼七间碑记》，现存河西镇牛村玉皇庙内。乾隆五十一年《重修玉皇庙内院东西楼陆间中庭三间东西腰房陆间外院东西殿陆间以及补葺山门舞楼一切彩画碑记》，现存河西镇牛村玉皇庙。嘉庆十九年《以地易地记》，现存河西镇牛村玉皇庙内。

期，五社的结构已经具有雏形，至迟到嘉庆时期，牛村五社的组织结构已经形成。

（二）诉讼原因

诉讼的具体原因碑文中并没有明确说明，牛村五个小社发生矛盾，相互之间发生诉讼，其中一定有具体的理由。从后文来看，最可能的理由是围绕庙产发生的争议。村社众多的情况下，各村社在围绕庙宇发生的各种社会经济活动中的权利义务无法分清楚，从而产生了很多矛盾纠纷，最终酿成诉讼。正因为如此，五社归一之后首先是明确庙宇归属，然后是重立章程，清理账目和清查地亩，这些举措一定是针对五社归一之前的各种矛盾纠纷而采取的措施。

（三）审判者与诉讼结果

碑文中的“蒙韩慈断”是指本案的审判者韩仲荆，韩仲荆是当时高平县知县，山东安丘人，字二州，清同治十二年（1873）举人，清光绪六年（1880）进士，山西高平县知县，卓异加一级特用同知，历充壬午、乙酉、己丑、辛卯、甲午山西乡试同考官，敕授文林郎，诰授奉政大夫。今存韩仲荆著作有：《韩二州先生文钞》一卷、《铁怀诗集》一卷，藏青岛市图书馆，收入《山东文献集成》（第三辑）。

本案例中韩知县的判决是五社归一，其具体内容不得而知，碑文中所叙述的判决之后的结果不大可能都是判决中的内容。很多结果实际上是判决五社归一之后采取的一系列的具体举措。这些举措也可以说是所谓的五社归一之后的章程的概要，也是日后五社合并之后的大社的管理办法。现将这些具体举措整理如下：

（1）明确庙宇的产权归属，庙宇全部属于大社所有；

（2）重新订立牛村村社的章程，章程对村社管理做了详细规定；

（3）对社首轮班管理制度进行调整，重新对社首排班；

（4）清查账目，将村社旧的账目结清，重新开始一个账期；

（5）对原来五社的社产进行清算，各归各款；

（6）清查五社原来地亩，统归大社；

（7）进行财产和账目的公示。

以上这些可以看作官方判决五社归一下达之后牛村具体落实这个判决

所采取的具体办法。

四、进一步的讨论

（一）大社与小社：村社的复杂结构

泽州地区的村社是一个比较复杂的系统，小村庄一般只有一个社，但是大的村庄常常会有很多小社，这些小社再共同构成一个大社。本案例所反映的就是这种情况。这种一村多社的情况一般最早发生在晚明时期，牛村的五社最早什么时候形成的难以考证清楚，上文的考证只能证明至迟在嘉庆时期五社已经存在，实际上这种结构形成应该更早一些。这里以高平伯方村的村社为例对这种大社小社结构略做说明。

伯方仙翁庙现存大量明代中期的修庙碑刻，这几次修建都是个人发起的，碑文中称作“善士”或“耆老”，这样的称谓中既包含着一定的信仰成分也包含一定的老人成分，或许明代的老人制在这时仍有一定影响。这个时期碑文中看不到明显的村社管理的痕迹。万历四十年《重修仙翁庙》的碑刻中首次出现了“三社维首”的说法，这表明至迟在这个时候伯方村三社并存的格局已经出现。从这个时候开始，社和会开始变得非常重要，以后的修庙碑中基本上全部都是各种社或者会组织修建的。也是从晚明时候开始，伯方村的庙宇有三社共有的庙宇和各个社独有的庙宇的区分，西关帝庙就是西社独立的庙宇，而和其他两个小社无关。西关帝庙是一个明确的由西社进行管理的庙宇。光绪十四年《关圣帝君庙重修碑记》中说道：“余乡村西旧有关圣帝君庙在焉，列金方而站西位。创自明季，不记何年，问之故老，迄无知者，改修于雍正四年，易小以大，革故鼎新，增修南院，以备优人，凤翼改观，鱼鳞增色。西社均摊，东南不域。”这里的“西社均摊，东南不域”的含义非常清楚，西关帝庙的维修只和西社有关，和东南两社没有关系。权利和义务是对等的，因此西关帝庙只有西社才享有权利，东南两社在此不享有权利。西关帝庙后来修建了戏台，这是仙翁庙之外的另一个独立戏台，依附于西关帝庙而存在的这个戏台相应地也应该是只有西社才能享有权利和义务，而与东南两社无关。① 伯方村的这种村社结构在

① 杨波：《和合之治：村社治理下的多种信仰共存——以高平伯方村为例》，未刊稿。

很多村庄中都存在，神农中村甚至有多达十一个小社的结构①，相关情况可以参考中村观音寺民国案例中的介绍。

（二）自然聚落与人户：社与里甲的比较

一般来说，传统中国的地方基层组织有两种类型，一种类型是按照自然聚落来组建的，另一种类型是按照人户数量来组建的。里甲毫无疑问是后者，“编户齐民”是里甲的基本思想，不过正如双井里八村同治四年案例中表现的那样，清代中期以后的里实际上性质已经发生了改变。传统中国的官方规定和实际情况往往不符，这并不影响里甲的性质。里甲作为一种官方制度，其设计的初衷是依据人户数量建立的一种基层组织。村社的情况就比较复杂，一般来说，村社是一种按照自然聚落来构建的组织。但是，本案例所反映的小社的情况又不是如此。以上两种组织方式各有优缺点，历史上任何时期都很难单独使用一种模式。即便明清时期，官方里甲制度之外还有保甲制度，保甲制度则偏向于按照自然聚落来组织。当村庄规模过大的时候，也就是碑文中所说的“庄大户多”，一个村社要管理整个村庄有一定的困难，这个时候分出小社管理就比较方便。几个小社同处一村又会存在很多矛盾，这就又产生了合并的需要。这就是本案例的社会组织方面的背景。

（三）各保田禾与禁秋会：社的职能

对于这些小社的功能按照碑文中所说是“无事则各保田禾，有事则统规大社”，这里将各保田禾作为小社的功能。村社组织早在宋代就在泽州非常普遍，其基本的功能主要是信仰方面的，从晚明开始，村社的功能越来越多元化，其中最重要的就是开始涉及越来越多的村庄经济方面的功能，双井里八村案例中反映的村社来负责征税就是主要例子。更为普遍的情况体现在类似于“青苗会”这样的组织，泽州地区一般称作“巡秋会”，牛村玉皇庙乾隆五十一年的“禁秋会”可能是同样性质的组织。这类巡秋会的主要职责是夏秋收获的时候保护庄稼，确保颗粒归仓。这种保护虽然主要是防止一些游民乞丐之类的人的破坏，但是也有防止邻村的人的破坏。这里包含着重要的村际关系问题。

---

① 光绪十三年《补修观音坡神殿禅舍书院碑》，现存中村观音寺。

（四）灾荒打击下的村社组织

本案例碑文中将村社组织的矛盾纠纷的原因归因于光绪初年的大灾荒，这个灾荒就是光绪四年左右著名的丁戊奇荒①。这次灾荒是华北地区发生的一次严重的旱灾，对山西影响尤其巨大。由于1877年为丁丑年，1878年为戊寅年，因此史称“丁戊奇荒”。丁戊奇荒对泽州地区乃至整个山西的破坏是非常严重的，据现在对高平地区碑刻的不完全统计，光绪元年修庙碑刻为10通，光绪二年为7通，光绪三年灾荒已经发生，但持续时间短，情况还不严重，碑刻也是7通，光绪四年到五年仅有碑刻两通，碑刻数量锐减。光绪六年没有修庙碑刻，仅有两通碑刻都是纪荒警示碑（西李门二仙庙与东周仙佛寺），是灾荒过后的纪念碑。光绪七年以后稳定下来，此后几年碑刻数量都在五六通左右，和灾荒前持平。通过这些碑文的记载，我们可以看到丁戊奇荒对高平地区基层社会的影响。丁戊奇荒影响到了一些原本准备完成的庙宇兴建活动，致使其无法完成而不得不延后。北朱庄关帝庙的碑文中有：“于光绪元年间，村中好善诸公□起关帝会一局，意欲积少成多，以为兴工之计，不料会未完而年遭大祲，延至今十有余年。光绪十三年春戮力同心，率作兴事，乘风雨之调顺兴土木之功程。”丁戊奇荒导致摇会失败，这类例子在这几年的碑文中很多。丁戊奇荒不仅仅使得原本计划的维修无法完成，在大灾荒中庙宇也无人做日常维护，所以损坏严重。以上这些材料反映的都是灾荒对村庄经济的打击，没有经济支持的情况下，村社的各项工作全部停止，灾荒后社会经济各项工作才逐渐恢复。本案例所反映的是一个更重要的问题，灾荒过后，村社工作无法正常恢复。对于牛村来说，灾荒不仅带来了暂时性的经济衰退和社会倒退，还进一步导致了村社代表的社会结构的变化，这就给村庄带来了长远的影响。

（五）官方判决与村社的独立性

本案例的一个特殊之处在于县政府的判决决定了五社合一。习惯上认为泽州地区明清时期的村社主要是一种民间组织，村社的分合虽然不能说非常普遍，但是也是比较常见的现象，大部分村社分合是由村社自己协商决定的，并不需要县政府的批准。这种对村社的理解本身是片面的，村社

---

① 参看郝平《丁戊奇荒》，北京大学出版社2012年版。

组织虽然并不是官方的基层组织，而是村民自发建立起来的民间性组织，但是无论在法理上还是实践中，它都是在国家的管理之下的，村社发生的任何事情原则上都是可以由地方政府来进行规范和制约的。正是在这个意义上，村社的所谓“自治”只是一种假象，这种自治是一种现象，它不是一种法理上得到保证的制度。传统中国对于乡村社会的治理存在着很大的弹性，国家规定的制度和实际的情况有很大差异，在实践中，村社确实在很多方面是自治的，但是在国家制度层面上不存在什么自治，国家仍然是拥有无限权力的，只是这种权力在实践中有限度地在使用。这是村社制度研究中极其重要的基本定位问题。对于地方政府来说，只要问题能够在民间层面得到解决，政府一般就不介入，但是一旦事情发展到了诉讼的阶段，政府就可以对任何事情进行干涉。只要事情发展到了诉讼这一步，村社就不再有什么自主权，村社没有自己决定自己的分合的权利，一切都要服从官方的判决，村社只能去执行这种判决。传统中国的地方社会管理中，泽州的村社制度体现的绝不是国家层面上的制度上的先进性，而是在具体的执政层面上的实践智慧。

（六）村社财务问题

在具体执行地方政府的五社归一的判决过程中，村社所采取的一系列措施核心的问题就是村社财务问题。泽州村社是有一个连续的账目存在的。阳城县白桑乡刘庄有从嘉庆九年到民国十四年的基本连续的账目碑刻，充分反映了村社财务方面的连续性。① 由于村社不是一个营利性的组织，它的账目基本上就是一个收支的记录。修庙活动中常常有专门负责财务管理方面的职务，可见村社对于财务管理的重视。这类职务有总理钱项和职司账簿等，“去年桂月，首事申三成、陈玉顺、李正贵、李二贵等奋然兴曰：‘莫为之前，虽美弗彰，莫为之后，虽胜何继’，乃议举申三成总理钱项，李正贵、李永顺职司账簿，增置庙西地基一区，共意修成静室一院”②。

（七）调解

本案中也存在调解，但是这个调解发生在判决以后，“因邀乡谊，善为

---

① 碑文参考姚春敏《清代华北乡村组织与社会组织》，人民出版社 2013 年版，第 340—352 页。

② 道光十七年《无题名碑》，现存段庄关帝庙中。

调处”。类似这样的判决结果最大的问题就是判决虽然判了，但是矛盾没有解决。五社归一虽然从制度上改变了原来的村社结构，但是原分别属于五社的人还是自成小团体，要让他们真正合在一起很难，组织上合并是一纸判决就能决定事情，但是人心真正合在一起并不是易事。这样的问题在今天仍然是很困难的问题。因此，判决结束以后的调解就显得非常重要了。判决能够强制性地解决一些问题，但是更深层次的问题还要回到民间性的制度上来。

15　南庄玉皇庙光绪十二年（1886）《立公食水碑记》

一、村庄与庙宇概况

本案例碑刻所在村庄与发生诉讼的村庄不一致，但是这里还是以碑刻所在村庄作为归户地，介绍碑刻所在村庄庙宇的情况，对于碑刻研究来说，碑刻在什么地方要比诉讼当事双方更为重要。南庄属河西镇，位于高平市区东南方向18公里处高平、晋城和陵川三县交界处。南庄与其西紧邻的永宁寨两村东西南北均是晋城范围，东面为东张后村，北面为鲁村，西面为丹河底，是深入晋城境内的一小片区域。南庄属于丘陵地带，嘉靖三十五年碑文中这样描述南庄地形：“东据彭城之岫，西控灵山之祠，其北也温阳，望以崇崇；其南也囗囗，交而范范。于是之景，花木怡神，在岁之中烟霞满目，真神仙之窟宅。”① 碑文有溢美之词，但南庄玉皇庙周围景色确实不凡。南庄村庄规整，略呈长方形，东西宽约300米，南北窄一些，为150多米。现有100多户，500多人②，是中等规模的山区村庄。

南庄玉皇庙是泽州著名庙宇，历史悠久，现为国保。南庄玉皇庙位于河西镇南庄村东南，实际上在村外，坐北朝南，占地面积约1804平方米。始建不详，明嘉靖三十五年碑文上说：“建武二年三月十八日创立，大唐先天三年重修，大金大安二年重修。”③ 建武二年是东汉年号，明代这种说法可信度很低，但此庙历史悠久是肯定的。金大安二年（1210）、明嘉靖三十五年（1556）补修，清乾隆四十年（1775）重修，民国十七年（1928）重修。南庄玉皇庙依地势而建，建筑高低错落，中轴线上建有山门、拜殿、正殿，两侧为耳房、配殿。庙内现存金大安二年、嘉靖十五年、万历三十

① 金大安二年《重修玉帝庙记》，现存南庄玉皇庙中。

② 数据来自田野调查中询问村民。

③ 嘉靖三十五年《大明国河东南路泽州高平县举西乡南鲁村仲社愿心人等同修昊天玉帝行宫》，现存南庄玉皇庙。

四年、乾隆四十年、光绪十二年、光绪十八年和民国十七年碑刻多通。南庄庙宇众多，除玉皇庙外，还有村西的关帝庙和西阁，村中的文庙（孔夫子庙）等。

二、碑文整理

南庄玉皇庙光绪十二年（1886）《立公食水碑记》，现存山门内南墙根，笏首无趺，高 131 厘米，宽 54 厘米，厚 21 厘米。2013 年 7 月 23 日孟伟与王潞伟等在田野调查中发现，2016 年 7 月 16 日杨波对此庙进行了补充调查，碑刻保存较好。碑刻有题名，无篆额，碑额有花草纹饰。现根据实地调查，校录碑文内容如下：

碑额：无

题名：立公食水碑记①

盖闻天地之间，五行最重，五行之内，水火当先。水也者，民生日用之常，而朝夕之所必需者也，他如来凤山侧有一南村，旧在本地界内掘井一眼，又冲池一所，以图饮食，以便取携，此谋养生之长策，人生在所不免耳。村北又有一北村，其中无井无池，合村向所用水，尽在南村之井池，两造②原系邻村，应有此互相扶助之雅，未闻起区分彼此之嫌，不依然鲁卫之遗行与！③ 孰意甲申年间南村人等，放牲畜于池内，北村人目触心伤，将牲扯社，遵五社议罚。议罚之后，南村人心不服，意谓不报用水之恩，反结用水之冤，因而群相阻拦，断其食水，以致口角，此挟嫌之故所由来矣。□是讼乃兴。至三载，祸遂临于两村。凡在五社之列者，觉坐视不可袖手不安，遂将伊等唤至五社公所，劝其息讼，先令北村人每年贴南村井池、粮社钱二串文，以图永远饮水，即今南村人不得饮畜于池中，且不得擅断于食水。一则不准故欠钱项，一则不准再行阻拦，此系两造情甘□，恐有舛错，故勒

① 碑刻标题可能刻反了，当为“公立”。

② 两造出自《书经・吕刑》中的“两造具备，师听五辞”，指有关争讼的双方当事人。

③ 语出《论语・子路》：“鲁卫之政，兄弟也。”此处以鲁卫说明南北两村关系如兄弟一般。

诸贞珉，以垂万世不朽云尔。

郡庠生李荫兰撰文并书丹

五社维首

皇甫中兆、张锦成、张明顺、皇甫安贞、赵必均、[赵必] 寿、董金安、[董] 淇功、[董] 元章、[董] 圭孩、黄维祥、[黄] 长安、[黄] 毓合、[黄] 振铎

为事人常喜元

主持觉立

仝立

大清光绪十二年巧月勒石

玉工付禄文、王守义

三、碑文考释

（一）南村与北村

本案例是本书所有案例中最特殊的一个，因为碑刻所在村庄并不是诉讼当事双方中的任何一方。碑文中所说的北村和南村实际上是现在属于陵川县的北黑山底村和南黑山底村，也就是说诉讼双方都不是南庄，但是碑刻却放在南庄玉皇庙里面。北黑山底村、南黑山底村、南庄同属于五社组织，而南庄玉皇庙是五社组织的社庙。南北黑山底两村现均属于陵川县。根据实地调查的情况，北黑山底村仅在村中有一奶奶庙，无碑刻；南黑山底庙宇较多，有奶奶庙、观音庙和关帝庙等，仅有一通碑刻，但被人有意破坏，无法识读。两村现均无任何与诉讼有关的记载。

（二）南庄玉皇庙五社

碑文中所提到的五社是南庄这个小区域的几个村庄的村社。五社经过了一个逐步发展的过程，南庄在金大安二年碑上就有村社存在，但是并未提到任何跨村庄的组织存在。嘉靖三十五年补修碑文中有一社四庄的说法，

这四庄是“东张、南鲁、西寨和南北二山”，这里的东张就是今东张后，西寨就是今永宁寨，南北二山就是今北黑山底和南黑山底，实际上是五个村，只是当时可能南北二山还没有分开，因此称作四庄。万历三十四年碑上首次出现了一社五庄的说法，但是没有具体列出五个村庄名称，但基本可以肯定就是上述五个村庄。乾隆四十年《五社重修来凤山昊天玉帝行宫碑记》开始使用五社这种说法，而且列出了五社的具体名称：“永宁寨共捐银五百六十两，东张后共捐银四百二十两，南鲁村共捐银二百八十两，北黑山底共捐银一百七十五两，南黑山底共捐银一百七十五两。”由此可见，南庄早在金代就有村社组织。明代就有“一社四庄”或“一社五庄”的说法，五社的雏形至少在明代中期就已经形成，至迟到乾隆时期就有五社的说法。五社代表五个村庄，它们是今属泽州的东张后、今属高平的南庄和永宁寨、今属陵川的北黑山底和南黑山底。

（三）诉讼过程

本案例最早发生矛盾时间是光绪甲申年，甲申年是 1884 年，到刊立碑文的 1886 年已经三年时间了。诉讼案拖延如此长的时间是比较少见的。事情的起因是南村人用池中水饮牲畜，北村村民发现之后向五社揭发，其中的原因有两种可能性，一种可能性是认为水资源本来不多，担心南庄用池水饮牲畜之后，村民喝水不够。另一种可能性就是担心牲畜饮水污染饮用水。这最早的矛盾发生在南村和北村之间，五社这个组织对此事进行了处罚。这次告发使得南村与北村之间的矛盾加剧，南村开始报复性地阻止北村在南村水池中取水。这件事情发展到这个地步就开始超出了五社组织能控制的范围，由此引发诉讼。不知道为什么诉讼也解决不了问题，一直拖延了三年之久。这个时候在南村和北村一定发生了什么事情，碑文中所说的“至三载，祸遂临于两村”一定有所指，应当是某种天灾之类的。五社在这时再次出面调解，五社这次调解的成功可能主要是因为村民对碑文中所说的灾祸的畏惧。

（四）诉讼结果

五村的调解令持续三年的诉讼终于销案，经过五村调解，南黑山底和北黑山底两村达成了以下的结果：

（1）北村每年向南村支付二串文的钱，这实际上相当于购买了取水的资格；

（2）南村允许北村在南村水池取水，不能随意拦阻北村人取水；

（3）仍然禁止南村人在水池中饮牲畜；

（4）今后南村不允许拦阻北村人取水，同时北村也不得拖欠每年交付的钱。

应该说这种用交钱方式来解决纠纷的办法还是比较罕见的。

四、进一步的讨论

（一）五社组织

村社之间形成一种松散的组织在泽州地区是很常见的现象，最著名的就是杜正贞最早研究的府城七社十八村的案例，府城玉皇庙中现存碑文表明从宋代开始府城村就存在以府城玉皇庙这个社庙为中心的七社一八村的松散组织，这个组织从宋代一直延续到清代，而且伴随着聚落的增多而不断扩大。[①] 以南庄玉皇庙为中心的这个五社的组织至少可以追溯到明代中期。对于这个组织至少有以下几个方面值得注意：

首先，这个组织的名称有个变化的过程，明代的名称是“一社四庄”或“一社五庄”，而到了清代就成为五社。这种现象是比较普遍的。宋代开始的村社组织是一个比自然聚落要大的概念。府城的七社十八村也是社的数量要比村庄少，一个社几个村的情况比较普遍。但是，从晚明开始，社的数量开始越来越多，一个村几个社的情况变得更加普遍了。牛村玉皇庙光绪案例中牛村就有五个村社，这是一村五社，和南庄玉皇庙明代的一社五村正好相反。这是村社发展历史上一个引人注目的现象。这种现象对于我们分析以南庄玉皇庙为中心的五社的性质有重要的线索意义，对于理解泽州地区村社的性质及其演变也有重要意义。

其次，这个组织的地域范围值得思考。南庄本名南鲁村，金代碑刻中直接称作鲁村，这个时期南庄玉皇庙的重修应该是有鲁村的参与的。鲁村现在所知最早的庙宇是位于村中的关王庙，始建于元代，在金代鲁村并没

① 参见杜正贞《村社传统与明清士绅：山西泽州乡土社会的制度变迁》，上海辞书出版社2007年版。

有独立的庙宇。由此看来，在早期南庄应该和鲁村有更密切的关系，但是从明代中期开始的一社五村这个结构中就是没有鲁村的。这种情况一直持续到清代都是如此。虽然南庄玉皇庙所在的来凤山在南庄的南边山上，从地理上来说，五社的五个村庄确实是围绕在南庄玉皇庙周围，但是无论从历史渊源，还是空间距离来说鲁村都应该参与到南庄玉皇庙的修建之中才对，但是五社中是没有鲁村的。

最后，最重要的是，对于类似府城七社十八村或南庄五社这样的组织应该如何对其定位呢？杜正贞将其称作“村社系统”，这是一个含糊的名字。村社的性质虽然也需要再做认真讨论，但是作为一种民间组织，这一点是清楚的。但是类似七社十八村和南庄五社这样的小区域内的村社系统是不是能够叫作一个组织呢？这恐怕没有一个统一的答案。在南庄玉皇庙的这个案例中，称之为组织基本上是成立的。明代碑文中的“一社四庄”或者“一社五庄”的说法可以毫无疑问地称作是一个村社，因此，这也就是一个组织，这个村社是由五个村庄自然聚落所构成的，这种关系类似于行政村和自然村的关系。到了清代，虽然五个村庄的村社分开来各自独立了，但是他们还是有共同的组织。最突出的证据就是碑文中所说的“遵五社议罚”，这样的表述是非常罕见的，每个村庄的村社如果是独立的组织，那么它们只能针对自己村庄进行议罚，五社议罚就意味着这个五社并没有完全分离开来，当涉及五个村庄集体事务的时候，它们还是作为一个整体存在，五社是一个统一的组织。碑文中另一种提法也可以证明这一点，碑文中讲到五社调解是提到“五社公所”，也就是说当时五社是存在一个集体办公的场所的，这就说明五社这个组织不仅存在机构，还存在办公场所。这个五社公所就在南庄玉皇庙中。

（二）村社的调解功能

本案例中五社组织的调解有一定的特殊性，我们首先需要将村社在调解村庄矛盾中所能起到的作用的类型做一个更为细致的分析。首先，村社在调解村庄矛盾纠纷方面一定有重要作用，有很多村庄矛盾纠纷被村社调解之后不会再发生诉讼，这是隐藏在诉讼碑刻后面的我们看不到的部分，它们还没有发展到诉讼的阶段。其次，当一个村社不能调解本村内部矛盾或者村社本身是矛盾的当事一方的时候，邻村可以作为调解主体出现，例如石末神山庙道光案例就是如此。这种情况就不是制度性的，而是偶尔的。

再次，除了村社内部矛盾之外，村社之间的矛盾也可以由邻村出面来进行调解，这也不是制度性的，例如后山沟崔家湾龙王庙光绪案例中后山沟与崔家湾的诉讼就是由邻村出面调解的。也就是说，调解矛盾的主体不一定是本村的村社，也可以是邻村的村社，村社调解矛盾的范围也不仅仅是在村社内部，也可以是在邻村范围。但是，本案例是一个特殊的情况。南庄的五社是一个很特殊的组织，像本案例这样的事情在其他村社体系内是很难理解的。五社的调解是制度化的，因为五社是一个组织，它对于五个村庄之间的矛盾的调解就有一套规范化的制度，是和上述邻村的调解有着性质上的不同的。

（三）调解的性质

本案例的另一个特殊性在于持续时间非常长，诉讼持续三年之久。从事件一开始五社就介入了，对南村用水池的水饮牲畜的行为进行了惩罚。惩罚没有很好地解决矛盾，反而激化了矛盾，这也反映了五社这个主体的特殊性，南村对此处罚显然是不满意的，而五社对南村的行为实际上又没有足够的约束力。这是五社调解失灵的表现，是一种特殊意义的村社失灵。在长达三年的诉讼期间，五社不可能没有做过调解工作，调解一定是一直在进行的，但是一直没有效果。这个时候碑文中没有明确说明的“至三载，祸遂临于两村”成为转折点。本案例说明的不是村社在息讼过程中起到了重要作用，而是说明了村社的调解息讼的作用是在村庄社会、经济和文化的整体背景下来进行的。村社的调解不是万能的，如果根本性的权力斗争、经济的基本需要得不到很好的协调处理，村社也是无能为力的，这是基础。另一方面来说，文化的因素却常常被忽略，无论这里所说的灾祸究竟是什么，这本身并不重要，但是其中一定包含着因果报应之类的思想在内。南庄嘉靖三十五年碑上记载了当时庙宇被天火焚毁的事件，碑文中认为这是因为村民无知，在不适当的时间修庙造成的，在调查中，村民仍然绘声绘色地在描述这次事件。这样的今天看来是迷信的思想在当时村民中确实存在着巨大的影响力。村社也只是利用了这样一种民众集体心理才完成了调解。因此，对于村社调解村庄矛盾纠纷的作用也应该在整体的社会、经济和文化背景下来看待。[1]

（四）买水

本案例最终的调解结果是北村向南村支付费用，换取在南村取水的权利，这实际上是变相的卖水，也可以说是用经济手段来解决矛盾纠纷。这种做法在传统社会比较罕见。一般来说，我们认为传统中国社会在解决矛盾纠纷的时候很少用货币化的方式来解决。这种现象的原因何在呢？这首先和经济发展水平有关系，乡村社会中的货币实际上是很少的，很多的物品和服务都不是以货币的形态来体现的，也可以说它们并没有商品化。碑文中大量存在的捐施实物，捐施人工、牛工和车工都是这种情况，甚至即便碑文中出现了捐多少银或者多少钱，实际上也都可能是记账单位，并非真实的货币，甚至碑文中付给工匠的钱都可能是用实物（粮食）形式支付的。这种情况越是在早期就越是明显，乾隆以前这种捐实物的情况非常普遍。乾隆以后，捐款大部分都以货币的形式出现了。这实际上反映的是乾隆以后商品经济发展的结果，商品化程度提高，货币总量增大。从现代化发展过程来看，货币化无疑是有巨大的好处的，因为它可以逐步地解除传统社会中各种力量之间的依附关系。以本案例为例，如果交通和经济等外部条件能够满足，这部分商品化的水的供给者可以不是南庄，有商人可以以更低的价格为鲁村供应水，这样鲁村就会不再用南庄的水，而改用该商人的水。这就是水商品化的一个过程。

（五）公所

碑文中说南庄玉皇庙是“五社公所”，这里出现了公所这个词汇。在中国近代史研究中，由于对于行业组织和商会等问题的重视，商人兴建的公所引起了很多研究者的注意。如果我们将视野开阔一些来看待这个问题就会发现“公所”实际上从很早时候开始就是一个普通的词汇，并没有什么特别的专门含义，就是公共活动的一个场所。在高平地区的庙宇碑刻中大量出现公所这个词汇，基本上都是这个意思。试举几个例子来说明这个问题。先来看道光时期的一个例子：“吾乡马家庄人心诚笃奉上帝而敬，也历

---

① 嘉靖三十五年《大明国河东南路泽州高平县举西乡南鲁村仲社愿心人等同修昊天玉帝行宫》，现存南庄玉皇庙。

有年矣。其初，祠宇未建，增置民房，以为公所，卑陋狭隘，非所以奉上帝而伸敬心也。”① 这里说明了玉皇庙的创修过程，马家庄村民奉祀玉皇的行为要早于玉皇庙的创建，一开始没有专门的玉皇庙的庙宇，只是在民房之中奉祀玉皇，这里所说的公所实际上就是村民公共的奉祀玉皇上帝的地方，实际上就是指庙，只是没有专门的庙宇的形制和庙貌而已。再看乾隆时期的一个例子：“并此示刊刻碑石，立于各该里公所，以垂永远，勿负本县爱民之至意，各宜凛遵毋违。特示。”② 这通碑刻在讨论郭庄关王庙时曾经征引过，这是禁约告示碑最后的结语，这里出现的“里公所”实际上和后来民国时期的乡公所、村公所是一样的，民国时期的这种称呼不是突然改变的，以前就有这种类似的称呼，只是民国时期将它确立为国家官方的用语而已。这里的公所是泛指一切公共活动的地方。再有一个乾隆时期的例子：“少时有邑庠士裴鸿儒者，抱恙家居艰于动履，忽而自出资财，裴佫延广请余等四家，于公所交付缘簿跪讬以修桥一事。”③ 这是一通修桥的碑，村里的人为了修桥而募化，募化之后在公所里移交缘簿，这个公所就是大家集体办公的一个地方了。其实这类的例子很多，公所是一个汉语中早就在使用的普通词汇。当商人外出经商时，会馆中使用公所也是一个很普通的词汇，一开始并没有什么特别的含义。

公所一词的含义能够让我们更好地理解庙宇的性质，庙宇其实就是一处公所，无论是祭祀神灵意义上的“文化公所”，还是公同议事的“社会公所”，还是类似郭庄关王庙牙行那种“经济公所”，这些都是村庄公共活动的场所，这就是公所的含义。庙宇就是一处公所，也就是今天所说的公共空间的含义。理解了庙宇公所的含义之后，我们才能更好地理解庙宇中的诉讼碑刻的意义，诉讼碑刻立在公所之中就具有公告、宣示、教化、警示和纪念等多种功能和意义。

① 道光二十六年《创修玉皇庙碑记》，现存高平永禄乡马家庄村玉皇庙中。

② 乾隆五十一年《无题名禁碑》，现存高平建宁镇郭庄关王庙。

③ 乾隆三十七年《重修迎仙桥碑记》，现存上马游村迎仙桥旁。

16　孔家三官庙光绪十四年（1888）《与临丹北里边家沟兴讼碑记》

一、村庄与庙宇概况

孔家位于高平市区以北方向 5 公里处的韩王山脚下，高平盆地的北边缘。北靠李家庄，西南近王寺村，东南临边家沟。孔家村为山区地形，整个村沿韩王山南北方向呈带状分布，南北向 300 多米，东西向不足 100 米。清代各种县志的文字与地图上均无孔家这个村，没有明确的里的归属的记载，这是因为村庄很小而附在其他里中。本案例的诉讼就和这个问题有密切关系。今属北城街道办事处。现有 80 户，300 多人，规模不大。孔家村是一个规模较小的山区村庄。

孔家村庄很小，仅有三官庙一个庙宇。三官庙位于村西北，坐北朝南，孔家越往北地势越高，三官庙是全村地势最高处。三官庙规模不大，正殿三间。孔家三官庙最早的创建年代不详，庙内现存最早碑刻为乾隆四十八年，由此可知，最迟在此时，三官庙业已存在。三官庙前几十米处有一阁，习惯以为该庙由两部分合并组成，一部分为阁，一部分为庙。阁在南，出阁门可达西沟底，阁门外（朝南）横匾为“栖云谷”，阁门内（朝北）横匾为“松风里”。阁门旁有一棵大槐树，呈伞盖覆罩整个阁楼，两横匾均无刻立年代。阁门正对为三官庙山门，沿石阶可登山门，一进院落，正殿三间，东西各有一楹耳房，分别奉祀为观音和蚕姑。孔家三官庙有三通碑记，一为光绪十四年兴讼碑记；一为乾隆四十八年古柏记；一为乾隆四十八年的社产碑记。

二、碑文整理

孔家三官庙光绪十四年诉讼碑位于大殿前东侧，笏首方趺，高 155 厘米，宽 48 厘米，厚 16 厘米。2013 年 6 月 13 日孟伟等人在田野调查中发现，2013 年 7 月 7 日杨波和刘俊等人进行了补充调查，碑刻保存完好。碑刻有题名，无篆额，碑额有龙形纹饰，共计 8 行，每行约 60 字，四周祥云纹环绕。此碑碑阴系乾隆四十八年古柏碑记，光绪十四年碑是直接刻在原来乾隆碑的背面，这种情况在民间庙宇里比较常见。现根据实地调查，校录碑文内容如下：

碑额：无

题名：与临丹北里边家沟兴讼碑记

盖盛衰递为循还①，报应捷于影响。故作善降之百祥，不善降之百殃②。此天网恢恢，所以疏③而不漏④也。如孔家庄向属长受里所管，由来已久。虽与临丹北里所管边家沟毗连，而居然别里异甲，分村各社，如风马牛不相及也。其力各不相下，其势各不相容。凿（柄）[枘]⑤ 原来不入，冰炭亦难强合。谚所谓“各里不害民⑥”者，其此之谓乎？奈人心不古，世风日迁，突于丙戌秋，边家沟靳学贵等，欺该村壤⑦地褊小，无能为役，无故欲蚕⑧食该庄。将邢如意等二十余人，一网尽诬韩慈案下。初蒙堂讯，据孔家庄社首邢如意等称，该村出社，归长受里，姑著照旧随长受里办事。继蒙覆讯，查两里地方所供，仍以孔家庄属长受里为是。靳学贵等本应责处，姑宽免究断，令仍遵前断。以孔家庄属长受里所管。查李佩澜临审脱逃⑨，尤属不合，仍饬原差交案，另侯提讯。讵在逃未获之李佩兰，竟于丁亥春覆控府宪案下，嗣蒙府宪批讯，此案已经高平县讯断明确，仍遵高平县原断，

① 原文即为“循还”，当为往复、反复之意，不同于“循环”。

② 语出《尚书·伊训》，原文为“作善，降之百祥；作不善，降之百殃”，引申出作善降祥的成语。

③ 原字为“踈”，疏的异体字。

④ 语出老子《道德经》。

⑤ 原字为“柄”，当为枘字之误，成语有枘凿方圆、方枘圆凿、枘凿不入等，都形容不合。

⑥ 或当为“隔里不害民”，原文为各。

⑦ 原字为“壊”，壤的异体字。

⑧ 碑文原文即为简化字蚕。

⑨ 原字为“迯”，逃的异体字，下一逃字同此。

归长受里随社办公。除饬两造[①]及该社首各该地方等具结□案。外谨钞录府县，原案勒诸碑石，昭兹来许，以垂不朽云。

城北里维首：贺贞熙、王培基、申乃武

临丹里维首：郭登瀛、王锡智

长受里维首：郭东序、[邢国]英、邢国泰、郭春荣、邢蕴彰、李盛、姬金柱、李小羊、邢金乐、邢发、邢如意、田五圭、李八玉

仝勒石

大清光绪十四年岁次戊子季春之月榖[②]旦仝立

三、碑文考释

（一）临丹北里与长受里

临丹北里是孔家所在里，县志上对临丹北里的记载是："临丹北，在县西北，庄十二：围城村、蚕村、后沟村、段家沟村、东王寺村、西王寺村、边家沟、石门村、弃甲院、张家坡、邢家坡、圪套村。地临丹水，故名，秦赵陈兵之地。"[③] 临丹北里整个位置就是位于丹河以北韩王山以南这一片区域，今属永禄乡和北城街道办事处，这个区域基本上都是山区小村庄，一个里有十二个村庄之多。县志对长受里的说明文字是："长受里，在县东北，庄五：邢村、长受村、北庄、张家庄、姬家庄。"[④] 长受里大部分位于三甲镇西南部，唯有张家与孔家同属于北城街道办事处。长受里这片区域是丹河支流小东仓河和韩王山之间的区域，韩王山的东南麓。长受里与临丹北里相邻，而相邻之处就是孔家和张家与边家沟这个区域。孔家在边家

① 两造出自《尚书》中的"两造具备，师听五辞"，指有关争讼的双方当事人。

② 榖不同于穀，一为禾旁，草本植物，一为木旁，木本植物。但民间刻工经常把这两个字搞错，这里统一用正确的字榖。榖字在榖旦一词之中是否可以简化为谷，多种辞书中说法不一，这里不简化。

③ ［清］傅德宜等纂修：乾隆《高平县志》卷四《里甲》，凤凰出版社 2005 年版，第 57 页。

④ ［清］傅德宜等纂修：乾隆《高平县志》卷四《里甲》，凤凰出版社 2005 年版，第 56 页。

沟西北，张家在边家沟东南，但两村均为长受里，而边家沟是临丹北里。从县志的引文可以看出孔家属于长受里这一点县志中是没有记载的，这是诉讼的重要原因之一。

（二）当事双方

本案的当事人，也就是碑文中说的两造，就是孔家与边家沟两村。具体的机构仍然还是两村的村社。孔家村社至少在乾隆时期就已经存在，现存乾隆四十八年一通社产碑记，详细说明了当时孔家村社的所有社产的情况，包括所有土地的四至所在。边家沟村乾隆增修庄严寺碑中并未出现社的名字，似乎这时还没有社，道光二十年《补修舞楼东戏房楼碑记》中开始出现大社的说法。孔家一方主要的诉讼代表是社首邢如意，碑文最后列出长受里社首“郭东序、邢国泰、郭春荣、邢蕴彰、李盛、姬金柱、李小羊、邢金乐、邢发、邢如意、田五圭、李八玉”共计十二人。这十二人不全是孔家的社首，孔家是长受里中的小村，大村是邢村和北庄，这两个村的主要姓氏是郭和邢，因此，这两个姓氏在社首中最多。村社不是以里为单位建立的，所谓的长受里社首只是将长受里所属几个村的社首罗列出来而已。

边家沟村的靳学贵是否是社首碑文中没有说明，而另一个重要的人名李佩澜碑文中甚至没有说明他的身份，目前边家沟没有同一时代的碑文可以参照，按照碑文的意思，靳学贵和李佩澜应该都是边家沟村的社首，都是此案的重要当事人。靳学贵审判后免于处罚，而李佩澜惧怕处罚而脱逃，最终归案。

（三）诉讼缘由

本案例诉讼的缘起是临丹北里的边家沟和长受里的孔家两村的矛盾纠纷。碑文中没有说明具体的细节，但是可以看出里的划分和归属是此案的关键，因此，两村的矛盾一定是和赋税有关系的。碑文中描述：“的边家沟靳学贵等，欺该村壤地褊小，无能为役，无故欲蚕食该庄。将邢如意等二十余人，一网尽诬韩慈案下。”这里的含义可能是边家沟村的靳学员等人想要将原本应该边家沟村缴纳的赋税或者应该承担的劳役转嫁给孔家，报官称本来应该由孔家缴纳，但是邢如意等人拒不缴纳，因此才将社首邢如意等二十余人拘拿。大体过程应该就是如此。

（四）审判者与结果

碑文中的“韩慈案下”是指当时高平县知县韩仲荆。韩仲荆，山东安丘人，字二州，清同治十二年（1873）举人，清光绪六年（1880）进士，山西高平县知县，卓异加一级特用同知，历充壬午、乙酉、己丑、辛卯、甲午山西乡试同考官，敕授文林郎，诰授奉政大夫。今存韩仲荆著作有：《韩二州先生文钞》一卷、《铁怀诗集》一卷，藏青岛市图书馆，收入《山东文献集成》（第三辑）。

此案的特殊性是邢如意等人已经被拘拿，既然已经拘拿了就首先经过堂讯。堂讯之后又进行了调查，调查主要是询问长受里和临丹北里的负责人，其实就是这两里的地方，调查结果与邢如意等人堂讯时所讲一致，孔家确实是属于长受里的。据此，韩知县做了判决，判决之后又发生了李佩澜脱逃的事情，后来李佩澜在泽州府归案。这件诉讼案的结果归纳如下：

（1）明确孔家属于长受里，与临丹北里无关；

（2）靳学贵是过错方，但是免于处罚；

（3）孔家日后一切的税赋劳役等均在长受里进行办理；

（4）孔家和边家沟的社首和地方等具结之后结案；

（5）由于李佩澜是在泽州府归案的，案件的情况要向泽州府汇报；

（6）案件情况刊立碑石。

四、进一步的讨论

1. 本案例又是一个和税收有关系的案例。清代中期以来，虽然里甲名存实亡，但是税收仍然还是以里为单位来收取的，而孔家这个在县志上完全找不到的蕞尔小村的命运就因此而决定了。从本案例的审判过程中可以看到，县政府其实根本不知道孔家村究竟是属于哪个里，县政府需要通过几个里的集体调查才能弄清楚这个问题。《县志》中的记载实际上就代表了县政府的认知水平，我们能够在《县志》地图中看到大量的错误，大量村庄的位置标注错误。这虽然看起来有些不可思议，但是却很好地反映了清代县政府的实际情况。县政府对于具体事务是不进行直接管理的，都是委托地方社会的乡绅、社首和乡地之类的人进行管理。里甲的划分在乾隆以后就没有发生过改变，实际上的人户和土地情况都已经发生了很多改变，但是县政府不掌握这些情况。县政府只要负责按照国家规定收税就可以了。这样一种情况是本案例这样的事件能够发生的前提。

2. 如果我们仔细地考察《县志》中里的划分就会发现，有一小部分的划分是让人感到无法理解的，有些完全不挨着的村庄竟然会被划分到同一个里之中。其中原因大部分可以在县志给出的地图中找到答案，经过仔细核对之后就会发现，那些实际上并不挨着的村庄在县志的地图上是挨着的，县志地图对于村庄位置的标注是错误的。这样的错误表面上看起来是技术性的错误，实际上却是制度性的。由于缺乏现代化的测绘手段和专业人员，县政府弄错村庄位置是很容易理解的，这种错误是可以在实践过程中根据实际上真实的情况进行调整的，但是自从乾隆朝以后，里的划分从未发生改变，这种错误得不到纠正。这就是因为县政府只要结果，不管控过程，里的划分是否合理，缴纳赋税是否方便这种问题不是政府考虑的事情。孔家村就是这种错误的一个受害者。孔家距离边家沟村非常近，两村中心之间的距离大约 600 米，最近的距离只有 200 多米。而孔家与长受里其他各村之间却距离很远，距离最近的北庄也有两公里多。更重要的是孔家和长受里其他村根本不在一个地理区域内。长受里各村都在小东仓河和韩王山之间，而孔家和边家沟等几个村一样是在丹河与韩王山之间。从现在的行政划分可以看得很清楚，孔家和边家沟都属于北城街道办事处，而长受里其他各村都属于三甲镇。这种情况当时的人们不可能不知道，就连碑文作者对此也是感到非常诧异："虽与临丹北里所管边家沟毗连，而居然别里异甲，分村各社，如风马牛不相及也。"但是这种情况临丹北里和长受里的里长、乡地或社首之类的人没有人提出异议，没有人试图去修改这种不合理的里的划分。如果从地理位置关系角度来看，无论如何孔家都应该和边家沟一样同属临丹北里的，但是事实上并不是。这就给边家沟村的人蚕食孔家提供了机会。边家沟人的做法侵犯的不仅仅是孔家的利益，其实也侵犯了整个长受里的利益，因为孔家如果将税赋交到了临丹北里，那么长受里就会缺少孔家这部分了。所以，这里的问题显然不是孔家归属哪个里的问题，而是孔家一定要在长受里缴纳赋税，边家沟试图强迫孔家另外再向临丹北里缴纳一份，这是孔家无论如何也不能接受的。

3. 应该说本案例中边家沟的做法是我们所见到的各种诉讼案中性质最恶劣、手段最凶狠的。通过诬陷的手法，利用县政府的力量拘捕了孔家社首邢如意等 20 余人。孔家是一个很小的村庄，现在都才只有 80 多户，当时人口更少，这 20 余人一定都是村中男性户主，这就几乎将村中大半的家户的人都抓了起来。其后李佩澜这个人的逃遁更是使得这个案件涉及了泽州府一级政府。从这个案件的这些情况来看，它和其他案例是有所不同的，虽然有里的划分等其他一些具体的原因，但是边家沟人的主观恶意是非常强的。它已经不再是一般意义上的民事矛盾，而是带有刑事犯罪意义，是有预谋的蓄意构陷和栽赃。碑文中并没有说明最后府县两级政府对于李佩澜的处罚，但这种脱逃想必是比较严重的。

4. 就本案例发生的时间而言，这可能和晚清社会的大背景有一定关系。孔家至少在乾隆时期就是独立的村庄，就有独立的村社组织。边家沟为什么到了光绪时候才开始想要“蚕食”孔家呢？众所周知，晚清开始，国家财政紧张，对赋税征收可以说是巧立名目，村民的税赋负担是加重了很多，这或许就是本案例发生的背景。就本案例来说，孔家的邢如意等人是被边家沟人陷害而被抓起来的，其余更多的应该交税而无法缴纳的村民如果被拘拿就更加是“理所当然”的事情了。这里要说的就是社会矛盾既有小环境下的问题造成的，也有整个大环境的压力下造成的，晚清社会的巨大变革给社会经济带来的冲击也会体现在一些很小的事件之中。对于村庄诉讼案的分析也要结合这些大背景来考虑。事件的发生时间又正好在丁戊奇荒发生之后的几年中，正如牛村玉皇庙光绪案例中所见到的那样，丁戊奇荒对于泽州社会的影响是非常深远的。如果边家沟和孔家可以看作是一个村的两个社，那么它们是不是也存在像牛村那样五社合一的可能性呢？

17 后山沟崔家湾龙王庙
光绪三十一年（1905）《无题名碑》

一、村庄与庙宇概况

后山沟崔家湾位于高平市区西南7公里处，崔家湾属于后山沟行政村的一个自然村，向西的一条山沟内自东向西有崔家湾、后山沟和半道上三个小村庄，都属于后山沟行政村。此处地形东临野川河，西靠皇王山。野川河是野川镇的主要河流，发源于西北山区南沟村附近，在南北杨会合杜寨河后向东南方向汇入丹河。崔家湾就在河边，半道上就在上皇王山的半路上。崔家湾向东与路家村隔河相望，中间有小桥可通。沿野川河向北就是野川镇所在的大野川，沿野川河向南就是沟村。崔家湾位于河边，因位于野川河之西，也称河西，崔家湾村名也源自河之湾的含义。崔家湾地形平坦，村庄很小，南北略长近100米，东西略窄60多米，现有20多户，近100人。村中所有村民基本都姓崔，没有外姓。目前向东向西均有扩展，向东靠近河边，向西与后山沟村已经连在一起。崔家湾在清代属十九都野川东里①，今属野川镇。

崔家湾村虽然很小，但相对而言庙不少，有龙王庙、祖师庙和奶奶庙。龙王庙位于村东北，紧邻野川河。龙王庙规模不小，正殿三间，东西耳房与厢房俱存。庙院对面20米处有戏台，2012年重新修缮，有新刻碑文，但碑刻没有很好保存，大部分不存，仅存此光绪诉讼碑。

二、碑文整理

本案例是高平地区所见案例中唯一一个诉讼双方都留下了碑刻资料的案例，不过，两通碑刻中后山沟碑刻只字未提诉讼一事，而崔家湾则提到

---

① ［清］傅德宜等纂修：乾隆《高平县志》卷四《里甲》，凤凰出版社2005年版，第59页。

了诉讼一事。现将两通碑刻分别校录，以后山沟崔家湾龙王庙碑刻为主，后山沟关帝庙碑刻作为参考。

后山沟崔家湾龙王庙光绪三十一年（1905）诉讼碑位于庙院内西南角，原为壁碑，但并未砌入墙内，弃置在杂草中。2013 年 7 月 4 日杨波、刘俊和张楠等人在田野调查中发现，2013 年 9 月 19 日杨波和颜伟等人补充调查。碑刻中间约左边三分之一处断裂，两块拼接而成，边框无纹饰。现根据实地调查，校录碑文内容如下：

碑额：无

题名：无

且夫水池者，并行之始，万物之所资生也。民非水火，其将何以生活哉？如崔家湾后山沟两村，向来各挑池水以为食用。倘遇旱魃为虐，必赖泉水以济急焉！盖皇王山之麓有水泉可汲，往来久矣，凡遇池中乏水而两村之命均藉是水以甦涸辙，岂非天造地设，以救此一方之赤子乎。近因两村争水涉讼，经邻村乡眷陈振家、贺鸿恩为之排解，情愿息讼，将案恳销。虽此水泉系属后山沟之界，而崔家湾之挑水较为尤远。兹经中处，从此扶立碑记。无论孰远孰近，如遇天旱，准其两村照旧汲水，但须分□先后，轮流担水，先到者先担，后到者□［后］□［担］，□□共济岂不善欤，是以勒石永垂不朽云尔。

本邑庠生贺鸿恩撰并书

善说合人：□永令、贺鸿恩、陈振家、仝立

维首人：崔良德、崔盛、崔良田、崔润则、崔小创、崔良道、崔根□、崔清岭

光绪三十一年九月初旬

玉工镌石仝立

后山沟关帝庙光绪三十一年碑位于正殿前东侧，笏首方趺，高 151 厘米，宽 48 厘米，厚 18 厘米。2013 年 7 月 4 日杨波、刘俊和张楠等人在田野调查中发现，2013 年 9 月 19 日杨波和颜伟等人补充调查。碑刻无题名，有篆额，无碑阴，碑首有双凤纹饰，边框有花草纹饰。现根据实地调查，

校录碑文内容如下：

碑额：于万斯年

题名：无

尝闻食以养阳，水以养阴，人之无水不生者，犹人之无食必死也。水之所关，岂浅鲜哉？斯村之西接皇王山者有泉焉。乃嘉庆九年皇王村之乔天润所施，有墙碑可考，数年以来泉水旺洋，取之不尽，用之不竭。不意今岁春夏无雨，泉水缺乏，一日夜之间，仅生水三四□□村人自用尚且不足，又有邻村不时担汲，往往争水殴打，几致殒命。社首等诚惶诚恐，时懔命案，设出其祸，将伊于胡底？为此合社公议日后如遇天道亢旱，泉水缺乏之际，除本村自用之外，方许邻村担挑，有不遵者送官究治，决不食言，特此刻石以垂不朽云尔。

邑庠生康衢撰文并书丹

玉工裴来旺敬刻

大清光绪三十一年仲秋月上旬日合社维首仝立

三、碑文考释

（一）皇王山

皇王山位于县城西南原村乡，东起半道上，西至炉沟，南与康营北岭相连，北至皇王头村。呈南北走向。东西约 1 公里，南北约 2.5 公里，面积 1.5 平方公里。海拔 961 米。山顶有皇王庙一座。因为皇王庙实际上应该是蝗王庙，因此，皇王山也可以称作蝗王山，现在习惯写作皇王山。皇王山是野川与原村两乡镇之间的界山，山东是野川镇，山西是原村乡。本案例碑文所说的皇王山泉水就是指此山，诉讼双方后山沟和崔家湾可以看作都是皇王山脚下的小山村。今半道上村有山神庙，即是皇王山的山神庙。

（二）村庄小区域的特点

后山沟与崔家湾这两个小村庄所在的位置与梨园玉皇庙同治案例中的梨园和瓦窑头以及沟村关帝庙民国十五年案例中的毕家沟和许家沟两村距

离很近。后山沟和崔家湾向东越过野川河，再翻过一座小山就是瓦窑头和梨园。而毕家沟和许家沟两村就在它们之间的小山的山沟中。这一片区域都是比较缺水的地方，因此，这片区域的每个村都发生了因争水而诉讼的案例。

（三）诉讼双方

本案例诉讼双方是后山沟和崔家湾两村。两村的诉讼主体均是村社，崔家湾的社首全部姓崔，共计八人，这个人数对于这个小村庄来说是相当多的，大概一少半的村户都成了社首。后山沟现存最早碑刻为道光十八年《重妆神像之记》，其中并无社出现，道光三十年《创修禅房看楼碑记》中首次出现社的记载，维首共计七人，也是崔姓居多："张纯、崔□林、王子裕、崔□永、崔改顺、崔俊、崔松保。"①

（四）诉讼事由

本案例诉讼的事由也是争水，这次争的不是井水，也不是池水，而是泉水。按照崔家湾碑刻的说法，两村各有池水，在缺水的时候共同在皇王山取水是惯例。但是，后山沟违背这个惯例，对崔家湾取水加以阻挠，因此酿成诉讼。后山沟碑刻中则说是因为天旱泉水很少，所以禁止崔家湾取水。需要注意的是，两通碑刻刊立时间不同。后山沟村的碑刻刊立时间是仲秋月上旬，也就是八月上旬，而崔家湾刊立碑刻是九月上旬，比后山沟碑刻刊立时间晚一个月。诉讼案可能就发生在这一个月之中，因此后山沟村碑文不提诉讼一事。因此，诉讼和后山沟刊立碑刻禁止崔家湾人取水可能是有密切关系的，此前已经因为争水发生矛盾，已经到了"往往争水殴打，几致殒命"的程度。后山沟村社的禁令加剧了矛盾，最后造成诉讼。

（五）诉讼结果

本案例的诉讼也是经过调解而结案的。和石末神山庙道光案例一样，本案例也是由邻村调解的。调解的结果如下：

（1）诉讼双方主动提出和解，在县政府处具结销案；

（2）明确皇王山泉水属于后山沟所有；

---

① 道光三十年《创修禅房看楼碑记》，现存后山沟关帝庙。

（3）允许崔家湾在皇王山泉水处取水；

（4）对取水进行规范，排队取水，从后山沟碑文中可以看出，后山沟之所以拒绝崔家湾取水，是因为担心水不够，而按照先后取水，后山沟距离泉水更近，实际上就取得了先取水的资格，后山沟取水后有剩余的才允许崔家湾取水，这条规定是对后山沟有利的；

（5）诉讼经过和结果刊立碑刻以为长久之计。

四、进一步的讨论

1. 本案例是少见的当事双方各自保留着诉讼事件记录的例子，首先，将两通碑文的说法做一番比较是很有意义的。当事双方在碑文记录中显然都会选择对自己更加有力的叙述方式。我们迄今发现的绝大部分碑刻的所在村庄都是在诉讼中得到好处的那个村庄，诉讼结果不利的村庄中是不会刊立碑文的。本案例中后山沟村的碑文应该是在诉讼案发生之前刊立的，因此碑文中只字未提诉讼一事，正是这种偶然性才为我们留下了难得的可以对照的史料。

崔家湾首先强调了两村共往皇王山泉水处取水是一种传统做法，以此来表明崔家湾人取水的合理性，这个事实在后山沟村的碑文中也是承认的。但是后山沟首先强调的是皇王山的泉水的所有权是后山沟村的，而且有嘉庆捐施的碑文为证，这是要说明对于泉水主张的基本合理性，崔家湾碑刻中对此只字不提，但是显然也是承认的。崔家湾碑刻中接着强调水对于崔家湾村民的重要性，说成是“救此一方之赤子”，这么说起来，后山沟不让取水就天理难容了。后山沟的说法却又完全不同：“不意今岁春夏无雨，泉水缺乏，一日夜之间，仅生水三四□□村人自用尚且不足”，后山沟村碑文强调的是泉水很少，就是本村使用都是不够的，更不用说给外村了。至于这是不是实情就难以证明了，至少后山沟的这个说法为其拒绝崔家湾取水提供了一个很好的理由。接着，崔家湾碑刻中叙述了诉讼的过程和结果，以诉讼的结果作为其日后到皇王山取水的合理性的依据，其实刊立碑刻的目的也是如此。后山沟的碑文中则同样说明了禁止崔家湾取水的理由：“往往争水殴打，几致殒命。社首等诚惶诚恐，时懔命案，设出其祸，将伊于胡底?”表面上看来这样的理由也可以说是非常合理的，正是因为担心争水而发生的斗殴乃至死亡的恶性事件发生，因此禁止崔家湾取水以杜绝此类事件发生的可能性。但是，实际上，这个问题不可能因为这个禁令而得到解决，崔家湾没有水来食用，一定要有解决办法，不可能因为后山沟的禁令就放弃争取水的权利。何况后山沟村社的禁令只对后山沟村民有一定约束力，它只能禁止本村有人偷偷放任崔家湾人取水，但是根本无法禁止崔家湾的人来取水。因此，禁令不仅没有解决问题，反而激化了矛盾，最终导致诉讼。从以上对两通碑刻的对比可以明显看出两通碑刻都在陈述事实，但是都只陈述了对自己村庄有利的事实，这是此类碑刻的基本特点，其他的碑刻其实也是如此，碑刻记录的只是一个片面的说法，这是任何带有倾向性的记载的必然特点。

2. 后山沟的大庙是村中心的关帝庙，关帝庙中现存嘉庆施井的题记，题记位于关帝庙正殿内墙上，是用朱笔写成的题记。题记内容很简单："嘉庆九年九月初九日，关帝庙井泉一所，施主乔天润敬。"① 据光绪三十一年碑刻的说法"斯村之西接皇王山者有泉焉。乃嘉庆九年皇王村之乔天润所施，有墙碑可考"，乔天润是皇王村人，嘉庆九年距离光绪三十一年已经过去了很长时间，能够有这些细节信息可能是村中另外有捐施的契约之类的东西。这块题记成为后山沟拥有皇王山泉水所有权的主要证据。题记中虽然没有说明是捐给村社的，这个时候后山沟是不是有村社也是一个疑问，但是这一处井泉后来一定是归属了村社，成为后山沟村社的社产。

证明村社对其社产的所有权有很多办法，其中最直接的办法就是用文书或碑刻这样的民间文献。民间文献在这里就是诉讼中的物证，是证明社产产权的工具。本案例中的嘉庆题记就是这样的东西。类似这样的情况在很多案例中都有。寨上关帝庙道光案例中的施井的合同和本案例中的施井的题记是非常相似的，双泉永乐寺道光案例中的纳税凭证粮票成了小界山和其上树株归属双泉大社的凭证。反过来，这也正是这些文书和碑刻能够保存到今天的一个原因，因为它们具有实际的保存的价值，此类民间文献本身并不是为了供研究者研究而产生的，它们自身有其自身存在的理由，它们是在当时的社会经济背景下被作为工具而使用的。

---

① 嘉庆九年《无题名施井碑记》，现存高平市野川镇后山沟村关帝庙。

18 晁山观音堂民国元年（1912）《无题名碑》

一、村庄与庙宇概况

晁山村位于高平市区东南方向15公里处，属石末乡，地处石末乡与河西镇交界处。晁山地理位置非常重要，东侧毗邻石末乡所在地石末村。晁山以北有白龙王山，山上有重要的白龙王庙，隔白龙王山与东西靳寨两村相望。晁山向南即北凹村，向西即丁壁村，两村即北凹玉皇庙咸丰五年和咸丰八年案例中发生诉讼的两个村庄。晁山地处高平东南部的丘陵地带，整个村庄呈长方形，东西较长，约600米，南北较短，约300米。晁山村在清代属二十九都晁山里，县志中称作晁山头①，现有人口近300户，1000多人，是规模较大的村庄。

晁山观音堂位于村北，又称南庙，坐南朝北。晁山观音堂虽然位于村北，但是与其北面的三教堂是“两看庙”，“两看庙”是当地百姓对正对着的两个庙的一种习惯称呼。三教堂俗称北庙，观音堂俗称南庙。两个庙实际上围成了一个广场，这个广场就是村庄中心。观音堂山门外有戏台一座，这个戏台实际上就在北庙和南庙两个庙之间，戏台是坐北朝南的，也就是朝向观音堂的，戏台位置略微偏向东面，避开了三教堂到观音堂的中轴线。2016年10月进行补充调查时发现戏台已经被拆除。观音堂庙宇规模不大，正殿三间，东西耳房厢房俱存，2005年修缮。观音堂始建不详，现存最早碑刻为乾隆五十二年《新凿义池赞》，则庙宇始建不晚于此年。嘉庆十四年重修，现存脊枋题记。晁山村是比较大的村庄，庙宇较多，除观音堂外，有二仙庙、文昌阁、三教堂、白衣阁和村北山上的龙王庙。

① ［清］傅德宜等纂修：乾隆《高平县志》卷四《里甲》，凤凰出版社2005年版，第60页。

二、碑文整理

晁山村观音堂民国元年（1912）诉讼碑位于山门前戏台台基墙壁上，笏首壁碑，镶嵌于墙内，高 115 厘米，宽 38 厘米。2013 年 7 月 23 日孟伟和王潞伟在田野调查中发现，当时碑刻保存完好。遗憾的是，2016 年 10 月 30 日杨波与张鹏做补充调查时发现戏台被村委会拆除，据村民说碑刻已经被砸毁，不复存在，目前只有 2013 年调查时的照片留存，不过照片字迹清晰，没有漫漶不清之处。就在此次调查中，观音堂在前不久刚刚遭受盗窃，功德箱里的钱被偷走。泽州地区庙宇碑刻数量众多，但是因为种种原因，近年来一直处于不断的破坏之中，相关历史文化遗存可以说是越来越少了。碑刻无题名，有篆额，无碑阴，碑额与四周均无纹饰，共计 10 行，每行约 30 字。现根据实地调查，校录碑文内容如下：

碑额：永垂不朽

题名：无

高平县知事石，令阖村人等知悉。照得油坊系属正当营业，本知事理应妥为保护，责无旁贷。惟是事地失宜，以致有妨大众，如打砸。油坊若开设于村中，或人户稠密之地，浊气逼人，有碍卫生，打砸聒耳，有妨比邻。前据该社以村中开设打砸油坊，有碍公安等情，具禀请示，当经批令。张□□①将油坊仍向旧地开设去后，兹复据该社禀请，出示公布，永禁村中不准开设打砸油坊等情前来。本知事为维持公共安宁起见，断难曲徇私人之自由，今亟令知。为此令仰村民人等知照：嗣后无论何人，不准在村中开设打砸油坊，以免争端而保公安。切切勿违。

此令遵

右令通知

张元荣书

上南两社姬忠礼、［姬］启元、［姬］春林、［姬］午瑞、张国基、

---

① 此处人名被人为破坏。

［张］怀玉、常有禄、［姬］门孩仝立

中华民国元年九月初四日

三、碑文考释

（一）诉讼双方

本案例是否是诉讼，仍有存疑之处，碑文中说“前据该社以村中开设打砸油坊，有碍公安等情，具禀请示，当经批令”，这里并未明言是诉讼，不过发生矛盾向县政府做了请示则没有疑问，因此这里也当作诉讼案例来处理。诉讼双方当事人是油坊和村社。事件因油坊而起，油坊是被告的一方，油坊的负责人为张姓，名字被人有意破坏，依稀可辨第二个字是广字，但不能确认。油坊负责人可以称作张某。向县政府提出请求的是晁山村社，因此晁山村社应该是原告的一方。根据实地调查的询问，油坊原来的位置就在观音堂、三教堂和戏台组成的建筑群的东面一点，也就是现在的村委会所在地的附近。油坊早就已经拆除了，对于当时油坊的负责人村民也无法回忆。

（二）审判者

本案的审判者是“高平县知事石”。民国初期的县行政长官不再称知县，而改称县知事，后又改称县长，沿用至今。本案例中的“县知事石”是当时的县知事石宪文。石宪文，字焕卿，山西省五台县台城村人，早稻田大学师范科毕业。1912 年 1 月，山西省高平县爆发了“干草会运动”，知县朱士俊自动离职。石宪文被省民政长委任为高平县知事，上任后镇压了“干草会运动”。民国二年（1913），石宪文被调往山西汾阳县任知事。

民国时期的司法制度已经和清代不同，清代是实行正印官负责制，只有知县本人才有资格审理案件，这是知县的重要专属权力。民国时期开始学习西方将司法独立出来，南京临时政府的《临时约法》即规定了三权分立的原则，但是事实上并没有真正执行，民国初期北洋政府实际上实行的是县知事监理司法的制度。司法诉讼还是由县知事来处理。

(三) 诉讼事由及结果

民国元年（1912）这通碑刻实际上是一个禁碑，是针对判决以后有人再次违反的情况下对此类事件的重申和禁止。张某在晁山村中开设油坊，与周围村民发生矛盾。主要问题有两个，一个是榨油时候声音太大，另一个是油坊味道太大。村社为此向县政府提出请求，县政府做出了批示，禁止在村中开设油坊。然而，张某并没有遵从县政府的禁令，再次开设油坊，县政府根据村社的再次请求，永远禁止在村中开始油坊，并颁布禁令，刻碑公告。

四、进一步的讨论

(一) 油坊的工艺特点

晁山村的油坊所带来的矛盾和争议与油坊生产的工艺特点有关系。油坊是指用传统的物理压榨技术生产油的手工业作坊。传统榨油工艺大致可以分七个步骤：炒干、碾粉、蒸粉、做饼、入榨、出榨、入缸。其中榨油这个步骤需要进行“打砸”。首先要将蒸好的油胚饼装入由一根整木凿成的榨槽里。榨槽是一根粗大的“油槽木”，长度必须 5 米上下，切面直径不能少于 1 米，树中心凿出一个长 2 米，宽 40 厘米的槽。胚饼填装在“油槽”里，然后就可以开榨了，掌锤的师傅拿着悬吊在空中大约 30 斤重的油锤，一下一下地撞到油槽的“进桩”上，这样就可以出油了。传统油坊的这种工艺确实会产生比较大的噪音，油饼和油渣等味道也很大。这些都会给周围邻居带来不便。油坊实际上是晋东南泽潞商人的一个很有特色的行业。在洛阳泽潞会馆碑刻中可以看到很多油坊的字号，乾隆二十一年《关帝庙新建碑文》中有油坊商人捐款共计 57 条，共捐银二百四十两，其后修缮也有油坊商人捐款的记录。① 可见，早在乾隆时期油坊业就是泽潞商人的重要产业之一。

---

① 许檀：《清代河南、山东等省商人会馆碑刻资料选辑》，天津古籍出版社 2013 年版，第 53—59 页。

（二）村落中的手工业生产

泽州地区很多村落中都有各种手工业生产，这些手工业生产和村庄的关系是很值得关注的问题。手工业的分布位置无非有以下几种可能性。首先是靠近原材料产地，比如煤窑和铁窑等都要靠近矿藏地。其次是靠近重要的加工资源附近，例如靠近河流边，很多的手工业生产需要用水，造纸、冶铁等全部都需要用水，它们一般都是在小河边上。再次就是靠近劳动力密集区，类似丝织业这种需要大量劳动力的手工业，生产方式又是家庭手工业生产，它就直接在每家每户家中生产。最后就是靠近市场，油坊可能就是这种，这类手工业生产大多也是在大的集镇上面，至少在大规模村庄之中。通过这样的分析可以看出，手工业有两种倾向，一种是远离村落，另一种是在村落之中，两种手工业行业特点不一样。村落中的手工业的主要特点要么就是需要大量劳动力，要么就是需要靠近市场，主要是这两种类型。其实任何手工业都会产生诸如噪音或者污染这些问题，大多数情况下不会出现严重的争议。容易出现争议的是那种在这个区域不普及的手工业类型。如果这个村里有很多人都在从事这个行业，例如大阳镇家家户户打铁做针，村里可以说是打铁的噪音不绝于耳，但是没有人会因此发生矛盾。再如高平市区周边一些村庄家家户户织丝绸，也不会发生此类矛盾。晁山的油坊究竟有多大的普及性，油坊所产生的这种矛盾争议究竟有多大的普遍性还有待研究。

（三）碑刻刊立位置

晁山观音堂民国案例的碑刻被镶嵌在戏台上，位置比较特别，其中体现了碑刻本身的特点。戏台正对观音堂山门，山门与戏台之间自然形成一个广场，这个广场在演戏的时候就是一个剧场，它是由山门和对面戏台以及周围建筑合围而成的一个开放式剧场。这个广场在不演戏的时候也是村民活动的主要场所，这种情况在现在村庄中还是非常常见。村民没事的时候就在广场聚集。所以说，观音堂和戏台之间的这个广场可以说是村民进行公共活动的一个中心，类似这样的地方在现代的新农村建设中都改建成了村民文化活动广场，旁边的庙宇都改成了老年活动中心之类的地方。本案例的这通碑刻就在这个广场上。严格说，本案例的碑刻不能说是在观音堂中，而是在观音堂外的戏台上，这里是广场上位置最醒目的地方。对于本案例碑刻所在位置可以有三种表述方式：第一种是观音堂这个庙宇，第二种是以戏台为中心的这个剧场，第三种是观音堂这个庙宇和戏台围成的广场。到了清代中后期，这三种空间职能已经开始越来越分化了。最早的戏台是完全附属于庙宇的，戏曲就是娱神的，戏曲逐步地开始脱离了庙宇，表现在其位置到了山门以外，形成了一个相对独立的演剧场所。最早的公共活动空间也是在庙宇内部，逐步地，公共活动空间开始以庙宇为中心向周围扩散，庙会就是如此，传统庙会虽然以庙宇为中心，但是一般都是在庙宇的外面。这样以上三种意义上的空间就开始逐步分化开来，形成了一个三位一体的格局。对于本案例碑刻的刊立位置来说，最合适的表述是它在观音堂及其戏台围成的广场上，这个案例的诉讼碑刻和观音堂这个庙宇没有关系，和戏台戏曲也没有关系，而是和广场这个公共活动中心有关系。碑刻这种民间文献的形式最主要的社会功能除了长久保留记录之外，另一个重要功能就是宣告和教育功能，能够达到最好的宣告和教育功能的位置一定是人流量最大、人们活动最频繁的地方。

19 东李门关帝庙民国四年（1915）《关帝庙东大社遵官谕断碑记》

一、村庄与庙宇概况

东李门村位于高平市区东南约十公里处，西面即西李门村，李门是历史悠久的村庄，村南二仙庙至少在金代就已经存在，东西两李门村应该是同源分出。崇明寺宋淳化二年碑刻上有“李门村邑人皇甫稠”，当时似乎并未分东西两村。东李门向东就是双井里八村同治案例中的双井里，东北方向是北六村，东面是南两村。东李门就位于李门东里与双井里交界之处。东李门向北就是河西镇与米山镇交界的龙顶山延伸山脉，向南为义庄村，再过去就是晋城县界了。东李门村地处丹河河谷向东延伸地区，地势比较平坦，交通便利，是河西镇向东去往石末乡的必经之路。东李门村沿东西道路呈明显带状分布，东西向 500 多米，南北向 200 多米。东李门在清代属二十八都李门东里①，今属河西镇，现在人口近 200 户，800 多人，中等规模村庄。

高平市河西镇东李门村关帝庙，因位于村东，当地人也称为东庙，坐北朝南。始建与重修均不详，仅有民国年间诉讼碑，正殿墙上有三国题材的壁画残存，调查时正在重修。东李门村的庙宇分布与其村庄结构非常符合。村庄从东到西三座大庙，村西为玉皇庙，村中为三官庙，村东为关帝庙，三庙一字排开，分布规律非常明显。实际上这种庙宇布局和其村社结构有一定关系。

二、碑文整理

东李门关帝庙民国四年诉讼碑位于东侧殿前，笏首方趺，高 104 厘米，

① ［清］傅德宜等纂修：乾隆《高平县志》卷四《里甲》，凤凰出版社 2005 年版，第 60 页。

宽 37 厘米，厚 14 厘米。2013 年 5 月 31 日杨波和王潞伟等人在田野调查中发现。碑刻保存较好，上三分之一处断裂，个别字迹缺损。碑刻有题名，无篆额，碑额有龙形纹饰，共计 7 行，每行约 35 字，无碑阴。现根据实地调查，校录碑文内容如下：

碑额：无

题名：关帝庙东大社遵官谕断碑记

从来物类虽多，各有其主。人民虽杂，不宜相争。今吾村东煞口有荒地一处，本为东社□□，内有松树，吾等意□伐卖济公。不料西社争端，讼及官厅。当经县长李先生派人调□□明树株系在东社□内，与西社无涉，断令东煞口荒地一处仍属东社领土，内中松树□□东社伐卖以济公□今以后此地无论生出何物，即土木金石止许东社经管，与西□□无干涉。吾等谨遵县长明断，犹恐日久无凭。故将此事勒石以为永记耳。

民国四年月日①

维首：侯来旺、冯金盛

社首：冯根则、侯群孩、冯如庆、冯群生、冯永发、史广得、祁巧年、冯双红、郭连花

仝勒石

三、碑文考释

（一）诉讼双方

本案例的诉讼双方为同一个村的两个小社。不过碑刻题名中称作东大社，碑文正文中不称东大社，而称东社。现存于关帝庙正殿的脊枋题记上有“时大中华民国拾年四月十贰日吉时，上梁大吉，东李门东大社补修关帝庙一所”的字样。因此，东社看来习惯上也可以称作东大社。一般来说，

① 此处碑文比较清楚，月日之前并无字迹，应该是没有刻上。

整个村庄的村社叫作大社，大社下辖的村社叫作小社，但是对于比较大的村庄来说，也有分出的村社本身就称作大社的情况。但是，从村庄的角度来考虑，凡是一个村庄又分成几个村社的，我们在研究中都可以称作小社。因此，一下叙述中都称东社或小社，不称东大社。

（二）诉讼原因

本案例仍然是一个争夺社产的案例，当事双方是东李门村的东社和西社，这个案例在很多方面和团东清化寺民国案例非常类似。东社的附近有一片荒地，碑文中称荒地的位置在村的东煞口。从实地调查的情况来看，关帝庙就位于村东的村庄边缘，再向东就基本没有什么家户了。荒地就在关帝庙东面，这里到现在还有部分没有开垦的荒地，长满树木，不过面积不大。东李门的位置位于丹河谷地向东延伸的一小片低地的边缘，再往东就进入丘陵地带。这样的荒地其实是无主的土地。这片荒地上有树木，但是从碑文来看，这片土地及其上树木应该一直没有明确为东李门东社的社产。由于位置距离东社更近，东社认为这片荒地及树木应该是东社的社产，而西社认为这片荒地和树木应该是东西两社共有的，也就是整个东李门村的社产，因此发生诉讼。

（三）审判结果

本案审判者“县长李先生”是当时高平县长李耀廷，直隶东光人，民国四年到五年任高平县长。这个时期仍然是县长来进行审判。县长李耀廷派人对事件进行了调查，做出了以下判决：

（1）确定荒地属于东李门的东社，与西社无关；

（2）确定荒地上的树木属于东社，与西社无关；

（3）规定荒地上的所有出产物（土木金石）均属于东社，与西社无关；

（4）东社可以将荒地树木砍伐售卖，用于村社集体支出。

判决结束后，东社为了将判决作为凭据长期保存，决定刊立碑刻。

四、进一步的讨论

（一）小社与庙宇的对应关系

村庄中出现小社主要有两个方面的影响因素，一是人口数量，只有大规模的村庄才会出现多个小社的情况，牛村玉皇庙光绪案例中的牛村就是一个人口很多、规模较大的村庄。另一个是村庄的布局形状，东李门村的人口不算是特别多的，规模只能算是中等，但是该村是一个东西向带状分布的村庄，东西较长，而南北较窄，虽然村庄不是很大，但是这种结构很容易出现东西两社的格局。村庄的布局除了从民居建筑的分布来看，还有一个重要的参考标准，就是庙宇的分布格局，东李门的三个庙宇就是沿着东西向一字排开的格局。由于现存碑刻太少，没有确切的关于东社西社的历史记载。但是可以肯定关帝庙是东社的社庙，从民国时期的脊枋题字可以看出维修关帝庙的只有东社，没有西社的参与。对应着来看，西面的玉皇庙应该就是西社的社庙，而中间的三官庙规模最大，应该是两社联合修建的庙宇。由此看来，村庄布局、庙宇分布和村社组织格局之间形成了对应关系，这也可以看出小社组织更多的应该是一种地缘组织。但是这个结论不应该绝对化，在另外一些例子里又可以看到小社不是根据位置，而是根据其他因素来确定的。

（二）维首和社首

一般来说，村社的维首和社首是一致的，只是说法不同，但是也可以看到很多碑文中同时出现维首和社首的情况。这种情况下维首和社首含义有所不同，维首这个词汇应该是和维那一词直接有关系的。在比较早期的庙宇兴建活动中维那的称呼使用更多一些，清代以后基本不再使用这种称呼。高平地区庙宇碑刻上目前发现最晚还在使用维那一词的是乾隆时期，这已经是比较少见的情况，其他大部分都是在明代。维那的具体含义在历史上应该有一定的演变过程。唐宋以前的维那是佛教寺院里的一种僧职，金元时期民间信仰兴起之后，维那这个名称沿用到民间的社庙之中。明代见到的维那又有维那、维那头和总维那头等不同称呼，看来维那还是分等级的。维那一词在清代已经用得很少，维首一词可能是从维那一词演变而来的，到了后来，维那这个词越来越接近于维首的含义了。维首有时候也写作为首，这是因为字音相近发生的讹变，正字还是维首。村社领导者最早的称呼也是维那，宋代碑刻上村社领导的称呼就有维那，没有称社首或者维首的。

（三）社产土地的类型与特点

树和地都是重要的社产，它们在村社事务的意义是不同的。属于社的土地主要有三种情况：一种情况是社庙周围的土地，基本上庙的四至就是这种社产土地的四至。柏枝庄西天院民国案例中的土地四至就主要是这种情况。第二种情况是田地，通过出租的方式可以获取固定的收入。土地的收入再借贷出去又可以有利息，又可以增加一部分收入。团东清化寺民国案例中的争议土地就是这种情况。第三种情况就是村庄范围之内的那些荒地、山地等土地，它们本身没有庄稼的收入，但是这类土地上往往自然生长或者人为种植了树木。北张寨观音堂道光案例、双泉永乐寺道光案例和本案例都是这种情况。

本案例中的这种土地有三个特点：一是它本身是不能给村社带来什么收入的，村社在平时对这种土地重视不够，二是它们实际上大部分都是无主的土地，没有相关契约来证明其所有权，这方面的典型例子就是北张寨观音堂道光案例。三是这类土地大多位于村庄边缘，它们具有确定村界或社界的重要意义。这方面的典型例子就是双泉永乐寺道光案例。这样的一些特点就决定了围绕这类土地容易出现诉讼。诉讼的主要原因相应的就是：村社之间界限不清，没有契约证明所有权，所有权不清晰。

20　中村观音寺民国八年（1919）《中村炎帝大社整理观音坡地界及主权碑记》

一、村庄与庙宇概况

中村观音寺位于高平市区正北约 11 公里处，其地理位置极具特色。中村向东经过中庙村即到达神农镇（原团池镇）的中心团池村（今在行政上分为团东团西两村）。中村向南就是本案例观音寺所在观音山，再南就是三甲镇，中村就在神农镇的西南角。向西北方向是一条长达三公里的山沟，一直延伸到朗公山脚下，这条山沟西侧全部是高山，是神农镇与永禄乡的界山，山沟东侧山较平缓，再向东就到达羊头山脚下。中村与西北方向山沟里的一系列小山村关系非常密切，中村是这片区域中最大的村庄，同时地理位置又位于这条山沟的出口处。中村的地形也很有特点，南北是山，中间是一条小河，小河北岸有东西向道路，通往东西两个方向。整个村因地形呈明显的东西向带状分布，东西 600 多米，南北 200 多米。中村在清代属于第二都中太里①，今属神农镇，现有人口近 400 户，1600 余人，是较大的村庄。中村每年三月十八有赛会，地点就在中村观音寺，“三月十八日村人赛会其上”②，是附近比较大的会。

中村观音寺是村中的主庙，位于中村村南的山坡上，坐南朝北，与村庄有河相隔。当地人也称之为“南山观音寺”，或者“南坡观音寺”。在现存碑刻中，也称之为“鹿野园”，何以如此，目前不知，或许当时与该寺下院的“书院”有关系，是一种雅称。观音寺道路则是从东面上山。站在该寺的长廊中，北面的羊头山全貌得以清晰可见，而村庄中的一切则一览无余。自古以来就是一个览胜的佳地。康熙四十二年的重修碑记中说道：“东

① ［清］傅德宜等纂修：乾隆《高平县志》卷四《里甲》，凤凰出版社 2005 年版，第 56 页。

② 光绪十三年《补修观音坡神殿禅舍书院碑》，现存中村观音寺。

望首羊秀峰特立，似贵人持节，东行者以是代有巍科；北则素封，旧邑至□槎峨；西北望之，巍然者为仓颉公庙，公为文字祖，书成而鬼神泣具，夫有以□天地之秘也。迤逦而南，山行之势至是稍伏焉。门之外复建厦庭三楹，以迎爽气，异日者骚人韵去，把酒临风，啸歌其上，□带烟云，□归指顾间矣。复□松柏，禁山厂，使牧监，椎章不得履其地。若夫雕琢之美，彩绘之功，则非余之所以详者。”该寺创建年代目前不详，现存最早的一块碑记是康熙癸未年刻立的。康熙乙巳年（康熙四年，1665）该地发生特大地震，导致观音寺片瓦无存，三十年多年之后，该村十九家村民奋力重修。乾隆年间，阖村重修大庙（炎帝庙）时，也对观音寺有所增修，立有碑记。到了嘉道时期，又有所增扩，在寺院的下首位置，增添一小院，并作为该村的“书院”，闻名百里，也立有碑记。光绪年间，对整个建筑予以补修。民国时期，曾经因为西沟社独立并有土地买卖而引发纠纷，于是立有地界权限碑记。新中国成立后一度被毁弃，2003 年，该村村委会和村民再度重修，迄今，俨然成为高平市神农镇区域内的一大景观性文物遗存。①

二、碑文整理

中村观音寺民国八年（1919）诉讼碑现存高平市神农镇中村观音寺内，笏首方趺，高 212 厘米，宽 68 厘米，厚 20 厘米。2013 年 6 月 12 日孟伟等人在田野调查中发现，其后多人多次补充调查，保护较为完好。碑刻有题名，无篆额，碑额有龙形纹饰，四周有连环万字纹饰。现根据实地调查，校录碑文内容如下：

碑额：无

题名：中村炎帝大社整理观音坡地界及主权碑记

中村宁静观，即炎帝庙，为一村主庙。鹿野园，即观音坡，为一村主山。统属阖村十小社及西沟一小社。凡主庙、主山之事，十一社共相辅助，而观音坡山中之木，惟主庙、主山之工得以砍伐使用，十

① 转引自孟伟《高平历史文化遗存调查报告》，未刊稿。

一小社不得妄动。即在山种地之户，亦只许耕田，不许轻动树株。所以，培林木而杜争端，古人用意至深远也！西沟去中村最近，仅一河之间，相距不及百步之遥。昔时，原无西沟之村，因中村西偏，居民屡受河患，遂移河西建房居住，名曰西沟，渐成聚落。故凡西沟之地，属主庙统管。西沟之民，遵主庙约束。主庙主山，一切事务，十一小社，踊跃从公。盖所谓守望相助，而出入相友也。即及前光绪初年，大祲频仍，人物凋谢，社务废弛耳。后重立社约，整理地亩，西沟民户不愿附属，议论自立新社，不受主庙统辖，凡主庙、主山公务，西沟概不辅助。主庙首事诸人，竭力劝阻，无法挽回。惟中村十小社中，凡遇主庙、主山之事，向属西沟助役者，至今概不承办，必使主庙主山自觅工徒，虽资仍出自阖村，而事必属之主庙。盖谓西沟必去，不敢使彼社受累，而西沟既去，亦不敢为彼社受过也。三代遗直之风，不犹在乎？民国七年，西沟村民有田贰亩，售与西沟社中。因此田颇近中村观音坡主山，遂误将主山指去一截，连山及树，自立新契，随其地亩，一并售出。八年春日，西沟社赴山修理树株，中村始悉情由，阖村民众，共起干涉，致兴大讼，邑中绅董数位，不忍坐视，出为调处。公同议论，守旧日之成规，整先民之矩范，勿息事而宁人，睦乡田之同井，仍令卖主将山退清，并婉劝西沟社，将所买地亩，让归中村鹿野园，西沟社得原买地价而去。凡主庙主山权利，西沟社仍照旧，概不过问。从此和睦，以免胶葛。遂勒规条，以垂永久。是为记。

一、本山树木，仍照古规，只许主庙主山修功德用，不许各小社私用一株。

一、无论本村、外村花户，凡在本山有地之家，仍照古规，只在山耕地，不许砍伐树林。

一、各小社如有公项在山买地者，亦只许耕田，不许妄动树株。

一、各小社在主庙主山尽有义务者，许享主庙主山权利。不尽义务者，不许享主庙主山权利。

以上四条，各小社及花户须永远遵守。

县立第一高等小学教员邑南崔庄申筵撰文

师范最优等毕业生王绍通书丹

绅董
清例授征仕郎候选直隶州州判恩贡生田凝旭
清例授修职郎候选儒学训导岁贡生何汝愚
清例授修职郎候选儒学训导附贡生孟邦基
清例授登士郎河南即补县丞庞钧

经理维首
王全宝、王绍通、郭其祥、王根昌、郭临川、郭来生、王宝顺、王元和、郭奠邦
管账暴丹桂
宁静观住持李山月
鹿野园住持李福有

玉工王林章、王双成
仝勒石

中华民国八年岁次乙未孟秋上浣穀旦

三、碑文考释

（一）中村的社

中村的社是目前见到最复杂的村社系统之一。中村社最早的记载是万历四十二年“社首人王万松、孟时，王国卿等”①，这说明至少在晚明时期中村就已经有了村社组织。到了康熙元年，中村已经开始出现小社，现存中村炎帝庙康熙元年《中村西社修舞楼碑记》，这是西社独立组织完成修炎

① 万历四十二年《武当圣会进香壁记》，参考王树新编《高平金石志》，中华书局2004年版。调查中未发现，现存位置未知。

帝庙，碑文中有“西社首事王国俊，有东社郭从训”①，这表明这个时期至少已经存在东社和西社了。其后碑文中又偶尔出现关帝社（道光），从清代中期开始，中村的村社变得越来越复杂，各种小社越来越多。

碑文中提到“统属阖村十小社及西沟一小社”，这里的中村十一小社是一个很庞大的村社系统。光绪十三年碑文中有完整的除西沟外其他十社地亩钱的记录，“十社地亩钱列后：东坡社，钱捌千柒佰玖拾柒文；前社，钱捌千柒佰柒拾壹文；堂楼社，钱叁千壹佰贰拾贰文；椅则社，钱捌佰柒拾伍文；庙上社，钱叁千玖佰贰拾肆文；光栒社，钱陆千捌佰肆拾陆文；管前社，钱肆千肆佰零陆文；门楼社，钱拾千零伍佰陆拾文；仁和社，钱陆千叁佰玖拾壹文；西圪幢社，钱柒千肆佰捌拾伍文”②。光绪十三年碑文中已经没有西沟，这个时候西沟已经独立，不再归属中村大社。这是目前高平地区一个村庄中所见小社数量最多的村庄，比牛村玉皇庙光绪案例中的五社数量多了一倍还多。光绪的这通碑刻上所说的十一社应该和本案例碑刻中的十一社是一致的。

到了民国二十四年的碑文中，村社数量和名称都发生了较大变化：“东坡社捐钱七十千零五百六十文、前社捐钱七十五千文、三义社捐钱二十七千八百六十文、公义社捐钱五十五千五百三十文、观前社捐钱二十六千三百三十六文、门楼社捐钱六十四千五百一十文、仁和社捐钱二十七千零四十文、西观音社捐五十七千七百三十四文。”③ 不仅数量变成八个，一大半的名称都发生了改变。这似乎表明中村的村社系统一直在变动，在光绪丁戊奇荒之后，西沟离开中村独立，此后其他小社也在不断进行着分合调整。

中村村社传统极为强大，即便到今天村民还是以小社的名义进行修庙。2009 年中村修灵音阁，刊立碑刻《门楼社重修灵音楼碑记》。2011 年重修村东的春秋阁后刊立了新碑《中村东坡社修葺春秋阁记事碑文》。从这些碑刻可见中村村社传统的强大影响力，今天的村民仍然喜欢这样的身份认同。

（二）诉讼双方

本案例的诉讼双方是中村大社和西沟村社。西沟村社原本是中村十一

① 康熙元年《中村西社修舞楼碑记》，现存中村炎帝庙。
② 光绪十三年《补修观音坡神殿禅舍书院碑》，现存中村观音寺。
③ 民国二十四年《重修观音坡行宫暨增修凉亭补修各殿宇碑记》，现存中村观音寺。

小社其中之一，但是在丁戊奇荒之后独立为一个村。诉讼发生时它们是两个独立的村社，是属于邻村之间的诉讼案，但是两个村社在历史上有渊源。这种情况可能和寨上关帝庙道光案例中的情况类似，只不过寨上与丹水的关系没有很清晰的记载，只是推测寨上应该原本是属于丹水的自然村，后来独立了出来。西沟（今称小西沟）与中村的关系则有明确的记载。

（三）诉讼缘由

本案例最早要追溯到光绪丁戊奇荒之后，丁戊奇荒对泽州村社打击很大，灾荒期间村庄经济倒退，一切村社活动停止。灾荒过后各种村社之间的矛盾也凸显了出来，大概就在灾荒过后没多久，西沟小社就提出不愿意归中村管理，而要独立。西沟社独立的时间至少在光绪十三年以前。光绪十三年碑刻中只有十个小社存在，其中并没有西沟。和牛村玉皇庙光绪案例不同，这次社的分离在村社框架下得到和平解决，这件事情就这么过去了，但是为后来的诉讼埋下了隐患。原本西沟社和其他十个小社一样要承担主庙炎帝庙和主山观音坡的各项费用的地亩摊派，但是，西沟独立以后就不再承担这个义务，这可能也是西沟要独立的主要原因之一。民国七年，西沟村社买下了观音坡旁边的一片土地，而由于四至不明，又距离观音坡很近，导致错误地将观音坡的一片土地卖给了西沟村社。到了民国八年，西沟社修理所买土地上的树株的时候，中村大社才知道这次买卖的事件。这是导致诉讼的直接原因。中村大社认为主山的树株是应该受到保护的，是不能随便买卖的。

（四）诉讼结果

诉讼最终以和解了结，调解人是四位绅董。调解的结果整理如下：

（1）卖主将卖地的钱退给西沟社；

（2）所买卖的土地归中村观音寺所有，也就是归社，成了社产和观音寺的庙产；

（3）明确西沟社独立之后与中村的主山主庙不再有关系；

（4）颁布禁约，以免日后发生类似事件。

四、进一步的讨论

（一）主庙与主山

碑文中一开头就明确了炎帝庙与观音坡在村庄中的地位：“中村宁静观，即炎帝庙，为一村主庙。鹿野园，即观音坡，为一村主山。”回顾石末神山庙道光案例并做对比就会发现，那个碑文的落款也是一山一庙——紫金山和三教堂。本案例碑文落款也是一山一庙——观音坡和炎帝庙，而且本案例碑文中明确称之为主山主庙。主山的说法来自风水信仰，风水中强调风水宝地是山环水绕之地，有主山、青龙、白虎、朝山和案山的区分，其中主山是最主要的。乾隆《高平县志》卷五山川说：“韩王山，县北十五里，山形特起，上平地数亩，俯瞰群山，如培塿然。相传秦围韩王于此。县治借托之主山也。”韩王山就是高平县城的主山。主山是一个聚落在风水上最重要的倚靠。石末案例中之所以会那么重视紫金山，早在乾隆时期就制定规约保护紫金山，其中的文化心理因素就是如此。观音坡在中村的地位也是如此。

（二）丁戊奇荒与社的分合

本案例和牛村玉皇庙光绪案例一样，村社组织的变动和光绪初年的丁戊奇荒有关系。碑文中说：“即及前光绪初年，大祲频仍，人物凋谢，社务废弛耳。后重立社约，整理地亩，西沟民户不愿附属，议论自立新社，不受主庙统辖，凡主庙、主山公务，西沟概不辅助。”由此可见，西沟村离开中村大社独立与丁戊奇荒有直接关系。丁戊奇荒给泽州社会带来的影响是巨大的。这里关键性的因素是丁戊奇荒发生的几年时间里，所有村社的日常活动几乎全部停顿，社事中止，社费停缴。经过了这样的一个社事中断的过程之后，原来积累的矛盾重新爆发。另一个可能的原因就是灾荒导致人口的减少，人口结构发生变化之后也会相应带来社会结构的变化。现在的行政区划延续了清代的区分，现在的中村和小西沟是两个独立的行政村，这种结果就是对光绪时期分村结果的一种历史的认可。

（三）土地交易的技术与规范

诉讼案例的相关主体主要是诉讼当事人及其代理人、审判者，有时候有调解者和调查者。除此之外还可能有重要的相关人员。本案例中有一个重要的相关人员，那就是土地的卖主，就是将土地卖给西沟村社而引起后来争议的这个人。这个人是中村的人。关于这个卖主与西沟社交易的土地的情况，碑文中说卖主所卖的土地并不在观音坡主山受到保护的范围，这一点是清楚的，但是在划分地界的时候出现了错误，误将属于观音坡的土地划给了西沟村社。这是这次事件最主要的根源。这种说法是有点可疑的，诉讼的结果是退地退钱，这等于是撤销了这次交易。如果土地不在观音坡范围之内，只是划分四至出了错误，那么只要纠正这个错误就可以了，并不需要撤销原来的交易，更加不可能将土地收归大社。从碑文中可以知道中村的主山观音坡的管理方式和石末紫金山似乎有所不同，紫金山是不允许在山上犯界耕种的，但是中村的观音坡允许耕种，但不允许砍伐树木，“即在山种地之户，亦只许耕田，不许轻动树株”。如果是这样的话，观音坡的土地就不能卖给其他村社的人，因为这个社规只能规范中村的人，对于外村很难产生效力。所以，本案例的问题恐怕并不仅仅是因为所交易土地的四至范围划分出现了技术性错误，而是隐藏在土地交易里面的一些潜在的规范。观音坡土地虽然是属于个人的，但是树株是属于村社集体的，社规规定只能耕种，不能砍伐树木，因此，观音坡土地只能在中村村社内部买卖，不得卖给其他村社。西沟社原本属于中村，因此可以买卖，但是西沟社从中村分离之后，这种交易不能再进行。

（四）土地买卖与村社功能

实际上，有证据表明至少在晚清以后，村庄的土地买卖是需要经过村社的确认的。现存高平米山镇南圪塔村地契文书上有南圪塔村社盖的公章①，可见当时进行土地交易的时候即便不是需要经过村社允许，也至少是需要在村社备案的。其实这是很容易理解的，前面多次提到村界或者社界的问题，清代中期以来，村社既然要对社界有清楚的把握，既然要对社民按地亩征收社费或其他类型的地亩摊派钱，村社就必须要对村民每户的土

① 笔者从高平市委宣传部借阅。

地的数量、位置及其变动情况有清晰的了解。可以说，在村社的众多功能中，其中一个就是进行土地交易的管理和规范。

既然如此，本案例的情况就更加值得怀疑，卖主是如何在村社不知情的情况下将土地卖给了西沟村呢？诉讼结束之后，如果说要求卖主将买地钱退给西沟村是维护西沟村的利益，那么将土地收归大社是不是侵犯了卖主的权益呢？卖主因此失去了原来的土地，同时也没有拿到卖地的钱。碑文中所说的地界划分错误导致纠纷可能是一种托词，真正的原因是卖主在村社不知情的情况下将观音坡的土地卖给了西沟村，这种交易站在村社的角度来说就是一种非法交易，是违背了村社的管理规范的。因此，村社一方面将钱退给西沟村，另一方面要惩罚卖主，将其土地没收充公，成为村社的社产。这是社产的另一个来源，那就是惩罚性的没收充公，类似事情也有其他案例："村之东边有一人焉，曰：裕山姓张氏，因行为毛厕狡扯，被人报告至社，按村禁约处罚，伊无力交纳罚金，抵来毛厕一个以作罚款，是毛厕归东关帝会所管辖矣。是为记。"① 这个案例中村社对张某进行了惩罚，只不过罚来的茅厕没有成为社产，而是成了东关帝会的会产，也是关帝庙的庙产。

---

① 民国十七年《为东关帝庙毛厕记》，现存康营村东关帝庙，镶嵌于东关帝庙山门内左壁，长方形壁碑，碑长 40 厘米，宽 29 厘米。

21　秦庄岭玉皇庙民国十三年（1924）《恢复义学碑序》

一、村庄与庙宇概况

秦庄岭位于高平市区东三公里处，高平盆地的东边缘。秦庄岭以东就是高平县城东面著名的七佛山，秦庄岭可以说是七佛山脚下的村庄。秦庄岭南北均有小山，北面略平缓，翻过小山就是沟北村，南边山已经属于七佛山延伸的山脉，山上有秦庄奶奶庙，今已经废弃，仅存遗址，翻过山就是七佛山南麓的龙王沟和果则沟村。秦庄岭向西就进入到高平市区的范围，紧邻今 207 国道。如今的七佛山森林公园的入口就在秦庄岭附近。秦庄岭位于高平盆地向山区过渡的地区，旧村的格局不易辨认，大体上原旧村位于现在的秦庄岭村南面，以现存村南三官庙位置为中心，据说村西原有入村的阁门。秦庄岭在清代属于第十三都赵庄西里①，今属东城街道办事处，县志上称作秦庄，今称秦庄岭。现有人口 300 余户，1200 多人②，规模中等。

玉皇庙位于秦庄岭北部，坐北面南。庙宇规模较大，二进院，正殿、侧殿、配殿、山门、戏台、看楼等俱存，保存较好。秦庄岭玉皇庙碑刻较多，计有同治八年《无题名碑》、纪年缺损《秦公功德碑》、万历二十三年《重修仙姑土地神像记》、乾隆三十二年《补修玉皇庙碑记》、民国十三年《恢复义学碑序》、明弘治元年《本宗析支记》。秦庄庙宇较多，除玉皇庙外，今存三官庙、奶奶庙和两座土地庙。

二、碑文整理

秦庄岭玉皇庙民国十三年诉讼碑位于玉皇庙后院西配殿中间，笏首方

① ［清］傅德宜等纂修：乾隆《高平县志》卷四《里甲》，凤凰出版社 2005 年版，第 58 页。
② 数据来自田野调查中询问村民。

趺，高 168 厘米，宽 53 厘米，厚 19 厘米。2013 年 7 月 16 日王潞伟等人在田野调查中发现，2013 年 8 月 2 日孟伟和杨波等人进行了补充调查。2014 年 3 月 9 日杨波再次补充调查。碑刻保存较好，个别字迹不清。碑刻有题名和篆额，碑额有龙形纹饰，四周有小团花纹饰，共计 12 行，每行约 70 字，无碑阴。现根据实地调查，校录碑文内容如下：

碑额：永垂不朽

题名：恢复义学碑序

吁嗟呼！幸哉！曷幸乎？尔幸乎？吾村之有义学，曰霖进书院，已废而复兴者也。兴之者谁？客岁①村副耀臣秦天荣，暨本年维首袁德旺、张文铎等。盖以始办之人辍学多年，增置有田产钱款②，多数虽失彼得此，亦为有功。奈久不设学，负有大咎。今经耀臣诸维首，由县、省两讼，断归常姓田贰拾亩，王、邢两姓钱壹百八拾串文。厥功甚巨，惟县、省两讼费钱为数甚伙，向在大社支借。今将断有王、邢两姓之款抵补外，有不足焉，仍须大社补助若干串文。至王、常、邢三姓之先人，虽有莫大之咎，既经官结，一切付之东流，不许村人再讦。然盛举虽复，承办无人，只合大社维首代办，随班转接，永远弗替。但须帐簿各立，钱款攸分。至此以后，止许大社补助义学，不准大社动用义学钱款。似此论功，则耀臣为最，而耀臣则曰诸维首，诸维首又曰耀臣，相让不下焉。余从中解决曰："无耀臣则对词无人，无诸维首则讼费无出，是相因而成功者也，均当勒诸贞珉，以垂不朽。"顾或者曰："先生亦曾究讦此事者也，胡不为之一叙？"余曰："耀臣有辅而成功，余无辅而徒劳，又何叙为？"或又曰："耀臣之成功，不常在乎诸维首，亦有资乎为村副。"余曰："然。奋恨哉，肉食者之受小人愚也。以耀臣之贤，票多而失职，深惜也。我辈之无胆无职也，未能够③联名上禀以陈情，若举为村长，当益为乡闾造福矣。"是为序。

大社补来钱壹百捌拾串文，又究回地壹亩捌分具明。

---

① 客岁指去年。

② 原字为"欵"，款的异体字。

③ 原字为"彀"，同够，参看原格式整理。

太原审判长徐任钟德政
县长阎廷杰德政
前清邑痒生民国传习毕业泽臣秦润生撰序［印章］
县立第二高等小学校毕业策轩贯治安书丹［印章］

赴省功人
客岁村副：秦天荣
维首兼闾长：张文铎
维首兼村副：袁德旺
在县功人
维首兼管理：秦全孝、秦润发
佐事人闾长：张怀锁、秦迷善、秦润义
乡约□□荣全勒石

玉工李三孩刊
旹民国十三年十二月十八日合村仝立

三、碑文考释

（一）村副和闾长

本碑文中开始出现了一些民国时期特有的村庄组织和领导者的名称，这里出现的是村副和闾长。民国成立以后，村一级的基层组织发生了比较大的变化，一个变化是村里成立了村公所，相应的有村长和村副，另一个变化是实行了闾邻制，在乡镇的下面为闾，25 家为一个闾，并设闾长，闾的下面为邻，5 家为一邻。这是按照人户数量划分的闾和邻。村公所和闾邻制出现之后开始冲击旧有的村社制度，两种制度共存了很长一段时间。闾邻制和村公所类似于清代的里甲制和保甲制，但是民国时期政府对基层社会控制力要强大得多，基层组织影响力较大，村社制度在这种情况下慢慢衰落。

（二）三级三审制度

本案的审判开始由法院进行，村里为了打赢官司远赴省城太原去进行诉讼。落款中除了县长阎廷杰外，还有太原审判长徐任钟。这里的背景是民国中期开始实行的诉讼案审判中的三级三审制度。中国在清末就开始进行司法改革，主旨就是司法独立与分级审判，最早实行的是四级三审，也就是四级法院，三审终审的制度。四级三审制度是中国近代司法改革中学习西方的结果，在清末新政中就被提出，北洋政府沿用了这种制度，但是实际上无论清末还是民国早期实际执行的还是知县、县知事或县长审判的制度。国民政府成立之后将四级三审制度改成了更简单一些的三级三审制度，本案例反映的就是三级三审的制度。三级三审制真正的实行是在民国中期开始的，本诉讼碑刻案例是高平地区出现最早的三级三审制度下的审判案例。

（三）诉讼当事人

本案例的诉讼当事人一方是村庄，村庄的代理人兼有社首的身份和村副或闾长的身份，这是一种两种制度并存的现象。碑文最后落款中有“维首兼闾长张文铎，维首兼村副袁德旺”。这两个人都是兼有两种身份。这种现象是那个时代的特点，其后的几通碑刻都是如此。诉讼的另一方是常、王和邢三个家族，按碑文说“至王、常、邢三姓之先人，虽有莫大之咎”，也就是说诉讼的事由可能是较早以前的事情，诉讼发生时三个家族的当事人都已经不在了。这样，诉讼另一方的当事人其实就不是个人，而是常、王、邢三个家族，秦庄岭村庄从他们那里取得的土地和钱一定有具体的所有人，而这些土地和钱也是这些人从他们的祖先那里得到的遗产的一部分。需要稍加注意的是此案的主要原告，也就是民国复兴学校的主要负责人村副秦天荣和碑文的撰写者秦润生都是秦姓的，落款中的大部分维首、村副、闾长之类的人大部分也都姓秦。秦姓是秦庄岭的大姓。此案例背后可能有某种家族矛盾隐含其中。

（四）义学

本诉讼案和义学有关系，这个案例虽然是在民国庙产兴学的大背景下发生的，但是秦庄的义学并不是在民国时候才有的。秦庄义学创始于同治六年，同治《高平县志》对此有记载："同治六年，余（知县龙汝霖自称）督诸社力建之（指义学），一时复增立义学百十有七区，一双桂坊；一赵庄西里，秦庄、东山村，凡二。"① 碑文中同时说这个义学的名字叫作霖进书院，这也应该是以前义学的旧名称，不是民国时期办的新学堂。由此看来，诉讼中争议的土地和钱可能有很长的历史，是长期遗留下来的问题。碑文中所说的复兴义学的秦天荣等人都是此次诉讼的主要参与者，这次复兴应该就是在诉讼发生前不久，和民国的庙产兴学政策有关系了。

（五）诉讼原因和结果

关于诉讼双方为什么存在土地和钱的纠纷碑文中并没有说明，从碑文的叙述来看，诉讼原因和办学校有关系。大体来看，诉讼原因应该是这样的。秦庄原来的义学的办学经费是来自庙产土地出租以后的收益，这种收益可能又再次以发典生息的方式增值。这种情况非常普遍，团东清化寺民国案例中学校的经费也是来自出租清化寺土地的收益。由于义学很长时间停办，原来的土地以及土地的收益一直没有使用，因此就被有些村民长期占用，他们就是王、常、邢三个家族的先人了。碑文中说"盖以始办之人辍学多年，增置有田产钱款，多数虽失彼得此，亦为有功。奈久不设学，负有大咎"，这里的意思就是学校很久没有办了，这是大咎，但是因为置办了田产和钱款，也算是失彼得此。民国时期重新恢复学校的时候，村里的负责人向这些家族的后人讨要这些土地和钱的时候，因为隔的时间很长了，他们拒绝给予。这就是诉讼的原因。

经过了县省两级的诉讼，秦庄岭村得到了他们希望的判决结果，判决结束之后围绕办学还订立了其他的规定。相关各项结果整理如下：

（1）秦庄村拿回了用于办学校的土地和钱："断归常姓田二十亩，王、邢两姓钱一百八十串文。"

（2）与此同时，村庄在诉讼期间耗费了很多讼费，也成了比较大的一项负担。这些讼费在诉讼期间由大社垫支，将王、邢两姓交还的钱（一百八十文串文）归还大社之后还是不够讼费，大社为此支出了部分钱（碑文未写明具体数额）。

（3）诉讼结束，规定不许村民再谴责常、王和邢三姓的后人。

① ［清］龙汝霖：同治《高平县志》卷五《官司》，凤凰出版社 2005 年版，第 390 页。

（4）规定由秦庄大社来负责学校的日常管理。

（5）学校财务独立，单独另外设立账簿，与大社的账簿分开独立核算。大社只负责管理，不能将学校经费挪用于其他支出。

四、进一步的讨论

（一）重要的时间点

本案例是一个重要的时间点。截止到中村观音寺民国案例之前，所有的诉讼案例反映的都是传统的泽州社会，而从这个案例开始，很多重要的变化开始出现，泽州社会开始出现了比较大的变化。这一年是民国十三年，也就是 1924 年。如果从民国建立的 1912 年开始算起一直到抗战爆发的 1937 年，1924 年这一年正好是在中间。民国建立之后，很多事情并不是一开始就发生重大变化的，明清时期的传统还在延续，看不到太大的变化。从民国中期开始，泽州社会和全国其他地方一样开始出现了一些重要的变化。这些变化概括起来有以下几点：

第一，村社制度开始逐步衰落，取而代之的是以村级基层行政单位村公所为中心的制度，相应地，村长、村副、闾长、邻长等各种具有新职务的人员的地位开始越来越重要了。国家力量开始更强有力地干预村庄基层社会。

第二，民间信仰开始逐步衰落，虽然作为文化现象，信仰是惰性最强的要素。但是民国时期的庙产兴学等政策大大地打击了各地的民间庙宇，很多地方都出现了大规模的毁庙建学校的做法，泽州地区也是如此，大量庙宇改建为学校。

第三，司法制度发生重大变化，从这一年的碑刻开始，审判者改成了法院，不再是由县里的行政长官来判案。法院开始了多级的诉讼，如果对初审的判决不满意可以上告到上一级法院。

以上三点是与诉讼碑刻有关系的三个重要方面。这些转变的出现使得泽州地区逐步丧失了其区域特色和长时段的特征，逐步开始成为和全国其他地区没有什么区别的地方，也逐步开始完成它的现代转化，不再沿着宋代以来传统的惯性前进了。

（二）讼费

传统社会的人们要打官司是很不容易的，讼费就是一个重要的负担，特别是本案例在民国的背景下还要去省城太原诉讼。村庄集体事务一向由大社办理，大社是有社费收入的，诉讼的费用也就先由大社垫付，追回了土地与钱之后，用追回的一百八十串文归还了大社一部分，不足之处就让大社出了。总的数字碑文中没有记录，但是多出的部分应该不是很多，也就是一百八十串文略多一些的水平。北张寨观音堂道光案例中的捐款如果确实是诉讼费用的话，那个金额是二十六千七百文，光绪十一年邢村碑记中有词讼费用的记载“兴词讼费钱四十九千九十一文”。本案例中的一百八十千文比以上两个例子要多得多，这应该不只是讼费。此次诉讼的费用可能不仅包括诉讼的讼费，而且包括秦天荣等三人去省城太原的各项开支。

（三）大社与村公所的关系

本案例判决结果中很大一部分在规定办理学校的具体规范。这个规定主要规范对象是大社，由此可见，制定这个规范的是村公所。在民国之前，村公所并不存在，村庄组织只有大社，清代的秦庄义学的组织管理者一定是秦庄的大社。前引《同治县志》的记载中也可以看到知县龙汝霖是“督社”办理义学的，这里的社就是村社无疑。民国重新复兴义学是在全国性的庙产兴学政策的大背景下进行的，这可以说是一个国家的任务，它比以前知县的督促官方色彩更浓。具体负责办学工作的应该就是村公所。庙产兴学毕竟又和玉皇庙这个庙宇有关，经费是来自庙产的费用，地点也在玉皇庙中，因此学校的具体管理者村公所还是要借助大社这个组织。碑文中为什么对大社的行为又做了很多制约呢？这恐怕就和这次诉讼的原因有关系了。以前的义学就是由大社全面负责的，之所以会出现学校的办学经费被几个家族占用的情况，可能就和大社有关系。常、王、邢三个家族的人可能就是大社原来的社首，也就是原来负责管理学校的人，否则，土地和钱不可能被他们占用。碑文明确规定学校财务独立，不得挪用学校办学经费就是为了避免再出现诉讼中学校经费被侵占的情况。从本案例中可以看出，民国村公所成立之后大社和村公所既合作又矛盾的状况。大社的很多维首和村公所的村长、村副以及闾邻制下的闾长、邻长相重合，村公所在办理诸如学校这样的事情的时候还需要借助大社的力量，但是村公所对大社的权力又进行了限制。泽州村社在金元明时期经历了一个从纯粹的信仰组织到集政治、经济和文化多重功能于一身的组织的过程，到民国又经历了一个逐步退出一些社会经济功能的过程。

（四）论功行赏

本案例碑文没有很详细地说明诉讼的具体过程，倒是花了很大的笔墨来说明哪些人在诉讼中做出了重大贡献，碑文落款也详细地开列了这些人的职务和姓名，这种诉讼之后的“论功行赏”是这个碑文很有意思的一个特点。这一方面反映出在传统社会打官司是多么不容易，特别是本案例涉及了去太原法院告状的问题。另一方面也隐含着一些复杂的关系。“论功行赏”中主要问题就是村副秦天荣与诸维首相互奉承对方功劳大，如果注意一下它们的身份就会发现，秦天荣是以前的村副，也是复兴学校的主要负责人，复兴学校是乡政府指派的任务，因此由村公所这个系统的村副秦天荣主要负责。秦天荣可以说是村公所这个官方序列的代表，而诸维首是秦庄大社的领导者，他们代表的是大社这个民间序列的组织。他们相互合作完成了诉讼，结束以后的“论功行赏”中的相互奉承也包含着他们之间复杂微妙的关系。碑文最后作者对于秦天荣没有当上村长表达了一种隐晦的不满，由此可见，当时由政府主导的村公所中村长和村副的遴选过程和村社以前的推举社首的做法是不一样的，新的制度开始在泽州地区逐步取代旧的制度。

22　柏枝庄西天院民国十五年（1926）《西天院碑记》

一、村庄与庙宇概况

柏枝庄位于高平市区西北9.5公里处，柏枝庄地处山区，位于从丹河河谷延伸到高平西部山区的一条山沟内。这片区域的地形很有特点，村庄全部位于从丹河岸边的较大村庄开始向西延伸的一条一条山谷之中，很多小的山区村庄沿着山谷分布。这种山脉和山谷交错分布的格局是山区村庄的典型特点。柏枝庄是这一片村庄中比较有特色的一个，每条山谷中一般都分布着四到六个村庄，而柏枝庄所在的山沟中仅有柏枝庄一个行政村，其下辖有柏枝、西河、北山、后河、后掌和小沟等六个小自然村，整条山沟里全部都是柏枝行政村的范围，这是比较少见的。柏枝庄向东经过王报就到达丹河岸边，向西一直延伸到西珏山大山深处，西珏山是野川和寺庄两乡镇交界的名山，山上有历史悠久的祖师庙，是泽州四大珏山之一。向北向南均为山脉，翻过北面山脉即进入从北王庄到牛家的一条山沟，翻过南面山脉就进入佰方到赵家山的一条山沟。柏枝作为自然村呈方形，东西南北约200米左右，现在新村向南面的公路方向延伸。柏枝庄在清代属于第九都寺庄西里①，今属寺庄镇。现在人口140多户，600多人②，规模不大。

柏枝庄西天院位于柏枝庄柏枝自然村村中，坐北朝南，是村中大庙。西天院名称来历不详，奉祀神灵不详，碑文中均未出现神灵名称，推测当与佛教有比较密切的关系。现正殿三间，东西耳房各两间，东西厢房各四间。山门外戏台三间，西耳房三间，东侧无耳房。戏台内墙壁上有大量戏台题记。柏枝庄另有关帝庙、山神庙和南阁等庙宇。

① ［清］傅德宜等纂修：乾隆《高平县志》卷四《里甲》，凤凰出版社2005年版，第57页。

② 数据来自田野调查中询问村民。

二、碑文整理

柏枝庄西天院民国十五年《西天院碑记》现存于高平市寺庄镇柏枝西天院，最早由《三晋石刻大全·高平卷》著录[①]，2013年8月4日孟伟、杨波和王潞伟等人对柏枝庄进行了田野调查，未发现此碑。2016年10月26日杨波与张鹏专程赴柏枝庄寻找此碑，在柏枝庄村民的帮助下，终于找到此碑。此碑原立于西天院庙中正殿前西侧，《三晋石刻大全》编者拓录整理之后，被村民垒猪圈使用，猪圈位于庙前广场东南角，戏台东侧。前几年，猪圈被拆除，此碑被埋在旁边的土堆之中，此次调查中重新得以发现。[②] 碑刻保存基本完好，笏首无趺，高122厘米，宽45厘米，厚19厘米。碑刻有题名和篆额，碑额有龙形纹饰，四周有花草纹饰，共计12行，每行约50字，共551字，无碑阴。现根据实地调查，校录碑文内容如下：

碑额：永垂不朽

题名：西天院碑记

盖闻泰山不让土壤，故能成其高，河海不择细流，故能就其深，神圣不却众庶，故能得其力。今闾邻长至神前热心办公，故能传其后。因西天院东北角昔有空地基一段，榆树一株，历年已久，契纸失落，与明应中设讼在察。今同区长理处，请□社首、闾邻长，公同商议，竖立碑记。自今至后，永远流传后世不朽矣，开列于左：

外院上、东房后，至风口界墙，东西长三丈二尺六寸。

南一截：至里院下、东房后，东西长三丈九尺二寸。东杈外，石堎上槐树一□，东西出入。

北：东西长二丈四尺五寸，至石堎下。东杈外，北至界墙，东西长二丈三尺三寸。

东杈南至界墙，东西长二丈二尺一寸。

---

① 刘泽民主编：《三晋石刻大全》（晋城市高平市卷下），三晋出版社2011年版，第847页。

② 此次调查能够重新发现此碑完全依靠柏枝庄村民的帮助。在得知笔者来意之后，柏枝庄二十余名村民帮助寻找碑刻，又帮助将碑刻从土堆中挖出，并翻到碑阳正面，又进行了清洗，在此对柏枝庄村民的帮助表示由衷的感谢和敬意。

东耳房后东山扇下后屋角，东西长一丈九尺五寸。
西耳房后至滴水下空地基一段。
东：南北长八尺二寸。
西：南北长一丈三尺三寸。

其地四至开明：
里外院方圆
东至东杈外
东至两截：
北一截，至大庙东山扇风口，至东界石。
南一截，至东南耳房山扇东界石。
西至两截：
北一截，至仓房后滴水下。
南一截，外院西房后南山扇下，代界墙，至大河中心。
南至：戏楼后滴水下。
北至：大庙后滴水下。

又西坡上道北，关帝庙一座。
又柏树坡一处，东至坡下，西至王好秋界石，南至堎下，北至□中心。
又地名村南阁口。
又山神坡，四至不开，山场一架。
系社内为业，故立碑记为证。

闾长：王义发、明金顺、王其昌
社首：王保安、王修业
仝立

民国十五年十二月初一日
玉工：王文质、郭舍则镌

三、碑文考释

（一）民国时期的区制

碑文中出现区长反映了民国的区村制基层行政区划。清代高平除了县城附近的坊厢以外，分为四个乡，乡下又有三十个都，八十八个里。民国建立以后，地方政区进行了改革，废除了清代的都里制，实行了区村制。全县划分为五个区。民国八年，阎锡山开始实行编村制，高平分为五个区，九十二个编村，编村下有一千七百四十个闾，闾下有八千零八十三个邻。本案例的柏枝庄村属于第二区的一个编村。①

（二）诉讼双方

碑文对诉讼双方的记录并不完整。碑文四至的叙述中明确称西天院为大庙，西天院是社庙无疑。碑文最后落款是闾长三人和社首二人，社首代表柏枝庄村社，而闾长代表民国时期新出现的编村组织领导者。因此，提出诉讼，主张要回土地和榆树的主要是柏枝庄村社，其中也有闾长等人的参与。诉讼的另一方，即被告的一方，也就是争议的土地和榆树的原来的所有者，碑文中记录的名字是明应中。根据田野调查中询问村民得知明姓是柏枝庄的一个主要的姓氏，是外来户，大概在清初迁到柏枝庄居住，主要的居住区在柏枝庄的村东，而庙旁的土地是明姓家族购买的土地。至于为什么会与大社发生争议的具体情况就不得而知了。无论如何，当事人的另一方也是柏枝庄的村民，这个案例是村社（村庄）和本村村民之间发生的诉讼案例。

（三）诉讼原因

这个诉讼案例就性质而言和前述秦庄岭玉皇庙民国案例非常类似，也是村社与编村组织联合要回原本属于大社的庙产。秦庄岭案例中是土地和钱，这个案例是土地和其上的树木。具体原因，本案例碑文中并没有说明，有一定证据表明本案例和秦庄岭案例一样，也是因为庙产兴学而要回庙产

---

① 以上参考高平县地名办公室编《高平县地名志》，内部资料，第 15 页。

的。西天院除本案例中的民国诉讼碑外，东配殿内有孔子神位碑一通，上刻“大成至圣先师孔夫子神位”，碑刻没有纪年。从这通神位碑来看，西天院应该曾经做过书院或者学校。而诉讼发生的时间正是民国时期推动庙产兴学的时间。

（四）诉讼结果

本案例碑文既是诉讼碑，同时又是社产碑。碑文对于诉讼的叙述非常简单，结果就是通过诉讼，同时主要是经过区长、社首、闾长和邻长的调解，要回了原来属于西天院大庙的地产和榆树。同时，碑文的更大篇幅内容是开列了这片土地详细的四至。不仅如此，除了这片地的四至以外，碑文还开列了其他的社产，包括关帝庙、南阁、山神坡和山场等其他社产。这次诉讼可以说是对村社社产的一次总的清理和确认。

四、进一步的讨论

（一）社产清单

本案例碑文具有社产清单公示的意义。诉讼的结果是将西天院的土地和树木要了回来。西天院是村社的社庙，因此这些土地和树木要回来就成为社产。在此基础上，碑文不仅开列了要回土地的四至，还列出了村社其他社产的目录。这类社产清单的碑刻不少，都是详细列出村社所有的社产，往往都是在发生一些社产纠纷之后。例如，道光二十三年《舜王村大社田产基址碑》详细列出今市望村社产，这是在村社的地契失落之后，为了避免出现相关纠纷才刊立碑刻的，碑文中对此解说得非常清楚：“窃闻田产基址以契文为凭，然契文纸墨之物难以寿也。历年久远非属敝坏，即至失落。况社中契文传流者已数世，经理者非一家，尤易敝坏失落者乎。癸卯春，在庙执事者究寻社中田产契文，十竟不能得一，幸基址有人悉知。因虑数年后契文既尽失落，基址无人记忆，有好事者出，必与社中互论，侵占其患不可胜言矣。遂公议于庙中树下石碑，将社中所有田产其四至一一镌刻于上，以垂久远焉。”刊立此碑的原因有二：一是纸质地契不能长久保存；二是村社集体保管地契，经手人多，容易损坏遗失。在找不到地契的情况下，用刊立碑刻的方式来长久保存社产的数量位置等信息。本案例则是因为没有很好地明确社产的归属而造成了诉讼的案例，诉讼之后刊立碑刻可以说正是为了避免以后发生类似的事情。

（二）庙宇的区分

社庙顾名思义就是所有权属于村社的庙宇，但是一般地，社庙实际上通常是指大庙，也就是村社处理村庄集体事务的场所，事实上具有后来村公所的职能。但是属于村社的庙宇并不仅仅是大庙，我们已经在东李门关帝庙民国案例中看到另一种情况，东李门关帝庙是东社的社庙，玉皇庙是西社的社庙，也就是各个小社有各个小社的社庙。除此之外，还有一些不是处理村社集体事务的庙宇其归属权也是属于村社的，它们也是属于社庙的范畴。本案例碑文既然具有社产清单公示的意义，因此，其中除了大庙西天院之外，还涉及关帝庙、南阁和山神庙等庙宇。这些庙宇都是村社的庙宇和财产。

村庄庙宇可以按照其所有者的范围的大小（也就是公共性大小）来进行区分，从而展开为一个序列。范围最小的是不属于村社的庙，它或者并无特定的组织，例如北张寨观音堂就是如此；或者属于家庙，例如拥万关帝文昌阁在早期就是如此；或者属于某个会的组织，这一类的庙宇对应的是村中一部分人的群体，它是一部分的公共空间（公所）。比这种情况再大一些的就是小社的庙，它是村中小社的社庙，以上已经有很多例子了。与这一类比较接近的就是，虽然是社庙，但并不是村庄公共办事场所的庙宇，类似本案例中关帝庙等庙的情况就是如此。接着，就是村庄的大庙，既是社庙，又是村社公议的场所。在此之上还有多个社公用的社庙，作为五社公所存在的南庄玉皇庙就是这种典型案例。村庄庙宇实际上呈现出一个极其复杂的面貌，今天的村庄庙宇依然如此，田野调查中可以发现这种复杂性，这也是人们容易产生各种误解的原因。

（三）山场

山场一般是指专门用来从事林业生产的山区土地。高平地区碑刻中对于山场的记载很早就有。米山定林寺金代大定二年《大金泽州高平县定林寺重修善法罗汉二堂并郭公施功德记》的碑阴详细开列了当时山场的四至：

“将本寺瞻僧地亩并山场四至数目，俱勒于碑阴……计开本寺周围山场四至……”[①]可见，早在金代定林寺僧人日常主要收入来源中就既有用于耕种的田地的收入，又有用于树木栽种的山场的收入。山场有时候也写作山厂，石末神山庙道光案例碑文中多次提到山厂，紫峰山上有很多山厂。

此类公共性的山场的所有者就是庙或者社。对于米山定林寺这样的佛教寺院，山场的所有者就是定林寺这个寺庙，而对于西天院这样的村庄来说，山场所有者就是村社。本案例中因为时间较晚，到了民国，除了村社还有闾长代表的国家序列的组织。无论是闾长还是村社，这些财产都是公有的。山场属于社或者庙，也由社或者庙来进行管理，也有相应的规约。中坪二仙宫的山场则是周围的六庄七社组织所共有的。中坪二仙宫咸丰十年碑刻中也有对于山场管理的相关规约：“一议，境内山场各样树木，不许盗砍，犯者议罚。”[②]

（四）四至的描述

本案例碑文很大的篇幅在描述四至，这也是碑文解读的一个难点，这个四至的描述有相当多的地方都难以详细解读，上述碑文整理也只能说是一种尝试。田野调查中我们在现场根据庙宇周围的建筑地形反复核对碑文中的四至，这也不能完全解决四至描述中的问题，通过询问村民也不能很好地解决这些问题。这主要有以下一些原因。首先是地理环境发生了比较大的改变，碑文“南一截，外院西房后南山扇下，代界墙，至大河中心”中所说的大河原来就在庙宇的西边，现在河床都被填埋，已经改修成了一条大路，询问村民之后才知道。其次是建筑已经发生了比较大的改变，现在的西天院庙宇建筑仅庙院和前面戏台比较完好。实际上，原来是有一个戏台院的，戏台和庙宇山门之间两侧都有厢房，这就是碑文中所说的外院，而现在留下来的是碑文中所说的里院，外院的山门在院落的东侧。外院现在只在西边残留了一些地基，其他建筑大多拆除，建筑变化比较大。碑文中所说的东权可能是东券，也就是阁门，就是拱形的券门，在方言中发音是一致的。但是，这些东权和界墙等都不在了。

---

① 金大定二年《大金泽州高平县定林寺重修善法罗汉二堂并郭公施功德记》，现存高平米山镇定林寺。

② 咸丰十年《六庄七社公议条规碑记》，现存北诗镇中坪二仙宫。

讨论以上四至问题的意义并不在于去具体确认当时争议土地的位置，而是试图说明传统的用四至描述的方法来确认土地范围的办法有先天的缺陷，一旦时间长了，各种地理和建筑情况发生改变了，很多问题就难以说清楚。现在的村民实际上已经搞不清楚碑文上所说的四至究竟在什么地方了，如果再次发生争议，碑文四至描述就起不到应有的作用。这个问题在很多其他案例中也有体现。石末神山庙道光案例中乾隆禁碑的碑阴已经对神山四至做了详细的描述，道光碑刻碑阴中再次做了描述，这就是要重新根据新的地貌特征再次描述四至。梨园玉皇庙同治案例碑文中所说的瓦窑头村青龙石碑已经找不到了，笔者在田野调查中反复寻找没有结果。这种青龙石碑应该是当时的一种规格较高的墓碑，在当时是一个标志物，但是现在这个描述就无意义了，无法确认其具体位置。龙尾东岳庙民国案例发生争议的原因之一就是道光时候所立的四至碑上面的描述不清楚，碑文中说“在清道光年间，经县判决，饬龙尾村付于丹水冯文运大钱三千文，卖地一段，碑铭虽有四至，奈以年远，地形变迁，四至不甚确合，道路亦已湮没”。时间长了，四至描述不清楚，这是造成此次诉讼的原因之一。由此看来，传统的四至描述地界的做法在技术上有一定缺陷。诉讼的缘由并不仅仅是社会经济性质的，也是技术性质的。

23 沟村关帝庙民国十五年（1926）《无题名碑》

一、村庄与庙宇概况

沟村位于高平市区西南 5.5 公里处，高平盆地的边缘。沟村位于高平盆地向西部山区过渡的边缘地区，向东即梨园玉皇庙同治案例中的梨园和瓦窑头所在的玉井里几村，已经到了市区边缘，向西就是后山沟崔家湾龙王庙光绪案例中的后山沟村，再西就进入皇王山等西部山区了。沟村位于野川河东岸，沿河向北就是路家村，向南就是康营村。沟村地理位置重要，是从高平市区向西部野川、原村和马村等乡镇去的必经之路，现在的省道 331 穿过村南。据村民讲，以前从原村方向过来的商人就是过野川河之后经过沟村，再到瓦窑头和梨园，再到汤王头，然后进入高平县城之中。可见，沟村以前一直就在从晋南和沁水到高平的重要交通路线上。只是原来路线偏北，现在的省道偏南一些。沟村是一个行政村的名字，包括许家沟、毕家沟和郭家沟三个自然村，三个村在清代全部属于十九都玉井里，三个村位于这一片丘陵地带的前中后三条山沟里，因此县志中称作南沟村、中沟村、后沟村。① 许家沟关帝庙南边的西阁外面（西侧）有康熙四十七年的匾额一块，上面就写作“南沟村”，和县志中的记载一致，可知以前正式的名称就是南沟村。沟村现属野川镇。三个沟村规模都不大，方圆都不足 200 米，现在三个沟村近 400 户，1400 多人。许家沟较大，近 200 户，其他两村均为 100 户左右。许家沟和毕家沟两村距离较近，现在已经连在一起，中间有一座牌楼分割，牌楼北面就是毕家沟村，南边就是许家沟村。郭家沟现在在地理上仍然与毕许两沟村分离。

沟村共有两个关帝庙，毕家沟另有一个关帝庙，也在村西，临近毕家沟的西阁，诉讼碑刻所在的是许家沟的关帝庙。许家沟关帝庙位于村西南

---

① ［清］傅德宜等纂修：乾隆《高平县志》卷四《里甲》，凤凰出版社 2005 年版，第 59 页。

角，邻近西阁和南阁，坐北朝南。庙宇正殿三间，东西耳房各一间，东西配殿各三间，西配殿为奶奶殿，东配殿目前无神灵。西配殿的背后是一个龙王庙，也算是关帝庙的西侧院。龙王庙正对野川河，可以俯瞰野川河谷。关帝庙山门朝东，位于庙的东南角，庙南侧就是南阁，可以直接通到南阁和西阁之上。沟村许家沟关帝庙与龙王庙、西阁（马王阁）、南阁（慈云阁）、水池、看楼和过路搭板戏台等构成一个庞大复杂的建筑集群。关帝庙坐北朝南，南侧为西阁。西阁正对面有一过路搭板戏台，戏台坐东朝西，正对西阁。戏台为过路戏台，平时走路，形制也像一座阁门，唱戏的时候在中间搭板，就与关帝庙、西阁、南阁和看楼一起构成一个剧场。西阁南边毗连南阁，两阁呈九十度角，南阁东边是侧面的看楼。西阁是一个截面呈方形的阁门，朝外朝西的一侧是马王阁，朝内朝东的一侧是对面看楼，正对戏台。以上建筑围成一个广场，也是剧场，是村中看戏等公共活动进行的地方。这个建筑集群南面就是水池。关帝庙始建重修不详，西阁上今存康熙四十七年的南沟村匾额，西阁当创建于此时，则关帝庙的始建可能也是这个时候。由戏台上的脊枋题记可知道光六年创修戏楼，则道光六年创修舞楼是一次增修，推测庙宇兴建当不晚于清前期。

二、碑文整理

沟村关帝庙民国十五年诉讼碑位于沟村许家沟关帝庙南面的墙上，笏首壁碑，高 92 厘米，宽 35 厘米，尺寸较小。2013 年 6 月 25 日孟伟和赵丹荣等人田野调查中发现，2013 年 7 月 4 日和 9 月 19 日杨波等人多次做补充调查，2016 年 10 月 25 日又专门对碑文进行了核对。碑刻保存一般，有部分字迹脱落，无法辨认，但不影响文意。碑刻无题名，无篆额，碑额有龙凤纹饰，四周有波浪形纹饰，无碑阴。碑刻共计 10 行，每行约 40 字，共约 340 字。现根据实地调查，校录碑文内容如下：

碑额：无

题名：无

高平县知事陈

为公布□案

据毕、许两沟村因水池纠葛，屡次□讼。本知事为息讼起见，委令该里村长高登瀛前往两村会同妥议办法，呈县核夺[①]。去后□□该村长呈称：奉令前往毕、许两村，会同村副、闾长□□两村教员□同妥议办法数条，请核前来。查所拟办法各条，虽属平允，尚欠周妥。本知事业将各□□□□改，合亟开列于后公布，两村人民一体遵照勿违。切切此布。

计开办法四条：

一、池属共有。公掏公汲，岸上修筑、植树均归许家沟村管理；

二、毕家沟村□水走路仍照旧规，许家沟村不得拦阻；

三、向来挖池按两村人口拨工，永远遵守；

四、拨河工价一项，许家沟村担负十分之七，毕家沟村担负十分之三，不得变更。

民国十五年七月十七日

许家沟村乡公所抄刊

三、碑文考释

（一）乡、里和村

碑文中出现了很多的基层行政区划的名称，有称“该里村长高登瀛”，落款却又说“许家沟村乡公所”。为什么里会有村长，而乡又有公所呢？这里的里、乡和村究竟是什么关系？这反映了民国早期基层行政区划的混乱情况。民国开始废除了都里制，实行了区村制。实际上，清代县以下的基层区划首先是乡，但是乡实际上不承担任何职能，仅仅是一个地理区划的概念，并不是行政层级。民国时候的区相当于清代的乡，数量上也差不多，清代的乡是四个，民国时候的区是五个。民国时期的村制实际上区分为主村和副村，这个主村有时候也叫作乡。主村的数量在民国早期有九十二个，

① 核夺，审核决定之意。

其数量与清代的里的数量比较接近，清代的里的数量是八十八个，因此民国时期的主村其实相当于里，而在民国时期也被叫作乡，这时候的乡就比清代的乡要小很多了。副村的数量有五百二十个，基本上和现在的村庄数量差不多，这才是现在意义上的行政村。因此，碑文中的乡和里其实都是指的民国时期的主村，主村在民国时期也叫作乡，相当于清代的里，民间估计也按照以前的说法叫作里。因此，碑文中的乡、里和村可以说都是一回事。① 毕家沟和许家沟在民国都是副村，在当时都属于第三区的上野川主村，因此，诉讼的事情由它们上一级的主村的村长来负责调解。这也就是为什么许家沟和边家沟的负责人都是村副，它们本来就没有村长。

（二）通知公告

本案例碑文是从文书抄录过来的，也就是“抄誊勒石”的情况。碑刻最后明确说“民国十五年七月十七日，许家沟村乡公所抄刊”，说明碑文是抄了文书内容，然后刊立成碑刻的。因此，这通碑刻也没有撰文书丹人。这个文书内容是对于诉讼情况的一种通知公告，和清代公告类的文书应该是类似的，但是格式已经不太一样了。格式的开头还比较类似，都是先说颁布告示的县政府行政长官的名字，然后以“为……事”的格式开头，后面就是叙述整个事件过程和结果了，最后以“遵照勿违。切切此布”的结束语结束，四条规约可以看作是附在告示后面的附录。

（三）水池

诉讼中的水池现在已经被填埋，现在在原址象征性地修建了一个很小的水池。水池就位于关帝庙建筑集群的南边。水池的西面，也就是临河的地方，也有一个阁门，水池的水主要不是雨水，而是河水。野川河的水就是从这个阁门流进水池中的。也就是说，关帝庙之南原来其实有两个阁门，一个走人走车，就是现在的西阁马王阁；另一个走水，野川河的水通过这个阁流到了水池之中，水池起到了蓄积河水的作用。以前西阁外面地势比现在低了很多，现在已经垫高了。以前水池地势更低。所以以前的西阁外面垂直高度落差更大。以前村民要打水，都是从西面的水阁或者南阁，沿着台阶下去，到了水池边上，才能打水，所以水池地势很低。水池是要蓄

---

① 以上参考高平县地名办公室编《高平县地名志》，内部资料，第 15 页。

积河水的，在河水水位高的时候水池比河水水位要低，河水流入到水池之中，河水水位低的时候，水池的水和河水分开。这可以说是一个精巧而简单的水利工程了。据村民说，原来村民吃水就是在这个水池里，争水也是这个水池，后来新中国成立以后才又在村子北面，毕许两沟村之间修了一个大水池，那个水池就是蓄积雨水。早期自来水没有接入家庭的时候，水池也用来放自来水。

（四）诉讼当事人

本案例诉讼当事人是许家沟和毕家沟两个村庄。许家沟与毕家沟两村今为野川镇沟村的两个自然村，沟村共有三个自然村，从北往南依次是郭家沟、毕家沟和许家沟。两村的代理人是村副、间长和教员，本案例中完全没有出现社首。村社在本案例中已经没有影响力。

（五）诉讼原因与结果

从碑文看来，许家沟和毕家沟的诉讼不是这个时候才出现的问题，而是屡次诉讼。诉讼的原因是争水，争夺的是水池的水。据田野调查中询问村民得知，诉讼的主要原因就是水池是归许家沟所有的，许家沟村的人不让毕家沟村的人在其水池中取水。

这次诉讼发生后，县知事从官方系统的序列里面委派了主村的村长来进行调解的工作，主村村长召集了毕家沟和许家沟的村副、间长和教员进行了调解，拟定了四条规约，然后上报给了县知事。县知事认为所拟定的规条不够完善，又进行了修改。修改后的规条就是最终确定的规条，也就是碑文上记载的规条。

四、进一步的讨论

（一）村社的消失

从秦庄岭玉皇庙民国案例开始，村社与村公所两种组织同时出现，秦庄岭玉皇庙民国案例中是既有村副和间长，又有维首；柏枝庄西天院民国案例中是既有间长又有社首。到了本案例中，社首已经消失，组织诉讼的调解、诉讼的双方及其代理人，参与调解和订立规约的是村长、村副、间长和教员等。这表明从民国中期开始，村社组织地位衰落，在村中作用越来越弱，逐步开始退出村庄公共事务的很多领域。不过，这也不能说村社已经不再存在了，只是功能简化了。本案例和秦庄玉皇庙以及柏枝西天院两个案例的情况不同，它实际上和关帝庙本身没有什么关系，只是因为关帝庙是村中大庙，所以碑刻才立在关帝庙之中。民国时期，代表村庄集体利益的组织已经不一定是村社了，村公所也可以代表村庄集体利益。本案例中的村副、闾长乃至教员都可以代表村庄集体利益参与诉讼和调解，村社在这一类与庙宇没有任何直接关系的诉讼案例中就消失了。从民国开始，由于基层组织发生了较大变化，村社首先退出的就是这种代表村庄集体社会事务的领域，村社更多地退回到其早期出现时期的单纯的信仰方面的功能了。这种情况一直发展到根据地时期，在新中国成立后，村社组织彻底消失。

（二）水的多样性

泽州地区饮用水的来源是多种多样的。下崖底东庄关帝庙嘉庆案例中的饮用水既有井水又有所谓的坑水，坑水也基本上就是池水，属于雨水的范畴。井水一般来说是地下水，但是也不一定，梨园玉皇庙同治案例中梨园村的很多井实际上和水池一样是蓄积雨水的，可以说是蓄积地表水的水井，因此常常会出现没水的情况。梨园村和瓦窑头的水池都是蓄积雨水的，也就是碑文中的天水。后山沟崔家湾所饮用的水虽然也叫作井水，但实际上是皇王山上的泉水。本案例中所饮用的水同样是池水，但是和梨园村不同，水池里的水实际上是河水。这种情况和龙尾东岳庙民国案例的情况类似，龙尾村饮用的水在河滩之中，应该也是河水。龙尾也同样是在河滩凿池，应该也是将河水引入水池之中蓄积之后饮用的。

从以上这些可以看出，泽州地区水资源的分类应该说有两种标准，一种标准是蓄水装置的类型，有井、池两种主要类型，当然也有坑等类似的情形。从水资源的来源来说，又有河水、雨水、泉水、地下水等多种类型。以上两种类型可以相互组合，它们之间没有必然的关系。井水可以是地表水，也可以是地下水。水池水可以是河水，也可以是雨水。民间对这些的区分并不严格。

（三）水与信仰

沟村许家沟关帝庙实际上和梨园村玉皇庙一样都是水池边的庙宇，瓦窑头村的汤王庙也是水池边的庙宇。以上三个庙都是各自村的大庙。类似这样的例子在其他村庄中很多。那么，是先有庙后有水池，还是先有水池后有庙呢？按道理说，后一种可能性更大一些。从梨园玉皇庙和沟村关帝庙中的龙王庙可以看出端倪。梨园玉皇庙中有康熙时期的井泉龙王庙神位碑，是梨园玉皇庙中最早的碑刻，原来应当就在水池边上。沟村许家沟关帝庙靠近河边的地方也有一个龙王庙，位于关帝庙西面的一个小侧院内，这个龙王庙位置很好，正好可以俯瞰整个野川河谷。这个龙王庙估计既是河神庙又是水池神庙。它靠近水池，因此和梨园玉皇庙的井泉龙王庙类似，但是它又靠近野川河，这就和后山沟崔家湾的龙王庙类似，是河神龙王庙。这一类型的水神龙王都是直接和水有关系的信仰形态。信仰与水更深层次的关系体现在大庙和水的关系上。梨园的玉皇庙和沟村许家沟的关帝庙的主神灵都和水没有直接关系，它们都是村中大庙。但从位置来说，它们又都在水池边上。这是因为村民取水的需要会使村庄中心向水池边上靠拢，大庙的选址也就位于这个地方了。同样的道理，唱戏的这种需要也倾向于靠近庙宇，戏台及剧场也就分布在了庙宇周围。沟村至少有四个重要的功能性建筑位于关帝庙这个建筑集群周围：第一个是西阁马王阁所代表的村庄及其道路标志；第二个是关帝庙所代表的村庄中心的大庙；第三个是水池代表的村民用水需要的中心；第四个是戏台代表的村民看戏娱乐的中心。这些功能都聚集在关帝庙周围这个小的村庄中心。

（四）西阁与商路

关帝庙南边的西阁是马王阁，现在阁上还画了一幅骏马奔腾的画，不过没有塑像了。这个阁是一个截面呈正方形的阁，西面临河的是马王阁，东面正对戏台的确实是一个看楼，据村民说以前他们就在这个上面看戏，她口头确认了这是一个看楼，但是没有进一步的文字证据。西阁马王阁上面的南沟村的匾额是康熙四十七年的，这应该就是建立此阁的时间，可能也是建立关帝庙的时间，戏台建于道光。阁在戏台创建之前就已经存在了。那么看楼不大可能是康熙时候就建好的，它有可能是在后来经过改造以后才成为正面看楼的。这个改造时间可能还要晚于南边看楼修建的时间。改造方式要么就是马王阁拓宽成为方形截面的阁，要么原来就是双向阁，后来将冲里的阁改为了看楼，后一种情况可能性不大，可以从建筑上进行判断。所以，这个正面看楼创建之初是不是就是作为正面看楼设计的，这本身是有点问题的，但是它曾经作为正面看楼使用则是没问题的。西阁外面现有一块石头，石头上刻着字，字迹略有漫漶，大体上是“□□十三年二月”的字样，前面有两个字看不太清楚，也许是个国字，如果是民国三十三年，那就是 1944 年，不过也可能是民国十三年，那就是 1924 年。由此看来，1924 年或者 1944 年曾经对这个阁做过改修，这个石头上的字是当时修建时候留下的时间记录。这种习惯很多工匠都有。

据村民说，这个阁下面的路垫高了很多，原来比现在低很多。原来商人们就是从这条路上推着小车经过，以前还有车辙的印子，后来垫高以后就看不到了。商人的行走路线大体上是从原村那边来，经过沟村以后，到瓦窑头、梨园，再到汤王头，然后进高平城。这就为我们厘清了从晋南、沁水一线一直到高平县城的路。梨园的东阁慈云阁和明代的崇正桥也在这条商路上。汤王头是进出县城的门户。阁门其实不仅仅标志着村庄的边缘，同时标志着村庄的道路，阁门的方向也就是穿过村庄的道路的方向，阁门不仅仅是村庄的标志，也是道路的标志。将阁门连接起来就是商路。

（五）教员的作用

本案例中出现了教员，教员这种说法是民国时期的新词汇，他们是学校里面的教师。从民国开始，教员的地位就开始提升，碑文中最常见到的就是教员来作撰文书丹者的情况。清代碑文的撰文书丹者一般都是贡生、监生、生员或庠生这样一些底层科举系统内的知识分子，晚清废除科举之后，这些人的身份开始消失。不过邀请基层社会有知识有文化的人来撰写碑文的习俗还是保存了下来。现代碑刻就已经不再有这种习俗，都是村民自己撰写，因此，文字方面的错误极其常见。民国时期教员撰写碑文的例子很多，例如，现存贾村炎帝庙的民国三年《贾村补修诸庙碑记》：“高平县初等小学校教员师范传习所毕业泮沟村王承先撰并书。”民国时候绝大部分碑刻都是如此。从本案例可以看出，教员不仅仅是从事撰文书丹这一类文人做的工作，他们也参与到了村庄矛盾纠纷的调解工作中。

（六）四条规约

本案例最终结果中最主要的是四条规约的订立。这四条规约是调查调解者与诉讼双方的许家沟和毕家沟两村商议之后提出的意见，然后经过县长修改确定的。四条规约主要解决了下面一些问题。

首先是水池的所有权归属于两村共有。产权是一切其他问题的基础，在其他几个争水案例中，无论泉水、井水、池水，产权都归属于某一个村庄。此案例中的毕家沟和许家沟比较特别，是共有这个水池的。

其次，水池维护修理的义务归属。由于水池靠近许家沟村，许家沟承担的这方面义务更多一些。水池内的维修由两村合作完成，但是水池边的修筑维护由许家沟完成。同时在细节方面明确了合作完成维修水池的办法。人力方面由两村按照人口数量拨工，经费方面两村分摊。

最后，两村均拥有取水的权利，由于水池靠近许家沟，特别强调的是许家沟不得阻拦毕家沟取水。

以上显然就是对于水池的产权、两村的权利和义务所做的一个比较详细的规定，但是这种规约是否能够正常执行就很难说了。

24 赤祥嘉祥寺民国二十二年（1933）《嘉祥寺归全里五村公有息讼碑记》

一、村庄与庙宇概况

赤祥村位于高平市区北 9 公里处，略偏东。赤祥村位于神农三甲镇所在的小东仓河河谷地带的东边缘，西临丹河支流小东仓河。小东仓河河谷也是从长治经由羊头山进入高平的官道经过的地方，交通比较便利。赤祥南靠南河村，东北为刘家北山等三个山区小村庄，已经进入山区地带。据村民说东面与陈区镇交界处就是东珏山，而东珏山是晋城地区东西南北四大珏山之一。赤祥村规模较大，基本呈正方形，东西南北约 500 米，赤祥是这个小区域中最大的村庄。赤祥村在清代属第一都徘徊北里①，今属三甲镇，现在有 500 多户，2000 多人②，是比较大的村庄。

赤祥嘉祥寺是高平著名佛寺，国保单位。嘉祥寺位于村西北，坐北朝南，庙建在高台之上。嘉祥寺始建于五代后周广顺二年。该寺虽在赤祥村，历史上实为徘徊北里五村所共有，即今刘家三个自然村、赤祥和南河五村。明成化年间，庙宇重修，增修了后院七佛殿，庙宇具备了三进院的格局。乾隆二十八年至三十四年重修增修。乾隆五十六年创建了庙宇西侧的西林书院，书院现已不存。乾隆两次重修均有大量捐款，但无商号。嘉祥寺近些年经过修缮，庙内也已经恢复香火。嘉祥寺坐北朝南，三进院落。山门侧有一小偏院。山门外有古井和龙宫。龙宫为一小神龛，上刻龙宫二字。古井旁有乾隆时期碑刻一通。山门在庙东南角，门口台阶下有省保碑，门楣上有嘉祥寺字样。二道山门前有影壁。前院正殿为毗卢殿三间，也称前殿或转果殿，为宋金时期遗构，面阔三间，进深六椽，歇山顶，琉璃脊饰。殿内有壁画，依稀可辨，还有清代到民国碑刻三通。前殿前立有“佛顶尊

① ［清］傅德宜等纂修：乾隆《高平县志》卷四《里甲》，凤凰出版社 2005 年版，第 56 页。
② 数据来自田野调查中询问村民。

胜陀罗尼经”和“佛说阿弥陀佛经”经幢两座，均建于五代后周广顺三年。东西配殿各三间，为观音殿和地藏王殿，南殿三间为天王殿。前院内有侧柏两株。中院正殿为大雄宝殿，也称三佛殿，面阔五楹，东西配殿各三楹，院内有龙柏一棵。后院原正殿为七佛殿，现已不存。嘉祥寺碑刻众多，不再一一列举。

二、碑文整理

民国二十二年《嘉祥寺归全里五村公有息讼碑记》位于嘉祥寺前殿毗卢殿内，笏首方趺，高 173 厘米，宽 50 厘米，厚 20 厘米。2013 年 8 月 17 日杨波和王潞伟等人在田野调查中发现。碑刻保存完好，有题名，无篆额，碑额和四周有佛像等纹饰，无碑阴，共计 15 行，每行 70 余字。现根据实地调查，校录碑文内容如下：

碑额：无

碑题：赤祥村嘉祥寺归全里五村公有息讼碑记

赤祥村西之嘉祥寺，考查历代碑碣，原由住僧化修创始于周之广顺三年，宋、金、元迄明、清，屡经重修、增修。其始则仅有三佛殿前两院，明成化间，乃增修后院、七佛、诸天、十王殿、东禅院。考查七佛殿中明正德己巳年间邑人王琦文瑞所撰碑文，言之綦群。尔时寺工尚由僧善化修理，非由村社里属地亩摊费，且南河村尚未归并本里。及明崇祯九年并里后，徘徊北里四村，又增南河村为五村。及清代，此寺无僧，善化修工程随累归全里，按地亩起费修葺。迨民国五年，南河村因抗不摊修理之费，涉讼有案，经县长判定，按地亩公摊，殿内有碑可考。自此以后，嘉祥寺遂归全里五村公有。及民国二十年，因赤祥村将寺田租籽归首社学①费，全里村公所罚款与首社界限不清，外属村监察具查帐涉讼，经中调处和息，将嘉祥寺归为徘徊北全里五村公有，徘徊北村公所即设立于此寺东禅院内。自此以后，凡嘉祥寺之田地、粮银、工程、神祀一切利害，统归全里五村按地亩公摊，以

① 原文为“斈”，同“学”，常用于人名。

公济公，永绝讼争。恐口无凭，经中公处同村长、副，各村社、监察员、闾长，勒石以垂永久。是为序。

前任村长：温福水，现[任村长]：杜德成

同中人：朱光裕、王之傑、李克振、李培金

前任村副：田瑞霖、王兆龙

现任村副：张锁

前任闾长：田发生、田大富、杜喜则、田丙荣、张庆孩、李均、杜玉生、王元顺、张清涛、陈禄生、袁宝珍、刘连锁、王兆雄、王根年、田德兴①、王成、田彬

赤祥村社首：田庆馀、田良、王希夏、张材魁、张国财、祁根夫、田金福、张锁、朱炳

南河村社首：田晶、王金英、田守臣、闫凤岐、王百川

王北山社首：刘和成、王长荣、陈世芳

刘北山社首：刘小狗、袁道平、刘九孩

陈北山社首：陈茂林、王兴

前任监察员：杜德成、张锁、田茂生、王维纲、袁道平、陈茂林

现任闾长：田庆余、田金聚、张明生、李海金、张锁、张东顺、平柏林、王元顺、温秉坤、陈福顺、袁宝珍、刘连锁、王起元、王喜则、田德兴、闫凤岐、王简

寺田名称：庄坡上地五亩、寺院前地三亩、寺院后地六亩、寺井上地四亩、赵圪倒地二亩、小河里地四亩、寺沟里地五分、大河口一亩五分、剃则坡地三亩，以上九宗共中地二十九亩正

粮银两宗：一两二钱七分四厘、一两一钱零七厘

邑人清邑庠生育中高小学校教员李克振撰

邑人省立第四中校毕业现任赤祥村初级学校正教员孟国新书

里之王北山村人王旦孩玉工

大中华民国二十二年岁在癸酉仲春下浣建立

① 原字为“㒷”，兴的异体字，参看原格式整理。

三、碑文考释

（一）民国五年诉讼

本案例涉及两次诉讼。第一次诉讼发生在民国五年，诉讼原因是徘徊北里五村公摊修庙费用，而南河村不愿意接受摊派，因此诉讼。这样诉讼的被告一方一定是南河村，而另一方可能是赤祥村，更可能是徘徊北里其他四村联合起诉。碑文中说诉讼的结果是“自此以后，嘉祥寺遂归全里五村公有”。这种说法是不能成立的。嘉祥寺由五村出资共同修建是很早就开始的事情。从现存两通万历时期明代碑刻上无法看到修庙有村社的参与，内容上也是比较纯粹的佛寺修建。从乾隆时期的修庙开始，组织者成为维首，村社开始主导嘉祥寺。现存乾隆时期修庙的碑文就有“王家北山散布施钱八千，银一两七钱，陈家北山散布施钱八千四百七十文”① 的说法，至少乾隆时期，周围其他村庄就参与了嘉祥寺的修建。因此，民国五年诉讼的结果应该是通过诉讼确认了嘉祥寺归五村共有这个事实，而这个事实应该是在此次诉讼之前很早就已经存在了。

（二）诉讼当事双方

民国二十年开始的诉讼案例，也就是本案例诉讼当事双方没有明确的说明。事情发生在原来清代的徘徊北里五个村之间。民国时期的赤祥村是五区的一个主村，这个主村的村公所就设在赤祥村。作为主村的赤祥村实际上相当于清代的徘徊北里，民国时期实际上应该叫作赤祥主村，但是碑文还是习惯沿用清代的名称叫作徘徊北村或者徘徊北里。赤祥村在碑文中又被称作“首社”，其实就是指徘徊北里这个主村的村公所所在地，这里又混用了村社的名称来指代村庄。

（三）诉讼原因

民国五年的诉讼实际上已经明确了赤祥村的嘉祥寺是属于徘徊北里五个村共有的。民国二十年再起诉讼是因为办学校所带来的新情况。碑文中

① 乾隆五十六年《补修嘉祥寺创建西村书院》，现存赤祥嘉祥寺。

说："因赤祥村将寺田租籽归首社学费，全里村公所罚款与首社界限不清。"这里的意思是赤祥村在庙产兴学的过程中在嘉祥寺办了学校，原本属于嘉祥寺庙产的土地出租收入就归入了赤祥村学校的办学经费之中，这样就引起了其他四个村的不满。民国五年既然已经明确了嘉祥寺是属于五村共有的，那么嘉祥寺的土地收入也应该是属于五村共有的，怎么能给赤祥的学校用呢？这就是诉讼的原因。

（四）诉讼结果

本案例同样是因为庙产兴学而引起的争讼，由于嘉祥寺是属于五村共有的，情况更加复杂。诉讼最后经过调解和平解决，主要的结果如下：

（1）再次肯定民国五年的诉讼结果，明确嘉祥寺是属于五村共有的庙宇；

（2）徘徊北村也就是赤祥主村的村公所就设在嘉祥寺之中；

（3）嘉祥寺的田地、粮银、工程、神祀一切利害，全部由五村按地亩公摊。这就是说所有收入和支出全部按照土地数量的比例进行五村公摊；

（4）关于办学经费的问题，碑文中没有明确说明，按上述规定，嘉祥寺寺田的收入也应该按照五村地亩公摊，不能赤祥村独用。

四、进一步的讨论

（一）崇祯并里及其影响

碑文中首先概述了嘉祥寺的历史，按照碑文的意思，民国五年的诉讼远因是南河村原来就不是徘徊北里的村庄，是在崇祯九年并里的时候才合并到徘徊北里的。关于崇祯九年的并里在双井里八村同治案例中已经做了说明，这里再做简单介绍。明末高平的里共有一百六十一里，明末陕西农民军对泽州劫掠过后人口大幅减少，因此，崇祯九年（1636）对很多里进行了归并，里的数目减少到了一百里。到乾隆时期，里的数目只有八十八里。关于徘徊北里的合并情况，县志中也有记载："徘徊北：在县东北，庄五：赤祥村、王家北山村、陈家北山村、刘家北山村、南河村……旧有徘徊西，在县东北，庄三：南河庄、三甲村、靳家庄，并去。”① 虽然徘徊西里的叙述中写作南河庄，但是可以确认就是南河村。崇祯九年的这次并里被作为理由写在了碑文之中，可是这个事件已经过去了近三百年的时间了，南河作为徘徊北里的村庄时间已经很长了，不会因为这个原因而不愿意摊派修庙费用的。而且，徘徊北里摊派费用修庙也是在清代才开始的事情，碑文中称“及清代，此寺无僧善化修理，工程随累归全里，按地亩起费修葺”。开始各村摊派费用修嘉祥寺的时候，南河村早就已经是徘徊北里的村庄了。因此，并里是南河拒绝摊派的理由显然没有道理。

（二）庙宇从佛寺向社庙的转变过程

本案例碑文一开始就对赤祥嘉祥寺的历史情况做了详细的说明，其中与诉讼案有关系的重要信息是嘉祥寺从一个比较纯粹的佛教寺院发展到村社的社庙的过程。这里所说的佛寺和社庙并不是就其信仰的神灵而言的，而是就其社会组织管理的方式而言的。碑文给出的两个时间点，一个是明正德时期嘉祥寺的修缮过程，这个时候修缮庙宇的主体是僧人，为庙宇筹集资金的方式也是僧人的募化，碑文中说：“考查七佛殿中明正德己巳年间邑人王琦文瑞所撰碑文，言之綦详。尔时寺工尚由僧善化修理，非由村社里属地亩摊费。”从社会经济角度来看，这个时候的嘉祥寺还是一个典型的佛寺。对于泽州地区那些和嘉祥寺一样历史悠久的佛教寺院来说，这种情况是很普遍的。另一个时间点是进入清代以后，清代以后嘉祥寺的维修就由村社来负责了，维修的费用也由村社通过地亩摊派的方式来解决。碑文中说：“及清代，此寺无僧善化修理，工程随累归全里，按地亩起费修葺。”这个时候这类庙宇中的僧人并没有消失，但是其作用已经发生很大改变了。乾隆时期修缮嘉祥寺的碑刻中能见到很多对住持僧人的记载：“住持僧人心一徒灯慧徒孙蕃修蕃正。”② 但是，这些僧人在庙宇中的作用已经变得微乎其微，成为看门的住持。碑文中所反映的这种情况在泽州地区具有普遍性。我们不能仅仅根据庙宇中奉祀神灵的种类来判断一个庙宇的性质，应该兼顾社会经济方面的要素。更为重要的是，庙宇的性质不是一成不变的，是会发生改变的。这种改变有两个最重要的时期，一个是晚明时期，另一个

① ［清］傅德宜等纂修：乾隆《高平县志》卷四《里甲》，凤凰出版社 2005 年版，第 56 页。

② 乾隆五十六年《补修嘉祥寺创建西村书院》，现存赤祥嘉祥寺。

是清代中期。这两个时期总的发展趋势都是正统的佛教寺院性质越来越弱，僧侣逐步消失，与此同时，社庙的性质越来越突出。这也是村社的影响力越来越大的一种表现形式。

（三）社庙的层级

我们常常将社庙视作一个村庄村社的庙宇，我们也已经在牛村玉皇庙光绪案例中看到了村社可以存在很多小社，我们又在东李门关帝庙民国案例中看到小社也会有自己的社庙。在本案例中我们还看到另一种情况，那就是存在着几个村共有的社庙的情况，其实这种情况是更早的情况。南庄玉皇庙光绪案例中能为我们提供更早的情形，南庄早在金代就存在村社，明代的村社是周围五个村共同的村社。从村社的角度来看，这时的五个村还没有完全分开。这是比较常见的一种情况。本案例中的情况则是村庄已经完全分开，每个村庄也各有各的村社，各有各的社庙，比如赤祥村的社庙其实是村中的炎帝庙。但是在这些社庙之外，另外有五个村庄共有的庙宇，这就是嘉祥寺。这样，嘉祥寺就具有了五个村庄共有的社庙的性质。而诉讼结果中将民国时期主村的村公所设立在嘉祥寺中，这也有再次确认嘉祥寺地位的意义。由于村社是存在着一个层级关系的，有村庄中的小社，有村庄整体的大社，还有几个村庄联合起来的村社联合体，这些村社的层级又对应着相应的社庙，因此，社庙也就有了层级。

25 团东村清化寺民国二十二年（1933）《高平县东北乡团池北里团池东村清化寺佛爷社因地涉讼讼毕碑记》

一、村庄与庙宇概况

团东村位于高平市区正北10公里处，是神农镇镇政府所在地，原名团池村，现分为团东团西两个行政村；团东与团西两村东临原来高平到长治的官道，今为国道207，交通便利，向西经过中庙村就到达中村，也就是中村观音寺民国案例中的中村；向南就是三甲镇与神农镇的交界处；向北就进入邱村等羊头山脚下的一大片山区小村庄。团东村基本上位于神农三甲小盆地的中心，地势开阔，交通便利。团东和团西本为同一个自然聚落，面积很大，东西近一公里，南北也有600多米。团池村在清代属第一都团池南里和团池北里①，今属神农镇（原团池镇）。团东村现有400多户，2000多人，是较大的村庄。

团东清化寺是团池规模最大、历史最悠久的古庙，1996年1月12日公布为第3批省级重点文物保护单位。2013年调查时正在修缮中，现在已经修缮完毕。清化寺位于神农镇团东村村中，略偏东，现团东村委会旁边，坐北朝南，占地面积约2275平方米。创建年代不详，建筑有明显早期风格，庙宇始建至少在元代以前。清化寺规模很大，共计四进院落，北高南低，各院逐渐降低。中轴线上建有山门（已毁）、如来殿、三佛殿、七佛殿，两侧建有诸神殿、水陆殿、西看楼、东看楼、西禅房、东禅房、西配楼、东配楼、西禅堂、东禅堂、西厢房、东厢房。其中如来殿为元代遗构，余皆明清建筑，如来殿石砌台基，高1米，面阔三间，进深六椽，单檐歇山顶，琉璃脊饰。

① ［清］傅德宜等纂修：乾隆《高平县志》卷四《里甲》，凤凰出版社2005年版，第56页。

二、碑文整理

团东清化寺《高平县东北乡团池北里团池东村清化寺佛爷社因地涉讼讼毕碑记》现存清化寺院内，保存完整。清化寺庙旁现有一座养老院，调查时这通碑刻放在养老院内的一个小平台上，靠墙倒伏，保存状况很差。2013 年 9 月 1 日杨波和刘俊等人在田野调查中发现。碑刻民国二十二年五月立石，笏首无趺，高 146 厘米，宽 45 厘米，厚 17 厘米。此碑有碑阴，碑阳有题名，无篆额，碑额有龙形纹饰。四周有“暗八仙”纹饰，碑阴无题名，有篆额，碑额及四周均无纹饰。现根据实地调查，校录碑文内容如下：

【碑阳】

碑额：无

题名：高平县东北乡团池北里团池东村清化寺佛爷社因地涉讼讼毕碑记

大凡物不得平则鸣，人不得已则争。先圣虽以无讼为至善①，世人惟因不公而构难。于以知鼠牙雀角②，良有以也，鹬啄蚌壳③，岂偶然哉？兹者高平县东北乡团池北里团池东村清化寺佛爷社，有地百零八亩六分，该社之附设于清化寺也，不稽几何年代。其地管办之责，系属东村之社首、闾长。该社祭奠等事亦系东村之社首、闾长，与西村毫不沾染。前清宣统年间，在文庙设立学校，西村人借公益名目，乘机染指，竟怂恿东社，将此地所出之资，除佛爷社花费外，下余多寡归作文庙学校基金。尔时西村之所以不另设学校者，意有所在也。迨至民国六年，西村奉令亦设立学校，至此而野心始露，分地风潮日盛一日，民国十年遂成讼端。东社既被讼累，不得已据理陈辩在县。初判未决，延至二十一年，提起上诉，在潞审讯至再，真相毕露。因将初审驳斥，第二次依法判决，其地仍归东村清化寺佛爷社所有。厥后

① 语出《论语·颜渊》：“听讼，吾犹人也，必也使无讼乎。”

② 原指强逼女子成婚而引起的争讼，后泛指狱讼、争吵，典出《诗经》。

③ 指鹬蚌相争，典出《战国策·燕策》。

西村虽又省诉，颇不生效，有省判并在潞判决原本，照刻于背，审视即可了然。窃以荒诞之言固不足信，而此事之再三纠缠，几次反复，毕竟克见天日者，其人力欤，果天幸欤，抑渺冥之中神默佑欤？余未敢决，濡笔记之。

山西省立第四中学校毕业教育厅奖给二等教育褒状曾充县立第八高小学校及公立育中高等小学校教员聂安民撰并书丹。

乡长：王泰兴，[乡]副：申连城，[乡]副：赵维桢

团池东村闾长：牛贵金、牛秉衡、牛仁、闫海龙、牛广文、闫肇瑞、李福运、闫万贞、王秉贵、闫金福

邻长：郭青春、闫水金、李国发、牛树智、张根深

书记：苏永平

住持僧：本廉

仝勒石

中华民国二十二年葭月①下旬之吉

玉工申胡成镌

【碑阴】

碑额：永垂不朽

题名：无

山西高等法院第三分院附设地方庭民事判决二十一年度上字第五八号。

判决

上诉人：团池东村，属高平县。代理人：申仁，男，四十七岁，闾长；牛贵金，男，五十七岁，闾长；牛秉衡，男，三十三岁，闾长。

被上诉人：团池西村，属高平县。代理人：张进发，闾长；郜命恩，闾长；杜得恒，闾长。上三人代理人：郜太和，业农。

右两造因地亩涉讼一案，上诉人不服高平县政府中华民国二十一

① 指农历十一月，以葭草命名。

年六月十一日第一审判，提起上诉，本院审理判决如左：

主文

原判决变更：被上诉人在第一审之请求驳回。两审诉讼费用由被上诉人负担。

事实

上诉代理人等代上诉人声明，求为如主文之判决，其起诉要旨略谓：团池东村原有清化寺一座，内有地一百零八亩六分，向归该寺内附设佛爷社经管。宣统年间设立学校时，将该地所出之资，除佛爷社花费外，所余归作学校基金。仝历年该地之出租收租及学校之管理，均系东村人所办，毫无异说。民国九年，团池西村有李国泰者在县办事，竟将此地补契无故加列上西村社首。十年即借补契有西村社首在县告争此地为团池全村所有，应分集西村学校一半。原审不察，竟判决四分归佛爷社，下余六分，东西两村各三分，实难甘服等语，并提出历年纳粮粮串暨租帐、学校化费帐等，为立正方法。被上诉代理人代被上诉人对上诉声明所为之声明，请判决驳回上诉。其答辩要旨略谓：团池村在前本属一村，光绪年间虽分为东西两社办事，而佛爷社之地并未分拔，后将该地归入文庙学校。该校地址虽在东村，亦系全村学校，并非专属东村。该地每年收租亦系东西两村伙收。尤可证明者，该地民国九年补契两张，均系同东西两村社首伙补，有补契可证。此地既属伙产，西村民国六年已另设学校，不去文庙学校上学，则归该文庙学校之地，自应与西村学校分用，以照平允。原审判令分校，并会不合云云，并提出补契两租约多份，为立证方法。

理由

查系争地亩原为清化寺，向归佛爷社经管，已为两造所不争；所争者，即该地应全归团池东村管有，抑应与西村分拔是已。按团池东、西两村，既系分社办事，各设村社办公人员，一切村政社事，均两不相侵，系争地亩既属清化寺产。清化寺在东村界内，该地亦全在东村界内，其应属东村经管，自甚明显。又该地向归寺附设之佛爷社管理，而佛爷社之办事人，向为东村之社首、闾长，不但神事在佛爷社办理，即东村社事亦全在佛爷社办理。此为被上诉人代理人所确认。佛爷社既系东村办理，上诉代理人主张该地在佛爷社，多年来之收租、出租等事均系东村人办理，该地将花费之余亦归入之文庙学校亦系东村人所办。且有所交之租帐学校花费帐可资证明，自应认为事实。被上诉代理人主张清化寺佛爷社之地应属全村文庙学校，亦系全村所办，西村学校应与分用，殊少根据。况该地如果属于全村，西村民国六年初办学校时，何不告争，待九年补契，列入东西两村社首姓名后，十年方告争地？不但该补契系同东西社首为佛爷社文庙学校补契，不能证明该地即为东西村伙有，据以分地。且上诉代理人等攻击该补契列入西村社首，系受李国泰诈欺，亦不为无因。原审不察，竟将该地判做十分，四分归佛爷社，下余六分东西两村各三分，殊欠允当。上诉人就此争执，应认为有理由。基上论结，应依民事诉讼法第四百〇六条、第九十六条第二项、第八十一条，判决如主文。

中华民国二十二年五月十三日

山西同等法院第三分院附设地方民事庭审判长推段寿山、郭华、姚廷俊。书记官荫槐。

右正本证明与原本无异。

中华民国二十二年五月十七日

山西高等法院民事判决二十二年度又上字第七号

判决

上诉人：团池西村，属高平县。代理人：张进发，闾长；郜命恩，闾长；杜得恒，闾长。右三人代理人：郜太和，年四十四岁，农。

被上诉人：团池东村，属高平县。代理人：申仁，年四十七岁；牛贵金，年五十七岁；牛秉衡，年三十三岁。

右两造因地亩涉讼一案，上诉人不服，山西高等法院第三分院附设地方庭，中华民国二十二年五月十三日所为之第二审判决，提起上诉。本院判决如左：

主文

上诉驳回，第三审上诉费用由上诉人负担。

理由

本院按民事诉讼，当事人提起第三审上诉，以第二审之裁判违背法令者为限。此在民事诉讼法第四百三十条，已有明文规定。苟第二审之判决，于认定事实适用法律并无违误者，自不容当事人以空言争执。而据以上诉本件，察阅卷案，两造系争地亩一百零八亩六分，原为清化寺产，向归佛爷社经管，为两造不争之事实。原审以该清化寺既在被上诉人团池东村界内，而该寺附设佛爷社之办事人，又向为团池东村社首，闾长兼充。且多年来此地之收租、出租及每年纳粮等事，均为团池东村人办理，有交案之租帐及学校花费帐可证。遂认定被上诉人团池东村主张为真实，将上诉人在第一审之诉求驳回，于法并无不合。乃上诉人竟借以所持补契列有该西村社首之名，及东西两村村长戳记，谓为此地应归西村共有云云。然查上诉人村民国六年已经另设学校。如果此地确为该西村共有，当初立学校之时，何不出而告争，待至九年李国泰补契列入该西村社首人后，迟至此年十一月间，始行告争合产，其中情节，显有可疑。而被上诉代理人所证，列入西村社首签名，加盖东村村长戳记原因，东村村长是西村李国泰徒弟，系受李国泰诈欺愚弄各节，当属事实。至上诉代理人所持租约十六张一层，查以此项租约姑无论均系□□六年以前故纸，且该租约均又注明为团池东村之清化寺产，并无注有上诉西村之字样。即使此项租约属实，亦不能证明□地即为两村共有。原审本此理由而为论断尤属妥□。上诉人复以同一之理由，向本院提起上诉，□□□□有理由。依上论结，本件上诉为无理由，应依民事诉讼法第四百四十八条、第四百一十五条、第九十一条第一项、第八十一条，判决如主文。

中华民国二十二年八月五日

正本证明与原本无异。

山西高等法院民事庭审判长推事张四科、王尽臣、郭承业。书记官张瑞林。

三、碑文考释

本案例时代较晚，碑刻的碑阴详细地将两次诉讼的判决书列出，有大量细节的信息。这里根据判决书，对相关要素略做整理。

（一）诉讼双方及其代理人

共三次诉讼，第一次与第二次的原告是团东村，被告是团西村；第三次的原告是团西村，被告是团东村。

双方诉讼代理人：团东村三人，姓名、年龄和村中职务分别是：申仁，男，四十七岁，闾长；牛贵金，男，五十七岁，闾长；牛秉恒，男，三十三岁，闾长。团西村四人，姓名与村中职务分别是：张进发，闾长；郜命恩，闾长；杜德恒，闾长。上述三人又有代理人：郜太和，年四十四岁，务农。

（二）寺田

本案例中的标的是清化寺所属的田产及其收入。庙宇有自己的田地是很普遍的现象，窑栈关帝庙嘉庆案例中的社产就是土地，其他很多案例也都有这种情况。关于清化寺的寺田较早的记载是清化寺嘉庆二十四年《补修清化寺壁记》："爰稽厥初有桑田百六十余亩，家俱器物不可胜纪，此为供佛养僧之需。"可见，清化寺的寺田应该历史很悠久，规模很大，是清化寺日常费用的主要来源，清化寺后来历次补修庙宇都是用这个收入。在发生了一些村人私自典卖的问题之后，村社对寺田的管理做了规定："前数十年规制未备，三契共置社地七亩七分。今兹发觉，合社公议，犹罚银三十两，以杜后患。嗣后倘有私置一亩，私典一物者，除舍价归社外，均以加三罚之。以此定规。"① 至少从嘉庆时期开始，对于寺田的管理已经有具体的规范。道光碑刻中对清化寺的寺田有更为详细的描述："团池之东，有寺曰清化，名刹也。建自李唐，迄于今，历有年矣。寺有田百五十六亩。其百二十亩在寺之北，曰寺家垜，凡六块，其北至水心云。其卅六亩则寺之四周，并寺之在焉。寺僧得田五十亩外，此八十八亩量地课租，随时积储，以资葺补。"② 碑文中详细说明了清化寺寺田的所在位置与数量。

---

① 嘉庆二十四年《补修清化寺壁记》，现存清化寺二进院西配殿南山墙外，壁碑，宽110厘米，高50厘米。

② 道光五年《建修垣墙碑记》，现存清化寺二进院东配殿南山墙外，壁碑，宽70厘米，高44厘米。

（三）诉讼事由

团东村原有清化寺一座，内有地一百零八亩六分，原本归该寺内附设佛爷社经营管理。宣统年间设立学校时，将该地所出之资，除佛爷社花费外，剩余作为学校的办学基金，这时候的学校是团东团西两村共有的学校。历年该地之出租收租及学校之管理，都是由团东村之社首和闾长办理。民国六年，团西村独立办了学校，民国十年团西社首认为清化寺的土地应为团池全村所有，土地收入应分团池西村一半，团西与团东两村争执无果，将此事状告在县。

（四）三次判决结果

一审判决：县署徇私舞弊，不查详情，尽管团东村代理人据理力争，并列举历年纳粮粮串①暨租账、学校花费账等证明材料，仍无效果，最后判决：将清化寺地产收入分为十份，四份归佛爷社，下余六分，东、西村各三份。团东村对以上判决不服，即上诉到潞安府山西高等法院第三分院。

二审判决：团东村代理人多方举证，据理力争。团东村给出的理由是，（1）所争之地原为清化寺地产，清化寺在东村界内，该地也全在东村界内，历来此地也是属东村经营；（2）该地一向是由寺附设之佛爷社管理，而佛爷社之办事人员又一向是东村社首和闾长，西村人从未参与；（3）团东村提供了该地历年纳粮粮串暨租账及出租地契约等证明材料，以说明上述事实；（4）补契仅为佛爷社和文庙学校补契，根本不涉及地权；（5）补契虽有东村村长印章，据查该村长是西村李国泰徒弟。系受李国泰愚弄，不得已而为之，并没有与村人商量；（6）团西村于民国六年另设学校，并无争地之说，待至民国九年李国泰补契列入团西村社首之后，才起争执，其中情节实为可疑。以上事实经分院查实，判决结果为：原县判决无效，驳回团西村分地诉求，地产仍归团东村所有。两审诉讼费用由团西村负担。

团西村对上述判决不服，即上诉省府山西高等法院。高等法院终审判决：山西省高等法院民事庭经查证审理，认为二审事实清楚，适应律条准确，所以维持二审判决，终审诉讼费由团西村负担。至此，清化寺地产涉讼一事终结。

---

① 官府所发缴纳钱粮的收据，和粮票类似。

四、进一步的讨论

（一）村与社的分合

团池原本是同一个村，后来东西两村才分开。不过两村在很早时期起就不是同一个里了，清代的团池村分别属于团池南里和北里两个里，“团池南里以现团西村为主，包括少数团东村农户（闫姓），隶属高平第一都，下设四甲；团池北里以现在团东村为主，包括焦家沟村，隶属高平第二都，下设四甲”①。由此看来，团东和团西两村在原来清代的里甲划分中就相对独立。对于两村正式分开的时间，本案例碑文中说“团池村在前本属一村，光绪年间虽分为东西两社办事”。这个时间点也是在光绪时期。牛村玉皇庙光绪案例中牛村五社的合并和中村观音寺民国案例中中村与西沟两村的分村全部都是发生在光绪时期。关于以上两村社的分合，碑文中都明确说和丁戊奇荒有关系，团池两村的分村可能也是和丁戊奇荒有关系的。不过，《团东村志》中说分村发生在光绪元年，则是在丁戊奇荒之前。无论如何，从以上案例可以看出，分村之后都发生了诉讼，村社在分合的过程中发生矛盾是很常见的事情，团池东西两村之间的矛盾可能在这个时候就已经初露端倪了。从村庄格局角度来说，团池村和东李门村非常类似，也是东西向带状分布的村庄。这种地形也容易出现东西两个村社的情况，本案例的诉讼和东李门的案例也非常相似。

（二）“庙社”与村社

清化寺是一个历史悠久的佛寺，佛寺和村庄的典型关系在赤祥嘉祥寺民国案例中表现得已经非常清楚，嘉祥寺经历了一个由佛寺向村社社庙转变的过程。本案例中又可以看到另外一个侧面。泽州地区的“社”其实可以分为两种不同的类型，一种类型是本书中反复提到的村社，这是建立在村庄基础之上的地缘性的组织；另一种类型是某个庙宇甚至是某个庙宇的殿宇围绕着某个神灵而建立起来的社，这种社一般以神灵的名字为社的名字，如关帝社、高禖社等。本案例中的佛爷社也是这种类型。如果我们将

---

① 团东村编：《团东村志》（第二部分），第1页。村志的说法依据不详。

这种类型的社叫作庙社的话，它在有些方面是不同于村社的。村社一般来说是义务性的组织，它的成员自然的就是全村的人，有时也包括了临时住在村中的人，村社可以通过地亩摊派这种强制性的摊派手段来征收社费。这些特征在佛爷社这种类型的庙社中都是不存在的。佛爷社这种类型的社更接近一个信仰组织，它是由特定的信仰群体组成的，它不可能代表整个村庄的集体利益，同样也不可能让村庄的全体村民来承担义务。本案例中清化寺的土地本来是归属于佛爷社的，但是佛爷社作为一个组织仅仅是一个名称，显然佛爷社是名存实亡的，对清化寺的实际管理都是由团东村社进行的。佛爷社对于清化寺的管理可以说已经完全被东社所取代了。这是在组织这个层面上表现出来的佛教寺院被村社组织所取代的例子。

（三）文庙传统与学校

泽州地区有历史悠久的修建文庙的传统，现位于晋城天井关的文庙相传始建于汉代，即便这种说法不可信，此文庙也至少建于唐代，今存最早碑刻为唐代碑刻。后世的很多人将泽州广建文庙的传统追溯到宋代程颢做晋城令的时期，无论程颢时期的乡校是否真的是后来众多文庙的前身，泽州都有着悠久的文庙和乡校的传统。团池的文庙现在仍然存在，本案例碑文中称当时团东的学校就建在文庙之中。团东的学校建设并不是在民国时期庙产兴学的高潮之中进行的，而是早在宣统时期就开始了，碑文中明确说“前清宣统年间，在文庙设立学校”。晚清民国时期，泽州地区很多村庄建立学校既与当时庙产兴学的大背景有关系，同时又和其建设乡校、社学或义学的传统有关系。秦庄岭玉皇庙民国案例中的学校原来也是同治时期就有的义学，并不完全是新建的。团池村的学校也有这种特点。对于泽州地区民国时期所办的学校来说，我们既要从民国这个时段的特殊性角度来看待，同时也要将它与泽州地区自唐宋以来的长时段的传统联系起来看待。

26　龙尾东岳庙民国二十六年（1937）《无题名碑》

一、村庄与庙宇概况

龙尾村位于高平市区东南 19 公里处，高平与陵川两县市交界处。龙尾东有蒲河，过河就是姬家庄，是高平最东面的一个村庄，再向东就是海拔 1000 多米的石佛岭，也是高平和陵川两县市的界山，山上原有佛寺。龙尾向西是丹水村，是四明山东麓的重要村庄，南北方向的郝庄和兴隆都是东部山区小村庄。龙尾村位于高平东南部的丘陵地带，但整个村庄规模较大，东西长 600 多米，南北宽 300 多米，比较规整的长方形。龙尾村在清代属于十七都平头里①，今属北诗镇，现有 500 多户，1800 多人，是规模较大的村庄。

龙尾东岳庙是龙尾村规模最大的庙宇，四进院落，位于北诗镇龙尾村东北高岗上，坐北朝南，占地面积约 1952 平方米。创建年代不详，据庙内碑文记载，元至治元年重修，清乾隆四十九年续修。庙宇中轴线上建有山门兼戏台、献亭（不存）、中殿、后殿，两侧为耳楼、看楼、厢房，后殿及两侧建筑已被后人改建为学校。庙内存元碑 1 通，清代植树碑 1 通，民国因水诉讼碑 1 通。龙尾村庙宇很多，计有诸神庙、东岳庙、东将军庙、眼光庙、西将军庙、西阁、关帝庙、土地庙、二仙庙、山神庙和三官庙等。

二、碑文整理

龙尾东岳庙民国二十六年诉讼碑位于东岳庙山门内，笏首倒伏，高 160 厘米，宽 51 厘米，厚 25 厘米。2013 年 8 月 24 日孟伟和杨波等人于田野调查中发现，2016 年 8 月 3 日杨波与刘云军进行了补充调查。碑刻保存完好，

① ［清］傅德宜等纂修：乾隆《高平县志》卷四《里甲》，凤凰出版社 2005 年版，第 58 页。

碑刻无题名，有篆额，碑额有龙形纹饰，四周有八仙和万字纹饰，有碑阴。碑阴是另一通碑，漫漶严重，未进行整理。现根据实地调查，校录碑文内容如下：

碑额：无

题名：无

立笔据文字人龙尾村公所、雍万［村］焦槐根

因雍万之南、丹水之北、龙尾之西有地名三家河者，地虽微小，素有脉水可汲。雍万、丹水各有井泉，多不汲引。惟龙尾地处山陬①，向无活水，每逢缺水，常汲引之。在清道光年间，经县判决，饬龙尾村付与②丹水冯文运大钱三千文，卖地一段，碑铭虽有四至，奈以年远，地形变迁，四至不甚确合，道路亦已湮没。兹值天旱，龙尾仍援旧例，来此汲水。因该泉位于河北岸，焦槐根地之西端，道路往返，须经焦槐根之地。焦槐根购地未久，认为自置之产，不应他人在此掘池，并不应在此行走。以此之故，酿成讼端。嗣念唇齿相依，恐伤和睦，故特从中调和，以礼相让，不论在前有无路径，凡逢龙尾吃③水，准其沿河地内自东徂西任其行走；即地西端，亦任其掘池筑台。龙尾感其情谊，酬以大钱肆拾贰千文，以免后日之争。自兹以往，凡龙尾汲水，虽春夏之时，亦不阻拦；若不吃水，即秋冬之日，亦不准履涉其地。此系三面言明，两造情愿，不但现代允许，即后世子孙有转售情节，必须载明，准其龙尾行走此路。恐后无凭，特立骑缝一样两纸，各执一张，以作后据④。

同

龙尾里

---

① 陬：隅，角落。

② 原字写法比较特别，并非一般的“與”的写法，但其写法常见于碑刻中，原格式整理中與做了处理。

③ 原字为“喫”，吃的异体字，参看原格式整理。

④ 原字为“拠”，“据”的异体字，参看原格式整理。

村团长：琚①登瀛

村长：常业纯

村副：唐廷义

中人：唐冠千、王俊齐、赵伯周、缑石命、和崑堂、宋接天、李屯孩、刘真祥、韩玉印、司起元、宋家濂

书

仝证

中华民国二十六年阴正月廿日

立笔据文字人

龙尾村公所押

雍万［村］焦槐根押

抄誊②勒石

原纸有“若合符节”四字骑缝，各执③其半，此志。

三、碑文考释

（一）道光年的诉讼及其结果

和赤祥嘉祥寺碑文一样，本案例碑文也涉及两次诉讼。早在道光时期就因为争水发生过一次诉讼，这次诉讼的原因不得而知，但判决结果是“经县判决，饬龙尾村付于丹水冯文运大钱三千文，卖地一段”。这是说龙尾村将取水地方的土地买了下来，并且支付了丹水村的冯文运大钱三千文，冯文运就是当时土地的原所有者。道光的这次争水诉讼和此前所有的争水

① 原字接近于“噱”字，当为琚姓，是高平地区较常见姓氏，但未见琚有写作类似“據”字右边偏旁的，这里存疑。

② 原文为“謄”，是誊的异体字，参看原格式整理。

③ 原字即为执，参看原格式整理。

诉讼不同，并不是两村都需要取水，而是只有龙尾村有这种需要，周围的丹水和拥万村都不缺水，没有这个需要。道光判决之前，水池所在土地是属于丹水村的，最好的解决办法就是龙尾村把这片地买下来，这样龙尾村在这里取水就非常合理了。

（二）诉讼当事人

本案例的双方当事人是龙尾村和拥万村（碑文中称雍万）村民焦槐根。代表龙尾村的组织不再是村社，而是村公所了，整个碑文没有提到村社。村社在这个时候几乎消失了，不再代表村庄参与诉讼。诉讼的另一方是拥万村的村民。争议的土地地名叫作三家河，位于拥万、丹水和龙尾三村之间。原来龙尾村是在道光时期从丹水村民那里买来的地，现在发生诉讼的却是拥万村民，这就是由三村交界地带这个位置决定的。根据田野调查，三家河地名目前仍然为村民所熟知，具体位置在三村之间，拥万以南 800 多米，丹水以北 1000 多米，龙尾西北方向 1.7 公里。小河和水池都已经干涸，改种庄稼，河床还在，大体可判断原来的河流流向。河流自西向东流，是拥万与丹水两村分界线，然后转向南，从龙尾村西面流过。

（三）诉讼事由

本案例严格说不能算作是争水的诉讼，因为诉讼的另一方拥万村民焦槐根的诉讼理由并不是和龙尾村争水。龙尾村实际上并不是一直有取水需要，只有在天旱的时候才有。因此，在此次争议发生之前可能已经有一段时间没有取水了。道光买地之后刊立了四至的碑刻，但是到了民国诉讼发生时，道光碑刻上四至的描述与民国时期的地貌已经不相符合了。因此，龙尾村实际上是没有证据证明他们取水的地方的土地是属于龙尾村的。而拥万村的焦槐根所购买的土地应该就在龙尾村与取水地之间，靠近取水之地。龙尾村民取水不仅要经过焦槐根的土地还要在其土地上挖水池，这就引起了焦槐根的不满，酿成诉讼。

（四）诉讼结果

本案例诉讼也是通过调解解决的。调解者的身份碑文中没有说明，调解的结果整理如下：

（1）焦槐根允许龙尾村民取水时经过其土地，不加拦阻；

（2）焦槐根允许龙尾村民在河道中挖掘水池取水，不加拦阻；

（3）龙尾向焦槐根支付了大钱四十二千文，这个支付的钱应该是一次性支付的，并不是南庄玉皇庙光绪案例中的每年支付；

（4）龙尾村经过焦槐根土地和在其土地上挖掘水池只适用于取水的目的，不取水的情况下不能随意经过其土地和随意挖掘水池。

（5）对于日后焦槐根土地的转售做出了规定，规定转售后新的土地所有人同样需要遵守以上协议的内容，以避免土地易主之后再次出现问题。

四、进一步的讨论

（一）时间节点

本案例碑文刊立于民国二十六年，也就是 1937 年，这一年 7 月全面抗战爆发。其后的几年里，共产党领导的抗日根据地在晋东南建立，直到 1945 年，这是晋东南发生巨大变革的一段时间。从庙宇碑刻角度来看，1937 年是一个重要的时间节点，这一年以后，庙宇碑刻很少再出现了。这通碑刻也是我们在高平能够发现的最晚的一通诉讼碑。此碑刻刊立时间是阴历正月二十日。从 1921 年左右到 1937 年，这十几年的时间是一个相对独立的时间段，它反映了这个时代特有的一些特点，和此前和此后的时代都有较大的不同之处。这个时间段的意义在于从泽州传统的比较有区域特色的一个时期开始逐步地同化于整个中国的历史大变革之中。这种变革在全面抗战以后大大加深了，大大加快了历史的进程，一直到新中国成立之后工商业改造完成，泽州的地方性特色基本完全消失了。民国中期的这个时段对于我们了解泽州的近代化进程具有至关重要的意义。本案例碑刻刊立时间是在冬天，诉讼事件应该也是发生在冬天，泽州地区最缺水的时候就是冬天。下崖底东庄嘉庆案例中的诉讼也是发生在冬天。

（二）不是争水的因水诉讼

龙尾村所在地区位于高平东南部的丘陵地区，这是高平最缺水的地区之一，特别是山区村庄。不过，龙尾村已经位于这个丘陵地区的边缘了，其西面和西北方向的丹水村和拥万村都不缺水，拥万和丹水位于四明山东麓，基本上属于高平东部山区。缺水最容易出现在丘陵地区，低地和山区都不容易出现缺水。因为龙尾所在位置的这种特殊性，本案例诉讼原因并不是争水，丹水和拥万村并不缺水，它们并不需要用河滩中的水。诉讼的原因是因为土地邻近而发生的纠纷，焦槐根主要的不满之处有两个，一是对于龙尾村取水经过他的地感到不满，二是对于龙尾村在其地旁边挖水池取水表示不满。表面上的原因是如此，而深层次的原因还是和缺水有一定的关系。对于很多村庄来说，缺水并不是一个日常的状况，而是只有在天旱的时候才会出现的困难，在传统社会中，天旱缺水可以看作是某种灾害。灾害具有突发性，难以预测。因此，缺水之后的取水需要就不是一个日常的稳定的需要，而是在天旱发生的时候，突然产生的一个需要。如果龙尾村在河滩取水是一个日常进行的惯例性的事情，那么就不会出现本案例的诉讼情况。拥万村焦槐根对于此前龙尾村在河滩村取水的事情一无所知，这是对于这种突发事件的不适应造成的。其实，这样的情况在其他案例中也有，后山沟崔家湾龙王庙光绪案例中也是如此，后山沟和崔家湾两村共同用水也是一个惯例，只是在天旱缺水泉水又缺乏的特定情况下两村之间的矛盾才会爆发。缺水造成的矛盾总是在特殊的情况下才爆发，但是它的影响却是持久的。突发的短时段的事件会影响到长时段的社会结构和制度。缺水原本反映的是一种人与自然之间的关系，但是它带来的是社会关系的变化。

（三）村公所

本案例自始至终没有出现村社，诉讼的主体是龙尾这个村庄集体与拥万村的焦槐根，代表龙尾村集体的是龙尾的村公所。和清代的诉讼案例相比，重大的变化已经发生了，村社制度开始衰落的迹象非常明显。如果这个案例发生在清代，可以想象与焦槐根签订协议的一定是龙尾村社。一般认为，村社制度的衰落开始于抗战以后的根据地时期，实际上并非如此。从民国中期开始，村社制度已经开始迅速衰落，抗战时期又开始出现了农会之类的新的组织形态。在民国中期到新中国成立前这段时间，泽州村社并未消失，但是其功能开始逐步地减弱，与庙宇有关系的一些活动仍然还能体现村社的影响力，而类似本案例这种与庙宇没有关系的诉讼就完全与村社没有关系了。村社经历了一个从信仰组织开始逐步发展为集政治、经济和文化多功能于一体的组织，再到比较单一的信仰组织的发展过程。前一个阶段主要发生在金元到晚明时期，后一个阶段主要发生在民国中期到新中国成立前，直到新中国成立后完全消失。

除了村公所这个系统的组织之外，本案例碑文还出现了一个特殊的职务，那就是“村团长”。这里的村团长是民国时期山西特有的现象。村团长是阎锡山成立的“主张公道团”的团长。从现存主张公道团留下来的《团员须知》[①] 来看，此书共分为 17 课，内容都是反共的，大体上是当时进行宣传教育的教材。由此看来，这个组织在当时主要是以防止“赤化”为主要目的的，主要活动时间就在全面抗战爆发前的这段时间。高平的田野调查中也发现了一些和主张公道团有关的其他文物（如主张公道匾额等）。本案例表明主张公道团也参与到了诉讼案件的调解中。

① 《主张公道团团员须知》，1936 年。笔者见于太原文物市场。

附　　录

附表 1　高平地区诉讼碑刻基本信息一览表

序号	提要信息				归户信息		物理信息（单位：厘米）				备注
	刊立时间	题名	篆额	碑阴	村庄	庙宇	形制	高	宽	厚	
1	顺治十四年（1657）	□处补葺关圣庙记	茧用入社碑记	无	郭庄	关帝庙	笏首壁碑	113	44	n/a	
2	嘉庆六年（1801）	无	无	无	下崖底东庄	关帝庙	壁碑	46	90	n/a	
3	嘉庆二十年（1815）	无	无	无	窑栈村	关帝庙	壁碑	30	61	n/a	
4	嘉庆二十二年（1817）	无	无	无	三槐庄	二仙庙	方首方趺	130	50	20	
5	道光五年（1825）	无	无	无	双泉村	永乐寺	壁碑	31	45	n/a	
6	道光二十六年（1846）	补修紫峰山暨白马寺碑记	无	有，无题名篆额	石末村	神山庙	方首方趺	124	56	20	
7	道光二十七年（1847）	井碑记	无	无	寨上	关帝庙	笏首方趺	180	45	20	
8	道光二十八年（1848）	无	无	无	北张寨村	观音堂	方首壁碑	109	55	n/a	
9	咸丰五年（1855）	北凹村西河井碑记	无	无	北凹村	玉皇庙	壁碑	46	95	n/a	

续表 1

序号	提要信息				归户信息		物理信息（单位：厘米）				备注
	刊立时间	题名	篆额	碑阴	村庄	庙宇	形制	高	宽	厚	
10	咸丰七年（1857）	无	无	无	拥万	关帝文昌阁	壁碑	30	61	n/a	
11	咸丰八年（1858）	袁大老爷永断西河井汲水碑文	无	无	北凹村	玉皇庙	壁碑	59	112	27	
12	同治四年（1865）	无	无	无	东李家庄	三义庙	壁碑	35	80	n/a	五碑内容相同
13	同治四年（1865）	无	无	无	沟南村	三教堂	壁碑	37	88	n/a	五碑内容相同
14	同治四年（1865）	无	无	无	郭家庄	三教堂	壁碑	38	92	n/a	五碑内容相同
15	同治四年（1865）	无	无	无	西李家庄	三官庙	壁碑	36	88	n/a	五碑内容相同
16	同治四年（1865）	无	无	无	王庄	雷音寺	壁碑	37	94	n/a	五碑内容相同
17	同治十三年（1874）	无	无	无	梨园村	玉皇庙	笏首方趺	170	69	22	
18	光绪十一年（1885）	五社统归一社记	永垂不朽	无	牛村	玉皇庙	笏首方趺	195	59	24	

续表 2

序号	提要信息				归户信息		物理信息（单位：厘米）				备注
	刊立时间	题名	篆额	碑阴	村庄	庙宇	形制	高	宽	厚	
19	光绪十二年(1886)	立公食水碑记	无	无	南庄	玉皇庙	笏首方趺	131	54	21	
20	光绪十四年(1888)	与临丹北里边家沟兴讼碑记	无	有	孔家	三官庙	笏首方趺	155	48	16	碑阴为另一通碑
21	光绪三十一年(1905)	无	无	无	后山沟崔家湾	龙王庙	壁碑	94	48	n/a	
22	民国元年(1912)	无	永垂不朽	无	晁山村	观音堂	笏首壁碑	115	38	n/a	
23	民国四年(1915)	关帝庙东大社遵官谕断碑记	无	无	东李门	关帝庙	笏首方趺	104	37	14	
24	民国八年(1919)	中村炎帝大社整理观音坡地界及主权碑记	无	无	中村	观音寺	笏首方趺	212	68	20	
25	民国十三年(1924)	恢复义学碑记	永垂不朽	无	秦庄岭村	玉皇庙	笏首方趺	168	53	19	
26	民国十五年(1926)	西天院碑记	永垂不朽	无	柏枝	西天院	笏首倒伏	127	46	19	

续表 3

序号	提要信息				归户信息		物理信息（单位：厘米）				备注
	刊立时间	题名	篆额	碑阴	村庄	庙宇	形制	高	宽	厚	
27	民国十五年（1926）	无	无	无	沟村许家沟	关帝庙	笏首壁碑	92	35	n/a	
28	民国二十二年（1933）	赤祥村嘉祥寺归全里五村公息讼碑记	无	无	赤祥	嘉祥寺	笏首方趺	173	50	20	
29	民国二十二年（1933）	团池东西两村涉讼判决碑记	无	无题名，永垂不朽碑额	团东村	清化寺	笏首倒伏	146	45	17	碑与座分离，倒伏
30	民国二十六年（1937）	无	无	有	龙尾	东岳庙	笏首倒伏	160	51	25	碑阴为另一通碑

说明：（1）本表依据高平地区诉讼碑刻内容并在高平地区田野调查工作基础上编制；

（2）碑刻收录标准参看本书概述部分；

（3）由于种种原因，仍有部分诉讼碑刻未收入本表之中；

（4）题名均为碑刻上实际题名，编者未根据内容另行给出名称；

（5）部分碑刻因镶嵌于墙内，碑刻厚度无法测量，表中标作“n/a”（无法获取），这部分碑刻均为壁碑，少量壁碑并未嵌入墙内，也测量了厚度；

（6）本表对碑刻信息的整理并不完整，本表整理的碑刻信息以及其他信息的完整文字叙述参看本书正文碑文整理前中的说明文字。

附表 2　诉讼案例与村庄之间关系的类型化整理表

序号	案例名称	村庄所在小区域	地理类型	交通状况	村庄规模	距离县城	备注
1	郭庄关帝庙顺治案例	建宁盆地西南边缘	低地边缘	一般	大规模	较远	
2	下崖底东庄关帝庙嘉庆案例	大阳盆地东北边缘	低地边缘	不便	小规模	较远	南沟也是小规模
3	窑栈村关帝庙嘉庆案例	大东仓河谷地西边缘	低地边缘	便利	小规模	居中	
4	三槐庄二仙庙嘉庆案例	高平东南丘陵地区	丘陵	一般	中等规模	较远	西瑶也是中等规模
5	双泉村永乐寺道光案例	高平东南丘陵地区	丘陵	便利	大规模	较远	
6	石末村神山庙道光案例	高平东南丘陵地区	丘陵	便利	大规模	较远	
7	寨上关帝庙道光案例	四明山东部丘陵地区	丘陵	一般	小规模	较远	丹水是大规模村庄
8	北张寨村观音堂道光案例	高平东南丘陵地区	丘陵	一般	中等规模	较远	
9	北凹村玉皇庙咸丰五年案例	高平东南丘陵地区	丘陵	一般	中等规模	较远	
10	拥万关帝文昌阁咸丰案例	四明山东部丘陵地区	丘陵	便利	大规模	较远	
11	北凹村玉皇庙咸丰八年案例	高平东南丘陵地区	丘陵	一般	中等规模	较远	
12	双井里八村同治案例	高平东南丘陵地区	丘陵	一般	小规模	居中	碑刻在北六村，均为小规模。南两村为大规模
13	梨园村玉皇庙同治案例	高平盆地西边缘	低地边缘	便利	中等规模	较近	
14	牛村玉皇庙光绪案例	丹河河谷西边缘	低地边缘	便利	大规模	较远	
15	南庄玉皇庙光绪案例	高平东南丘陵地区	丘陵	一般	中等规模	较近	
16	孔家三官庙光绪案例	高平盆地北边缘	低地边缘	不便	小规模	较近	

续表

序号	案例名称	村庄所在小区域	地理类型	交通状况	村庄规模	距离县城	备注
17	后山沟崔家湾龙王庙光绪案例	高平城西丘陵地区	丘陵	便利	小规模	居中	后山沟也是小规模村
18	晁山村观音堂民国案例	高平东南丘陵地区	丘陵	便利	大规模	较远	
19	东李门关帝庙民国案例	丹河河谷东边缘	低地边缘	便利	中等规模	居中	
20	中村观音寺民国案例	小东仓河河谷西边缘	低地边缘	一般	大规模	较远	
21	秦庄岭村玉皇庙民国案例	高平盆地东边缘	低地边缘	便利	大规模	较近	
22	柏枝西天院民国案例	高平西北山区	山区	一般	小规模	较远	
23	沟村许家沟关帝庙民国案例	高平城西丘陵地区	丘陵	便利	小规模	较近	
24	赤祥嘉祥寺民国案例	小东仓河河谷东边缘	低地边缘	便利	大规模	居中	
25	团东村清化寺民国案例	小东仓河河谷中心	低地中心	便利	大规模	较远	
26	龙尾东岳庙民国案例	四明山东部丘陵地区	丘陵	不便	大规模	较远	

说明：(1) 本表依据高平地区诉讼碑刻内容并在高平地区田野调查工作基础上编制；

(2) 案例名称的命名规范是村庄加庙宇加年号，对于同一村庄庙宇同一年号有两个以上案例的加注年份。详细说明正文中相关讨论；

(3) 表中小区域是基于地理、社会、经济和文化各方面要素而进行划分的，并不仅仅考虑地理因素，只是以地理要素进行命名。这方面研究仍有待深入，这里的划分并不完善。小区域整体上分为低地与山丘两类，低地包括盆地和河谷，对于低地区分中心与边缘，对于丘陵和山区则不区分边缘和中心。在高平地区，丘陵是有大量小山但没有明显高山的成片地区，山区则是明显的山脉与山谷交错分布的成片地区；

(4) 对村庄地理条件的类型区分可以分为四类：低地中心、低地边缘、丘陵和山区。这一区分虽然在名称形式上类似于小区域的区分，但是由于仅仅考虑了地理要素，并未考虑其他社会、经济和文化要素，因此并非是对于小区域的归类，仅仅是地理类型；

(5) 村庄不仅受到其小区域环境影响，还会受到更大区域范围影响，因此必须考虑其交通便利情况，交通便利的村庄更容易受到更大区域范围的要素的影响。表中将村庄交通状况区分为便利、一般和不便三种连续的类型，区分只是相对的，并非绝对的。一般来说可以根据到达重要交通线所需要的时间来进行区分，处于重要交通线上或者附近的村庄是交通便利的村庄，距离交通线很远的村庄为交通不便的村庄，居中的为一般的村庄；

(6) 村庄规模也是一个大致的标准，高平地区村庄规模一般不是很大，一般 1000 人以上就是大规模村庄，500 到 1000 人就是中等规模，500 人以下是小规模。这只是一个大致标准，村庄规模要综合村庄面积、庙宇数量和人口数量等多个标准来考虑。村庄规模的一个重要衡量指标是庙宇数量，作为参考对比，可以参看附表 3 中庙宇规模与庙宇数量的数据；

(7) 距离县城的距离也是重要的地理要素，大致来说，高平盆地边缘的村庄算作距离较近，高平与其他县交界的地方，附近的称作较远，介于两种情况之间的称作居中。需要注意的是这个标准不完全以距离县城的直线距离为标准，因为不同方向的边界距离市中心的距离是不同的；

(8) 表中所有村庄的特点均主要考虑到碑刻所在村庄的情况，部分碑刻涉及两个或两个以上的村庄，主要考虑碑刻所在村庄基于两点原因：一是碑刻涉及村庄一般都是邻村（本书所见案例全部都是邻村），在小区域、地理类型、交通条件等方面基本是一致的。二是碑刻反映的情况虽然也反映了诉讼相关村庄情况，但是大部分是碑刻所在村庄的情况，除了后山沟崔家湾龙王庙光绪案例以外，绝大部分碑刻都是诉讼当事一方的记录。作为补充，备注中给出诉讼另一方村庄的规模；

(9) 表中所有的区分与类型化均是不严格的，不能替代正文中详细的描述，类型化区分有利于进行相关统计工作，但是其本身容易片面化。

附表 3　诉讼案例与庙宇之间关系的类型化整理表

序号	案例名称	村庄规模	庙宇神灵	庙宇位置	庙宇规模	是否大庙	村中庙宇数量
1	郭庄关帝庙顺治案例	大规模	关公	村中	大规模	是	13 个
2	下崖底东庄关帝庙嘉庆案例	小规模	关公	村中	普通规模	是	2 个
3	窑栈村关帝庙嘉庆案例	小规模	关公	村中	普通规模	是	1 个
4	三槐庄二仙庙嘉庆案例	中等规模	二仙	村外	大规模	不是	2 个
5	双泉村永乐寺道光案例	大规模	佛	村边缘小岗上	大规模	是	9 个
6	石末村神山庙道光案例	大规模	佛	村外南山上	大规模	不是	10 个
7	寨上关帝庙道光案例	小规模	关公	村外河谷中	普通规模	是	1 个
8	北张寨村观音堂道光案例	中等规模	观音	村边缘	普通规模	不是	6 个
9	北凹村玉皇庙咸丰五年案例	中等规模	玉皇	村中	大规模	是	4 个
10	拥万关帝文昌阁咸丰案例	大规模	关帝文昌合祀	村中	阁庙，小规模	不是	7 个
11	北凹村玉皇庙咸丰八年案例	中等规模	玉皇	村中	大规模	是	4 个
12	双井里八村同治案例	小规模	三义、三教、三官、佛	村中	普通规模	是	1—3 个
13	梨园村玉皇庙同治案例	中等规模	玉皇	村中	大规模	是	3 个
14	牛村玉皇庙光绪案例	大规模	玉皇	村中	大规模	是	5 个
15	南庄玉皇庙光绪案例	中等规模	玉皇	村外高台上	大规模	是	4 个
16	孔家三官庙光绪案例	小规模	三官	村边缘	普通规模	是	1 个
17	后山沟崔家湾龙王庙光绪案例	小规模	龙王	村边缘	普通规模	是	4 个

续表

序号	案例名称	村庄规模	庙宇神灵	庙宇位置	庙宇规模	是否大庙	村中庙宇数量
18	晁山村观音堂民国案例	大规模	观音	村中	普通规模	不是	6个
19	东李门关帝庙民国案例	中等规模	关公	村边缘	普通规模	不是	3个
20	中村观音寺民国案例	大规模	观音	村外南山上	大规模	不是	9个
21	秦庄岭村玉皇庙民国案例	大规模	玉皇	村中	大规模	是	4个
22	柏枝西天院民国案例	小规模	佛	村中	大规模	是	1个
23	沟村许家沟关帝庙民国案例	小规模	关公	村边缘	普通规模	是	6个
24	赤祥嘉祥寺民国案例	大规模	佛	村边缘高台上	大规模	不是	9个
25	团东村清化寺民国案例	大规模	佛	村中	大规模	是	9个
26	龙尾东岳庙民国案例	大规模	东岳	村边缘高台上	大规模	不是	11个

说明：(1) 本表依据高平地区诉讼碑刻内容并在高平地区田野调查工作基础上编制；

(2) 案例名称的命名规范是村庄加庙宇加年号，对于同一村庄庙宇同一年号有两个以上案例的加注年份。详细说明正文中相关讨论；

(3) 村庄规模与附表2完全相同，列在这里是为了与庙宇数量做对比，也为了表明不同规模村庄大庙的区别；

(4) 庙宇神灵是庙中的主祀神灵，也是用来命名庙宇的神灵。其中双井里八村同治案例中共计五个庙宇，其中有两个（沟南与郭家庄）为三教堂，表中列出四种。泽州地区庙宇神灵数目众多，特别是大庙之中，可以说是神灵的“超市”，这里无法全部列出；

(5) 庙宇位置的概括是相对的，总体上来说分为村中、村边缘和村外三大类。村中和村边缘的区分标准是村边缘的庙宇位置邻近整个村庄聚落民居的边缘，但是没有分开，村中心庙宇则距离村庄边缘较远。村外和边缘的区分标准是庙宇与村庄民居之间是否有明显的无人居住的地区。村外表明了其地理特点，基本就是山和谷两类，有些有明显的小山，有些只是一座高台或高岗；

（6）庙宇规模分为四类：神龛庙宇、单殿庙宇、普通规模庙宇和大规模庙宇。本书中没有涉及前两类，普通规模是仅有一进院落的庙宇，大规模是两进院落以上的，院落计算不计入山门外戏台与山门构成的戏台院；

（7）大庙区分标准较为复杂，这里无法展开论述，其判断也是相对的。一般来说，凡是村庄的社会、经济和文化各项活动的中心，而不仅仅是朝拜或演戏场所的地方都是大庙，一个村庄只能有一个大庙。大庙就是村庄公共活动中心。大庙不能以规模大、神灵多等特征作为判断依据，这样一些特征和大庙的性质之间的关系是偶然的、派生的，这些特征是由大庙的性质所决定的特点，而不是界定大庙的特点。

附表 4 诉讼案例与相关主体的类型化整理表

序号	案例名称	原告	原告代理人	被告	被告代理人	调解者	审判者
1	郭庄关帝庙顺治案例	本村村社	社首（郭景隆等）	本村里甲	里老什排	无	知县范绳祖
2	下崖底东庄关帝庙嘉庆案例	下崖底东庄	东庄村社社首	南沟	南沟村社社首	无	知县葛周玉
3	窑栈村关帝庙嘉庆案例	李氏长门	李佩基和其侄子	李氏二门	李秀基和李成基	戚友	无记载
4	三槐庄二仙庙嘉庆案例	三槐庄	三槐庄村社社首	西瑶张俊起	西瑶村民张俊起	西瑶村乡地	知县王元瑀
5	双泉村永乐寺道光案例	双泉村	双泉村社社首	窑岭村	村社	无	无记载
6	石末村神山庙道光案例	石末村	石末村社社首	犯界起石村民	犯界起石村民	邻村	无记载
7	寨上关帝庙道光案例	寨上村	寨上村社社首	丹水村	村社（李培坦）	无	知县游大琛
8	北张寨村观音堂道光案例	张魁茂	张魁茂	观音堂	无记载	无	知县游大琛
9	北凹村玉皇庙咸丰五年案例	北凹村	北凹村社社首	丁壁村王某	丁壁村王某	无	知县陈松龄
10	拥万关帝文昌阁咸丰案例	关帝文昌阁	唐应瑞及其家族	宋太平等	宋太平等	本村乡亲	知县袁绳武
11	北凹村玉皇庙咸丰八年案例	北凹村	北凹村社	丁壁村民	王安顺与王跟林	无	知县袁绳武
12	双井里八村同治案例	北六村	社首或乡绅	南两村	无记载	无	知县龙汝霖
13	梨园村玉皇庙同治案例	梨园村	梨园村社	瓦窑头	瓦窑头村社	无	知县杨元第
14	牛村玉皇庙光绪案例	五小社	无记载	五小社	无记载	乡谊	知县韩仲荆
15	南庄玉皇庙光绪案例	鲁村	鲁村村社社首	南庄	南庄村社社首	五社组织	无记载
16	孔家三官庙光绪案例	边家沟	靳学贵等	孔家	孔家村社社首	无	知县韩仲荆
17	后山沟崔家湾龙王庙光绪案例	崔家湾	崔家湾村社社首	后山沟	后山沟村社社首	邻村乡眷	无记载

续表

序号	案例名称	原告	原告代理人	被告	被告代理人	调解者	审判者
18	晁山村观音堂民国案例	晁山	晁山村社社首	油坊	负责人张某	无	县知事石宪文
19	东李门关帝庙民国案例	东李门西社	西社社首	东李门东社	东社社首	无	县长李耀廷
20	中村观音寺民国案例	中村	中村大社社首	西沟	西沟村社社首	绅董	无记载
21	秦庄岭村玉皇庙民国案例	秦庄村	维首、村副	王常邢三家	王、常、邢三家	无	县省法院
22	柏枝西天院民国案例	西天院	社首、闾长	无记载	无记载	无	无记载
23	沟村许家沟关帝庙民国案例	许家沟	村长、闾长	毕家沟	村长、闾长	主村村长	县知事陈玉麟
24	赤祥嘉祥寺民国案例	徘徊北里五村	社首、村庄等	徘徊北里五村	社首、村庄等	无	无记载
25	团东村清化寺民国案例	团东村	闾长	团西村	闾长	无	县省法院
26	龙尾东岳庙民国案例	龙尾村公所	村长	雍万焦槐根	雍万焦槐根	无记载	无记载

说明：(1) 本表依据高平地区诉讼碑刻内容并在高平地区田野调查工作基础上编制；

(2) 案例名称的命名规范是村庄加庙宇加年号，对于同一村庄庙宇同一年号有两个以上案例的加注年份。详细说明见正文中相关讨论；

(3) 原告与被告一般是诉讼双方的主体，大部分是村庄或机构，少部分是个人；原告与被告代理人是代表村庄的组织及其负责人，如果原告或被告是个人的则和代理人一致；

(4) 此外，未收入表中的主体还涉及调查者，梨园村玉皇庙同治案例中书差与六村社首共同调查，孔家三官庙光绪案例中两里地方参与调查。

附表 5　诉讼案例主要要素的类型化整理表

序号	案例名称	诉讼原因类型			诉讼主体类型	诉讼结果
		争水	争夺财产	其他		
1	郭庄关帝庙顺治案例		争夺茧用钱归属		村庄内部组织之间	茧用归社
2	下崖底东庄关帝庙嘉庆案例	争井水			邻村村社之间	允许邻村取水
3	窑栈村关帝庙嘉庆案例		争夺地产		家族内部	地产归社
4	三槐庄二仙庙嘉庆案例			开窑毁庙	村社与邻村村民	禁止开窑
5	双泉村永乐寺道光案例		争夺社产		邻村村社之间	社产归社
6	石末村神山庙道光案例			犯界起石	村社与本村村民	罚钱罚戏
7	寨上关帝庙道光案例		争夺社产（水井）		邻村村社之间	社产归社
8	北张寨村观音堂道光案例		争夺庙产		庙宇与本村村民	庙产归庙
9	北凹村玉皇庙咸丰五年案例	开窑争井水			村社与邻村村民	禁止开窑取水
10	拥万关帝文昌阁咸丰案例			盖房地界矛盾	本村村民之间	调解息讼
11	北凹村玉皇庙咸丰八年案例	开窑争井水			村社与邻村村民	禁止开窑取水
12	双井里八村同治案例			赋税分摊	两个村庄集群之间	按照传统比例分摊
13	梨园村玉皇庙同治案例	争水池水			邻村村社之间	禁止邻村取水
14	牛村玉皇庙光绪案例			小社之间矛盾	五小社之间	五社合一
15	南庄玉皇庙光绪案例	争水池水			邻村村社之间	邻村花钱买水
16	孔家三官庙光绪案例			因税赋恶意诬陷	村社与邻村之间	释放被诬陷人

续表

序号	案例名称	诉讼原因类型			诉讼主体类型	诉讼结果
		争水	争夺财产	其他		
17	后山沟崔家湾龙王庙光绪案例	争泉水			邻村村社之间	允许邻村取水
18	晁山村观音堂民国案例			开油坊带来矛盾	村社与本村村民	禁止开油坊
19	东李门关帝庙民国案例		争夺社产		同村小社之间	社产判归小社
20	中村观音寺民国案例		争夺社产		大社与原小社	退地退钱
21	秦庄岭村玉皇庙民国案例		争夺社产		村庄与村民家族	追回土地与钱
22	柏枝西天院民国案例		争夺庙产社产		村庄与村民家族	追回土地
23	沟村许家沟关帝庙民国案例	争水池水			邻村之间	分摊费用
24	赤祥嘉祥寺民国案例			庙宇归属矛盾	邻村之间	庙宇五村共有
25	团东村清化寺民国案例		争夺庙产校产		同村小社之间	庙产判归小社
26	龙尾东岳庙民国案例	争水池水			村庄与邻村村民	和解后允许取水

说明：（1）本表依据高平地区诉讼碑刻内容并在高平地区田野调查工作基础上编制；

（2）诉讼原因较为复杂，这里只是简单地给予分类，分类不是绝对的；

（3）诉讼主体参考附表 4 以及正文概述中的详细讨论，这里的概括和正文中略有不同，这里的原则是用精练的语言进行概括以进行数据化的探索，概述中则是一个学理的梳理，两个地方性质不同；

（4）诉讼结果是多样的，参考正文中每个案例的碑文考释，这里对每个案例都用最简洁的一个词汇进行概括，失于简单，但好处是简明扼要。

附表 6 诉讼案例的民间文献类型整理表

序号	案例名称（诉讼碑）	规约碑	禁约碑	社产碑	文书（抄誊勒石）	捐资碑
1	郭庄关帝庙顺治案例	苗行管理规约		苗用归社	告执照状	
2	下崖底东庄关帝庙嘉庆案例	允许取水			判决书、和解合同	
3	窑栈村关帝庙嘉庆案例			地产归社	施地合同	
4	三槐庄二仙庙嘉庆案例		禁止邻村兴窑		告示	
5	双泉村永乐寺道光案例		禁止邻村砍伐	土地树木属社	结状	
6	石末村神山庙道光案例		禁止犯界起石	紫金山属社		
7	寨上关帝庙道光案例			井归社	判决书、施井合同	
8	北张寨村观音堂道光案例		禁止他人砍伐	荒坡树木归庙		本村捐资
9	北凹村玉皇庙咸丰五年案例		禁止取水穿井开垦	井属社		
10	拥万关帝文昌阁咸丰案例	双方订立规约				
11	北凹村玉皇庙咸丰八年案例		禁止压窑取水	井属社		
12	双井里八村同治案例	八村共订分摊规约				
13	梨园村玉皇庙同治案例		禁止压窑取水	水池属社	告示	
14	牛村玉皇庙光绪案例	重订章程		明确庙宇归属		
15	南庄玉皇庙光绪案例	两村订立买水规约		水池属社		
16	孔家三官庙光绪案例					
17	后山沟崔家湾龙王庙光绪案例	两村订立取水规约		泉水属社		

续表

序号	案例名称（诉讼碑）	规约碑	禁约碑	社产碑	文书（抄誊勒石）	捐资碑
18	晁山村观音堂民国案例		禁止开设油坊		通知公告	
19	东李门关帝庙民国案例		禁止西社砍伐	土地树木归社		
20	中村观音寺民国案例		设立四条禁约	观音坡属社		
21	秦庄岭村玉皇庙民国案例			土地归社		大社出资
22	柏枝西天院民国案例			土地归社		
23	沟村许家沟关帝庙民国案例	两村订立四条规约		水池两村共有	通知公告	
24	赤祥嘉祥寺民国案例	五村订立规约		明确庙产	合同文书	
25	团东村清化寺民国案例			地产归社	判决书、契约账簿凭证	
26	龙尾东岳庙民国案例	双方订立规约		水池归村	合同	

说明：(1) 本表依据高平地区诉讼碑刻内容并在高平地区田野调查工作基础上编制；

(2) 表头中所有类型都是民间文献的类型，这些类型都不可视作是概念，而仅仅是碑刻中涉及的相关内容。如果以表头中其他民间文献类型作为题目同样可以进行研究；

(3) 规约碑泛指各种主体在村庄颁布的规约以及诉讼双方订立的规约，并且其中不包含禁止的内容，禁约碑实际上也是规约碑的一个种类，只是因为其特殊重要性而单独列出以示强调；

(4) 凡诉讼碑刻中涉及村社或者庙宇集体财产的均归入社产碑的类型，注意其中个别案例并不是村社的，而是属于庙产，因为庙宇不属于村社；

(5) 文书部分：碑文原来是文书，经过抄誊勒石变成碑文。具体讨论见正文概述，这里列出所有碑文出现的文书的具体类型；

(6) 凡是出现了捐资的都可以算作捐资碑，这种情况在诉讼碑刻中很少见。

附文　碑文原格式整理

01　郭庄关王庙顺治十二年碑文

□處補葺關聖廟記

□帝誕生漢季迄今越千有四百餘年其英靈豪氣百代如生萬世欽服晋郡泫東四十里許有郭莊村者有
帝廟一區創不可識究　帝之生□□履重修歲月姓字前石俱□□無容贅言但其間廟貌頹圮器皿
損折鄉民物力一時難湊茲村素有平衡蚕繭一行原爲增飭神事之資無何遷延日久被里老什排怐
稱入社各分而爲自私之利其□莫息□有鄉耆郭景隆等目擊心傷非今是古欲爲長久之計於是恭
請村衆聚廟議處□蚕繭牙用盡系入社衆悉唯唯遂于本縣
范縣翁案前□領帖文準造官稱裡老什排不得仍前擅自稱收許主神二人社首二人總催一人每年
輪流管理或補葺廟宇或增置器物或別　神事之用誰曰不宜如得用若干費過若干現在若干同众
交代明白即注神曆□社中所有旗傘等□止可本村備用若順情借使者天誅神滅也今日而謀及□
銘□爲不朽猶望後之賢人君子可以遵例循行共襄聖事更防後之好詭小人不得視爲利藪系毫侵
使任意横行以違□處之美意为辱請不□爲文自揣庸鄙敢曰文哉不過敘其顛末筆其歲月立爲長
久之計云爾　高平縣　建寧鎮儒學生員夏國彥撰
告執照狀人郭景隆等各年不一系府下里爲討照防奸事本村有　儒學生員蘇　兆書
關聖賢廟宇年久傾□所□蚕繭行抽□□用公議入社修理因奸惡起爭曾告赴　本縣范老爺天斷　儒學生員蘇　博篆
准修廟使費□□□□□仍前不息又想分肥不入社中叩□　儒學生員蘇衜眉
老爺俯賜准照以便遵行神人同感上告　郭有財十　郭衍廣書　儒學生員郭十□　訂
老爺　詳行　准照　郭景清十　主神郭文煥　蘇文寶
大清順治十二年五月　廿九　日告執　照　狀　人郭增茂　郭景隆十　社首郭慶善郭景明總摧蘇進寶
蘇□□十　效勞郭永体蘇時達郭宗大
大清順治十貳年歲在乙未六月望日立石　爲首人郭景隆　郭衍慶　郭景清　郭有運　玉工李斈 讓刊

02　下崖底东庄关帝庙嘉庆六年碑文

敕授文林郎知鳳臺縣事加三級紀錄八次葛鳳台之南溝村有井四眼高平之東庄村無井有三坑因吃水爭訟在南溝村不得爲直孟子云昏暮叩人之門戶求水火無弗與者至足矣汲蓄之水尚且與人何況在井者乎如必阻其吃水則天下行路之人汲水濟渴者俱可以阻之矣何古今天下不聞有是事也應令兩村庄彼此通融井水坑水任憑汲取不得再行爭競各具遵結可也此判

立合同鳳台縣南溝村鄉約王喜成靳永成社首楊魁高平縣東庄村民張德潤張德齡情回南溝村有井四眼東庄村無井有三坑自此兩村義和彼此通融井水坑水任憑汲取不得再行爭競公同立此合同二紙各執存照

吾村與南溝村相離咫尺一屬鳳台一屬高平蓋接壤而兩縣分焉囊者敝村水缺遇天旱而拮据尤甚南溝村水養不窮於是莫不以南溝之水爲生活之計矣去歲季冬忽因擔水見阻以致興訟蒙鳳台縣葛仁慈授書立判硃標合同所謂普天之下莫非王土也遂將判語合同勒石以爲永久之照云

大清嘉慶六年歲次辛酉五月十三日中浣之吉

東庄村合社公立

03　窑栈关帝庙嘉庆二十年碑文

吾村
關聖廟昔有住尼小廣勤儉生
息增置河西平中地叁畝
去後歸俗因諸君子同念
一族之誼並無爭碍情事
今俗家長門李佩基侄德
裕等二門秀成基等互相
爭奪業經興訟幸賴戚友
處和兩門情願將地歸廟
以免異日爭執之峅當日
完詞以及諸費廟內共花
過銀拾叁兩有零同中言
明自此以後地屬
關聖廟社地以爲住持度日之
資與小廣俗家等毫無干
涉永不反口勒石爲誌
同中人李清和 牛漢雲
匠師李成寶刊
嘉慶二十年四月念日立

04　三槐庄二仙庙嘉庆二十二年碑文

特授高平縣正堂加六級記錄十二次王　爲嚴禁開窑以保廟宇事照得□槐庄之西有
二仙廟一座創修多年係一村之保障前有西瑤村民張俊起等在廟旁開挖煤窑經社首
吳廣成張泰興等攔阻以致互訟到案當即差查去後嗣後該鄉地以張俊起自知不合願
將窑眼填塞永不復興稟請銷□並據該社首吳廣成等呈請示禁前來□□除批准取結
存□外合行給示嚴禁爲此示仰該社首鄉地並居民人等知悉自示之後如有不法之徒
仍在該廟附近地方開窑有損殿宇者許爾等立即赴縣稟報以憑拿案究治決不姑寬各
宜凜遵勿違□至告示者

右仰通知

嘉慶二十二年十一月二十日

告示　　實帖廟內

05　双泉永乐寺道光五年碑文

具結狀人王四女王興祜王廷綱今於
　　與結狀事當堂寔結得蒙　恩訊明小界山
所長樹株雙泉村有大社糧票爲憑係雙泉村大社之物
與小的窑嶺村無干所有小的村社王四女等糾人伐小
界山松樹二十九株念小的鄉愚無知已將松樹抬入小
的社內　恩寬免責斷着小的社內奉給雙泉村大社價
錢十五千文遵斷息訟嗣後安分守法再不敢糾眾向小
界山砍伐樹株結狀是寔
　十一月初三日批　准結
　　　　　　　　　　　　　　　　　　王興祜
　　　　　　　　　　　　具結狀人王四女
　　　　　　　　　　　　　　　　王廷綱

具結狀人王興旺等今於
　　與結狀事當堂寔結得蒙　恩訊明寔係小的
村維首王四女等鳴鑼邀集小的等向小界山砍伐樹株
不去議罰小的等無奈隨伊等去的念小的鄉愚無知
恩寬免責此坡山寔係雙泉村大社之物與小的窑嶺村
無干結狀是寔
　十一月初三日批　准結
　　　　　　　　　　　　　　　　王九女王□法
　　　　　　　　　　　　　　　　王丑孩王□保
　　　　　　　　　　　具結狀人　王興旺王□根
　　　　　　　　　　　　　　　　王安□王□□
　　　　　　　　　　　　　　　　王興□王□鎖
　　　　　　　　　　　　　　　　　王本□

道光五年十一月初三日　　　　双泉村合社勒石

06　石末神山庙道光二十六年碑文

补修紫峰山暨白馬寺碑記

常聞嶽降嵩生山之爲靈昭昭也即如紫峰山特起于地之東南掩映乎村之西北崗巒聳翠可卜紫氣之東來松柏蒼青足徵人文之蔚起久矣夫爲石末村之屏藩也舊有壁掌洞湮沒而古蹟莫尋又有孫真人祠靈應而邑志可证且向有司靜山先生遺文不沒而禁碑至今如昨矣第殿宇古刹簷瓦催殘見之者莫不觸目傷心感慨係之矣雖屢年微有補緝奈貨斧不給終不能告厥成功是歲執事者欲有所更張因請眾維首公議將山中大樹抉伐五十餘株自貨板木積金千餘於二年內廟宇苫蓋並白馬寺前後三院一統完緝既有以妥　聖神之靈且有以壯人民之望豈不懿哉豈不懿哉無如乙巳歲仲夏有犯山界兩次起石者公議罰戲演戲之後事有蹭蹬因釀成訟詞後經鄰莊處和着伊仍還戲價優禮妥　神又照禁碑罰銀五兩入社自此以後公議向有所施之地增置山廠者複爲照界安碑以誌不朽並將社田數段落按實注明于後此蓋非爲一時計而實爲千古計也是爲序

陵邑儒學廩膳生員馮樹典拜譔　　燦西院居士許步霞拜書

大清道光二十陸年歲次丙午九月　　穀旦　　玉工許起鳳刊

07　寨上关帝庙道光二十七年碑文

井碑記

夫物有正主水有源頭余村東南有村人杜樹元杜樹譚兄弟二人祖遺水井一眼本村汲取遇旱則陸村共汲相传已久至道光四年間杜樹元兄弟分析慮及井臺
汲水釀禍難當同其族叔杜宗蒲將井施於本村大社照旧經理施狀存社不意道光二十七年二月間隣近丹水村李培坦等立廟爭井涉訟在告蒙
正堂游太老爺訊明斷結　余等恐年遠憑没難以查考今將堂斷並施狀刻碑以徒永垂不朽後免端是爲記　　計開
堂斷訊得王緒高等以立廟賴井謀壞村脈控李培坦等呈出契據二紙其井爲杜樹元祖上開鑿至道光四年施入社内寔有證據李培坦等不得以古來遺井不記
流年含混之說没人之善惟李培坦于井邊立廟亦屬善舉王緒高控稱有礙伊村村脈亦屬渺茫之說不得以村數百家偶有疾疼即歸咎於之非斷令兩村公延堪
輿細爲相度如果於該村有礙可以余等移易修蓋如無所礙亦即立碑敘明前由寨上施井之美丹水有立廟之功公汲此井各務敦睦可也
具呈人　王緒高　杜樹良　馮廣聚　杜　招　執年社首　王緒高　杜樹通　杜樹穩　杜炳福
立施井文字人杜樹元杜樹譚因分家祖父遺留内有村精河地二畝四至之内有水井一眼此井分與弟第不敢要分與兄兄不敢領二人恐怕井臺匪人作事不
如將此井所墳内有族叔杜宗蒲不願言説此井一來合村緊要所用二來大旱之年五里三庄緊要所用不然我與大社商議將此井施與社中可也不可二人情
願蒙叔前去社中謫議大社情願口説無憑總要親筆寫來井臺四至纔能憑信弟兄情願將井臺四至寫與大社東至路西至路南至河中心北至崖根四至之内
水井一眼盡系大社所管日後井臺有匪人作事與施井人無干社中一面承當此井戶族人等爭端者與大社無干施井人一面承當二家情願不許反口恐口無
憑立施井文字存證　同族叔杜宗蒲　同社首　王緒高　張振昇　杜樹德　杜長在　杜樹元自書
大清道光四年十月二十八日　立施井文字人　杜樹元　杜樹譚　杜樹通　杜樹良　王永舜　杜樹譚　趙發盛
執年社首王緒高　杜炳福　維首杜樹溫　杜九福　杜　招　杜樹德　合社仝立
杜樹德　杜顯元　杜樹昌　趙大成　馮廣聚　石工杜宗德
大清道光二十七年二月二十七日寨上村

08　北张寨观音堂道光二十八年碑文

蓋本廟之遺址即有荒坡一所雜樹繁緊自古無人以爲己有不意於道光二十八年村有張魁茂突來
砍伐大槐樹二株衆所不願伊直稟官於七月十二日經　游太爺訊斷伊遂遁辭官知其所窮愈見荒
坡與樹株盡屬廟有並將四至指明東至官路西至水河南至廟後埁根北至水河北槐樹而今而後北
至內所有他人不得私意騙賴以爲己有爰以爲序刊石永垂其捐資姓名開列于左
邑　儒　學　生　員　華　國　張　鳳　文　撰　文　並　書
張瑞隆　各捐錢貳串　張炳如　純濟堂　捐錢叁百文
張永平　張炳忠　張　釗
張治元　各錢壹千五百文　張　乾　各捐錢五百文　張世振
張炳祥　常錫瑞　張如秋
張　模　捐錢肆串　張齡各　張小牛
張煥武　捐錢貳千五百文　張治業　各捐钱肆百文　李永昌　各捐錢貳百文
張　校　張炳光　張懷珍
張煥文　各捐錢壹串　張全貴　張炳升
張瑞珍　張學孟　各捐錢叁百文　張　良
張　鏞　各捐钱捌百文　張炳哲　張炳清
張煥祿　張治魁　郭滄注　各捐钱五百文
張　輪　各捐钱五百文　張世和　各捐錢貳百文　張治邦
張　榆　張世文　張　琮　捐錢叁百文
石工王泰刻字
大　清　道　光　二　十　八　年　十　月　初　六　日　謹　立

09　北凹玉皇庙咸丰五年碑文

北凹村西河井碑記
粤自北凹立村東南靠山西北界
　河山麓之間水常缺乏吾鄉諸
先君子乃于村之西鄙大河灘
中甃井一眼以便汲用至今賴
之惜其附近井處未立界禁遂
將前人忠厚之意反啓後世騙
詐之端是歲春旱井水缺乏飲
啄之用維艱壓窑所耗尤甚因
禁其汲以甦民生乃丁壁村有
王某者貪圖壓窑之微貲甘冒
竊水之不韙及被尋獲情畏受
罰信口狡詐任意混賴本欲藉
此以免罰反竟由斯以速訟蒙
攝高平縣篆陳公印松齡字鶴樵
判云查北凹村西河灘向有水井
　一眼僅顧食用彼瓦窑等既稱
另有水井嗣後該村之井不許
彼等和泥壓窑汲用此水永遠
存案爲此阖社公議禁止離井
百步不許另穿井眼近井週圍
不許再行開墾爰述判語以昭
炯戒謹書端末以朂來許若後
世鑒此慎守勿替庶斯井之不
朽也是爲記
大清咸豐五年歲次乙卯春三月
　上澣之吉
　　　北凹村合社仝勒石

10 拥万关帝文昌阁碑文

村之西北旧有
關聖文昌帝君神閣一座近因宋太平直接 神
山扉滴水修建房屋唐应瑞等拦阻以
致控官興訟蒙
袁大老爺堂訊未結今有鄉親等不忍伊等
爭訟從公和處姑念宋太平工已告竣
著宋太平命樂酎 神日後唐應全侄松生
補修 神閣倘有傷毀宋太平房屋之
處宋太平各自補修於唐應瑞等無涉
故立碑以爲記云尔
武生劉肇基
韓 崙
同鄉友 廩生常鶴鳴
李 瑗
劉增榮
康復來
大清咸丰七年十一月十五日 立

11　北凹玉皇庙咸丰八年碑文

袁大老爺永斷西河井汲水碑文
從來耕田而食者亦鑿井而飲故禮
有出泉之端易詳用汲之文井養於
以不窮焉北凹缺水向在村西大河
灘井上汲水井不記鑿自何人汲亦
不知始自何時咸豐五年丁壁有王
姓者用糞筒往磚窑上取水殊不潔
靜有碍飲食因而成訟經　陳仁慈
斷定北凹村得汲王姓不得和泥壓
窑使用井之周圍不許別穿井孔近
井周圍不許再行開墾田地立有碑
記不料王安順等竟將石碑盜去村
中亦未深究今年夏水泉不旺村中
揆工浚井又有王跟林阻滯賴爲己
井聲言不許北凹村汲水要將此井
填塞北凹人無水不能生活將王跟
林稟控在案經　袁大老爺堂訊王
跟林並無憑據追囬舊碑扶立井旁
從寬免究斷令北凹村照舊汲水再
立新碑井邊不許王姓侵占並飭差
將往來赴井汲水路途同王姓指明
步出以免後日爭論北凹闔村感戴
即爲勒石以絕訟端不啻心銘爲記
仁慈袁大老爺恩德于無塈焉
欽加同知銜高平縣正堂加五級隨帶加二級紀錄十次袁
增廣生員常子惇撰
應試童生司蔭生書
咸豐八年桂月上浣　闔社仝立
玉工韓根喜

12 双井里八村同治四年碑文

遵

仁明龙太爷堂断照古按丁甲四六

分摊由来久矣其各村应摊之

数胪列于左

北六村应摊四分

西李家庄该摊壹分五厘

东李家庄西坡村　该摊壹分零五毫

王家庄该摊七厘五毫

沟南村该摊三厘

郭家庄该摊二厘

窑则头该摊二厘

南两村应摊六分

双井村该摊四分

丁壁村该摊二分

西李家庄　庞秋成　监生庞裕顺

东李家庄　九品任永芳　任本忠

王家庄　社首　五班维社首

沟南村　庠生石松文　石毓策

郭家庄　郭永德

邑庠生牛炳箕撰并书

大清同治四年十二月初四日　仝勒石

13　梨园玉皇庙同治十三年碑文

欽加運同銜　賞戴花翎即補直隸州知州特授高平縣正堂加五級紀錄十次楊　爲曉諭事照得水火兩項爲日用所
必需之物水之所關尤其緊要今縣屬一帶地勢高下不等梨園村庄水勢難得非藉天雨之水蓄積池中不克以備
食用前瓦窯頭梨園兩村爭水道興訟瓦窯頭村袁聚財等呈控梨園村高淩雲等爭挖水道一案當飭書差協同鄉
地並委六村社首逐細查明瓦窯頭村地勢雖高現有水井七眼食用不缺其所設池爲洗衣服飲牲畜之用而梨園
村雖有水井四眼三眼無水其一眼水僅二尺日用不足不能不藉池水以養民生公稟前來當經堂訊查確民非水
火不生活食用爲先雜用爲次斷令梨園村水池之西瓦窯頭村青龍石碑之後自北斜東南所扻挖故水道永遠屬
梨園村引水正道水永遠歸梨園池內他村不得爭狡除堂諭外合行出示曉諭爲此示仰玉井里人等知悉示之後
再有爭狡此水者許梨園村社首指名稟究各宜凜遵勿違特示遵

右　仰　通　知

大清同治十三年六月二十四日

告示押

社首　趙禎祥　閻海江　高采順　王來保
高淩雲　王老胖　趙丙鑄　宋　發敬領　仝勒石
李發聚　趙　埈　高百喜　郭來保

14 牛村玉皇庙光绪十一年碑文

五社統歸一社記

今夫分合者事而所分合者人其所以分合之故實緣乎時勢世故有合久必分分久必合者焉余鄰牛村莊大戶多生植繁息村東偏建立五社無事則各保田禾有事則統規大社所以一規模而節費用耳時則風俗敦龐人心純厚社雖五諸事舉百堵興口無彼此之判迨至光緒丁丑歲遭大祲世風屢遭變遷更兼雜物叢出未經之事幾生間隙不免雀角鼠牙之爭以致涉訟茲蒙

韓慈斷今五社歸一凡廟宇向屬某戶者統歸大社殆亦物極必返者歟因邀鄉誼善爲調處另立章程重派班次將前帳結清各歸各款清查地畝節儉繁冗輪流接辦一年一換爲度清算帳目張貼花單俾衆周之如是則羣疑頓釋亦庶幾事無紛更社亦可以永固矣豈非時勢使然乎是爲記

邑庠生員張光裕撰文

鄉飲耆賓高維藩書丹

邑庠生員秦鳴盛篆額

維首

張　標　張家銘　劉呈瑞　姬來昌

焦學敏　焦廷槐　史　濱　劉松林

李增發　張全寶　李鴻賓　張　沂　仝勒石

姬跟泉　劉啓明　任永成　李鴻文

光緒十一年歲次旃蒙作噩律中夾鐘上澣之吉　玉工田閏三鐫

15　南庄玉皇庙光绪十二年碑文

立公食水碑記

蓋聞天地之間五行最重五行之內水火當先水也者民生日用之常而朝夕之所必需者也他
如來鳳山側有一南村舊在本地界內掘井一眼又沖池一所以圖飲食以便取攜此謀養生之
長策人生在所不免耳村北又有一北村其中無井無池合村向所用水盡在南村之井池兩造
原系鄰村應有此互相扶助之雅未聞起區分彼此之嫌不依然魯衛之遺行與孰意甲申年間
南村人等放牲蓄于池內北村人目觸心傷將牲扯社邀五社議罰議罰之後南村人心不服意
謂不報用水之恩反結用水之冤因而群相阻攔斷其食水以致口角此挾嫌之故所由來矣惟
是訟乃興至三載禍遂臨於兩村凡在五社之列者覺坐視不可袖手不安遂將伊等喚至五社
公所勸其息訟先令北村人每年貼南村井池糧社錢二串文以圖永遠飲水即今南村人不得
飲畜于池中且不得擅斷于食水一則不准故欠錢項一則不准再行阻攔此系兩造情甘日久
恐有舛錯故勒諸貞瑁以垂萬世不朽云爾

郡庠生李蔭蘭撰文並書丹

皇甫中兆　均　金安　維祥
張錦成　趙必　董　淇功　黃　長安　为　常喜元住　覺立　仝立
張明順　寿　元章　毓合　人事　持
五社维首
皇甫安貞　圭孩　振鐸
付永文

大清光緒十二年巧月　勒石　玉工　王守義

16　孔家三官庙光绪十四年碑文

與臨丹北里邊家溝興訟碑記

蓋盛衰遞爲循還報應捷於影響故作善降之百祥不善降之百殃此天網恢恢所以踈而不漏也如孔家莊向屬長受里所管由來已久雖與臨丹北里所管邊家溝毗連而居然別里異甲分村各社如風馬牛不相及也其力各不相下其勢各不相容鑿柄原來不入冰炭亦難強合諺所謂各里不害民者其此之謂乎奈人心不古世風日遷突於丙戌秋邊家溝靳學貴等欺該村壤地褊小無能爲役無故欲蚕食該莊將邢如意等二十餘人一網盡誣　韓慈案下初蒙　堂訊據孔家莊社首邢如意等稱該村出社歸長受里姑著照舊隨長受里辦事繼蒙覆訊查兩里地方所供仍以孔家莊屬長受里爲是靳學貴等本應責處姑寬免究斷令仍遵前斷以孔家莊屬長受里所管查李佩蘭臨審脫逃尤屬不合仍飭原差交案另侯提訊詎在逃未獲之李佩瀾竟于丁亥春覆控　府憲案下嗣蒙　府憲批訊此案已經高平縣訊斷明確仍遵高平縣原斷歸長受里隨社辦公除飭兩造及該社首各該地方等具結□案外謹鈔錄　府縣原案勒諸碑石昭茲來許以垂不朽云

賀貞熙　郭東序　李小羊

城北里維首　王培基　邢国泰英　邢金樂

申乃武　郭春榮　邢發

長受裡維首

郭登瀛　邢蘊彰　邢如意　仝勒石

臨丹里維首　李盛　田五圭

王錫智　姬金柱　李八玉

大清光绪十四年岁次戊子季春之月榖旦仝立

17　后山沟崔家湾龙王庙光绪三十一年碑文

且夫水池者並行之始萬物之
所資生也民非水火其將何以
生活哉如崔家灣後山溝兩村
向來各挑池水以爲食用倘遇
旱魃爲虐必賴泉水以濟急焉
蓋皇王山之麓有水泉可汲往
來久矣凡遇池中乏水而兩村
之命均藉是水以甦涸轍豈非
天造地設以救此一方之赤子
乎近因兩村爭水涉訟經鄰村
鄉眷 賀鴻恩 陳振家 爲之排解兩造情
願息訟將案懇銷雖此水泉係
屬後山溝之界而崔家灣之挑
水較爲尤遠茲經中處從此扶
立碑記無論孰遠孰近如遇天
旱准其兩村照舊汲水但須分
□先後輪流擔水先到者先擔
後到者□□□共濟豈不善
歟是以勒石永垂不朽云爾
本邑庠生賀鴻恩撰并書

□永令

善說合人 賀鴻恩 陳振家 仝立

維首人 崔良德 崔小創 崔　盛 崔良道 崔良田 崔根□ 崔潤則 崔清嶺 仝勒立

光緒三十一年九月初旬玉工鐫石仝立

18 晁山观音堂民国元年碑文

高平縣知事石　令闔村人等知悉照得油坊係屬正當營業　本知事理應妥爲保護責無旁貸惟是事地失宜以致有妨大眾如打砸油坊若開設於村中或人戶稠密之地濁氣逼人有碍衛生打砸聒耳有妨比鄰前據該社以村中開設打砸油坊有碍公安等情具稟請　示當經批令張□□將油坊仍向舊地開設去後茲複據該社稟請出　示公布永禁村中不准開設打砸油坊等情前來　本知事爲維持公共安寧起見斷難曲徇私人之自由今亟令知爲此　令仰村民人等知照嗣後無論何人不准在村中開設打砸油坊以免爭端而保公安切切勿違

此令　遵

右令通知　張元榮書

上南兩社姬春林　常有祿
忠礼　张國基
啓元　怀玉　仝立
午瑞　門孩

中華民國元年九月初四曰

19　东李门关帝庙民国四年碑文

關帝廟東大社遵　官諭斷碑記

從來物類雖多各有其主人民雖雜不宜相爭今吾村東煞口有荒地一處本爲東社□□內有松樹吾等意□伐賣濟公不料西社爭端訟及官廳當經　縣長李先生泒人調□□明樹株系在東社□內與西社無涉斷令東煞口荒地一處仍屬東社領土內中松樹□□東社伐賣以濟公□□今以後此地無論生出何物即土木金石止許東社經管與西□□無干涉吾等謹遵　縣長明斷猶恐日久無憑故將此事勒石以爲永記耳

民國四年　月　日　維首　侯來旺　馮金盛

社首　馮根則　馮群生　祁巧年　侯群孩　馮永發　馮雙紅　馮如慶　史廣得　郭連花　仝勒石

20　中村观音寺民国八年碑文

中村炎帝大社整理觀音坡地界及主權碑記

中村甯靜觀即　炎帝廟爲一村主廟鹿野園即　觀音坡爲一村主山統屬闔村十小社及西溝一小社凡主廟主山之事十一社共相輔助而觀音坡山中之木惟主廟主山之工得砍伐使用十一小社不得妄動即在山種地之戶亦只許耕田不許輕動樹株所以培林木而杜爭端古人用意至深遠也西溝去中村最近僅一河之間相距不及百步之遙昔時原無西溝之村因中村西偏居民屢受河患遂移河西建房居住名曰西溝漸成聚落故凡西溝之地屬主廟統管西溝之民遵主廟約束主廟主山一切事務十一小社踴躍從公蓋所謂守望相助而出入相友也即及前光緒初年大祲頻仍人物凋謝社務廢弛耳後重立社約整理地畝西溝民戶不願附屬議論自立新社不受主廟統轄凡主廟主山公務西溝概不輔助主廟首事諸人竭力勸阻無法挽回惟中村十小社中凡遇主廟主山之事向屬西溝助役者至今概不承辦必使主廟主山自覓工徒雖資仍出自闔村而事必屬之主廟蓋謂西溝必去不敢使彼社受累而西溝既去亦不敢爲彼社受過也三代遺直之風不猶在乎民國七年西溝村民有田貳畝售與西溝社中因此田頗近中村觀音坡主山遂誤將主山指去一截連山及樹自立新契隨其地畝一併售出八年春日西溝社赴山修理樹株中村始悉情由闔村民眾共起干涉致興大訟邑中紳董數位不忍坐視出爲調處公同議論守舊日之成規整先民之矩範勿息事而寧人睦鄉田之同井仍令賣主將山退清並婉勸西溝社將所買地畝讓歸中村鹿野園西溝社得原買地價而去凡主廟主山權利西溝社仍照舊概不過問從此和睦以免膠葛遂勒規條以垂永久是爲記

一無論本村外村花戶凡在本山有地之家仍照古規只在山耕地不許砍伐樹林

一本山樹木仍照古規只許主廟主山修功德用不許各小社私用一株

一各小社在主廟主山盡有義務者許享主廟主山權利不盡義務者不許享主廟主山權利

一各小社如有公項在山買地者亦只許耕田不許妄動樹株

以上四條各小社及花戶須永遠遵守

縣立第一高等小學教員邑南崔莊申筵撰文　師範最優等畢業生王紹通書丹

紳董
清例授徵仕郎候選直隸州州判恩貢生田凝旭
清例授修職郎候選儒學訓導歲貢生何汝愚
清例授修職郎候選儒學訓導附貢生孟邦基
清例授登士郎河南即補縣丞庞鈞

經理維首
王全寶　郭其祥　郭臨川　王寶順
王紹通　王根昌　郭來生　王元和　郭奠邦

管賬　暴丹桂

甯靜觀住持　李山月
鹿野園住持　李福有

玉工　王林章　王雙成

仝勒石

旹大中華民國八年歲次乙未孟上澣穀旦

21　秦庄岭玉皇庙民国十三年碑文

恢復義學碑序

吁嗟呼幸哉曷幸乎尔幸乎吾村之有義學曰霖進書院已廢而復興者也興之者誰客歲村副耀臣秦天榮暨本年維首袁德旺張文鐸等蓋以始辦之人輟學多
年增置有田產錢欵多數雖失彼得此亦為有功奈久不設學負有大咎今經耀臣諸維首由縣省兩訟斷歸常姓田貳拾畝王邢兩姓錢壹百八拾串文厥
功甚鉅惟縣省两訟費錢為數甚夥向在大社支借今將斷有王邢兩姓之款抵補外有不足焉仍須大社補助若干串文至王常邢三姓之先人雖有莫大
之咎既經　官結一切付之東流不許村人再訐然盛舉雖復承辦無人只合大社維首代辦隨班轉接永遠弗替但須帳簿各立錢款攸分至此以後止許
大社補助義學不准大社動用義學錢款似此論功則耀臣為最而耀臣則曰諸維首諸維首又曰耀臣相讓不下焉余從中解決曰無耀臣則對詞無人無
諸維首則訟費無出是相因而成功者也均當勒諸貞珉以垂不朽顧或者曰先生亦曾究訐此事者也胡不為之一敘餘曰耀臣有輔而成功餘無輔而徒
勞又何敘為或又曰耀臣之成功不常在乎諸維首亦有資乎為村副餘曰然奮恨哉肉食者之受小人愚也以耀臣之賢票多而失職深惜也我輩之無膽
無職也未能縠聯名上稟以陳情若舉為村長當益為鄉閭造福矣是為序　大社補來錢壹百捌拾串文又究回地壹畝捌分具明

前清邑庠生民國傳習畢業澤臣秦潤生撰序

縣立第二高等小學校畢業策軒賈治安書丹

太原審判長徐任鐘德政

維首兼村副袁德旺

赴省功人客歲村副秦天榮　在縣功人維首兼管理秦全孝 秦潤發　佐事人閭長張懷鎖 秦迷善 秦潤義　鄉約□□榮　仝勒石

維首兼閭長張文鐸

縣長閻廷傑德政

旹民國十三年十二月十八日合村仝立

玉工李三孩刊

22　柏枝庄西天院民国十五年碑文

西天院碑記

蓋聞泰山不讓土壤故能成其高河海不擇細流故能就其深　神聖不却眾庶故能得其力今閭鄰長至神前熱心辦公故能傳其後因西天院東北角昔有空地基一段榆樹一株歷年已久契紙失落與明应中設訟在察今同區長理處請□社首閭鄰長公同商議豎立碑記自今至後永遠传流後世不朽矣　開列於左

外院上東房後至風口界牆東西長三丈二尺六寸南一截至裏院下東房後東西長三丈九尺二寸東權外石堎上槐樹一□東西出入北東西長二丈四尺五寸至石堎下東權外北至界牆東西長二丈三尺三寸東權南至界牆東西長二丈二尺一寸東耳房後東山扇下後屋角東西長一丈九尺五寸西耳房後至滴水下空地基一段東南北長八尺二寸西南北長一丈三尺三寸其地四至開明裏外院方圓東至東權外東至兩截北一截至大庙東山扇風口至東界石南一截至東南耳房山扇東界石西至兩截北一截至房仓後滴水下南一截外院西房後南山扇下代界牆至大河中心南至戲樓後滴水下北至大庙後滴水下又西坡上道北　關帝庙一座又柏樹坡一處東至坡下西至王好秋界石南至堎下北至□中心又地名村南閣口又山神坡四至不開山場一架系社內為業故立碑記為證

閭長　王義發　明金順　王其昌

社首　王保安　王修業　仝立

民國十五年十二月初一日

玉工　王文質　郭舍則　鐫

23　沟村关帝庙民国十五年碑文

高平縣知事陳　爲公佈□案據畢許兩溝村因水池糾葛屢次□訟

本知事爲息訟起見委令該里村長高登瀛前往兩村會同妥議辦法呈縣核奪去後□□

該村長呈稱奉令前往畢許兩村會同村副閭長□□兩村教員□同妥議辦法數條請核

前來查所擬辦法各條雖屬平允尚欠周妥本知事業將各□□□□改合亟開列於後公

佈兩村人民一體遵照勿違切切此佈

計開辦法四條

一池屬共有公掏公汲岸上修築植樹均歸許家溝村管理二畢家溝村□水走路仍照舊

規許家溝村不得攔阻三向來挖池按兩村人口撥工永遠遵守四撥河工價一項許家溝

村擔負十分之七畢家溝村擔負十分之三不得變更

民國十五年七月十七日　許家溝村鄉公所抄刊

24 赤祥嘉祥寺民国二十二年碑文

赤祥村嘉祥寺歸全里五村公有息訟碑記

赤祥村西之嘉祥寺考查歷代碑碣原由住僧化修刱始於周之廣順三年宋金元迄明清屢經重修增修其始則僅有三佛殿前兩院明成化間乃增修後院七佛諸天十王殿東禪院考查七佛殿中明正德己巳年間邑人王琦文瑞所撰碑文言之綦群爾時寺工尚庄僧善化修理非由村社里屬地畝攤費且南河村尚未歸併本里及明崇禎九年併里後徘徊北里四村又增南河村為五村及清代此寺無僧善化修工程隨累歸全里按地畝赳費修葺迨民國五年南河村因抗不攤修理之費涉訟有案經　縣長判定按地畝公攤殿內有碑可考自此以後嘉祥寺遂歸全里五村公有及民國二十年因赤祥村將寺田租籽歸首社孝費全里村公所罰款與首社界限不清外屬村監察具查帳涉訟經中調處和息將嘉祥寺歸為徘徊北全里五村公有徘徊北村公所即設立於此寺東禪院內自此以後凡嘉祥寺之田地粮銀工程神祀一切利害統歸全里五村按地畝公攤以公濟公永絕訟爭恐口無憑經中公處同村長副各村社監察員閭長勒石以垂永久是為序

前任村長　溫福水　田發生　劉連鎖　田慶餘　田晶　劉小狗
現任村長　杜德成　田大富　王兆雄　田良　南河村首社　王金英　劉北山首社　袁道平
朱光裕　杜喜則　王根年　王希夏　田守臣　劉九孩
田丙榮　田德與　張材魁　闫鳳岐
王之傑　前閭任長　張庆孩　王成　張國財　王百川
同中人　李克振　李均　田彬　赤祥村首社　祁根夫
李培金　杜玉生　田金福　刘和成
田瑞霖　王元順　張鎖　王北山首社　王長榮　陳北山首社　陳茂林
前任村副　王兆龍　張清濤　朱炳　陳世芳　王興
現任村副　張鎖　陳祿生　溫东爽
袁寶珍

前任監察員　杜德成　張鎖　田茂生　王維綱　袁道平　陳茂林

現任閭長　田慶余　田金聚　袁寶珍　張明生　李海金　劉連鎖　張鎖　王起元　張東順　王喜則　平柏林　田德興　王元順　閆鳳岐　溫秉坤　王簡　陳福順

寺田名稱
庄坡上地五畝寺溝里地五分
寺院前地三畝大河口一畝五分　糧銀兩宗　一兩二錢七分四厘　一兩一錢零七厘
寺院後地六畝剃則坡地三畝
寺井上地四畝
趙圪倒地二畝以上九宗共中地二十九畝正
小河裡地四畝

邑人
清邑庠生育中高小學校教員李克振撰
省立第四中校畢業現任赤祥村初級學校正教員孟國新書

大中華民國二十二年歲在癸酉仲春下浣建立

里之王北山村人王旦孩玉工

25　团东村清化寺民国二十二年碑文

高平縣東北鄉團池北裡團池東村清化寺佛爺社因地涉訟訟畢碑記

大凡物不得平則鳴人不得已則爭先聖雖以無訟爲至善世人惟因不公而構難於知鼠牙雀角良有也鷸啄蚌殼豈偶然哉茲者高平縣東北鄉團池北裡團池東村清化寺　佛爺社有地百零八畝六分該社之附設於清化寺也不稽幾何年代其地管辦之責係屬東村之社首閭長該社祭奠等事亦係東村之社首閭長與西村毫不沾染前清宣統年間在文廟設立學校西村人藉公益名目乘機染指竟慫恿東社將此地所出之資除佛爺社花費外下餘多寡歸作文廟學校基金爾時西村之所不另設學校者意有所在也迨至民國六年西村奉令亦設立學校至此而野心始露分地風潮日盛一日民國十年遂成訟端東社既被訟累不得已據理陳辯在縣初判未決延至二十一年提起上訴在潞審訊至再真相畢露因將初審駁斥第二次依法判決其地仍歸東村清化寺佛爺社所有厥後西村雖又省訴頗不生效有省判並在潞判決原本照刻於背審視即可了然竊荒誕之言固不足信而此事之再三糾纏幾次反復畢竟克見天日者其人力歟果天幸歟抑渺冥之中神默佑歟餘未敢決濡筆記之

山西省立第四中學校畢業教育廳獎給二等教育褒狀曾充縣立第八高小學校及公立育中高等小學校教員聶安民撰並書丹

閆海龍王秉貴　牛樹智

副申連城

牛秉衡李福運　閆水金

鄉長王泰興

團池東村閭長牛貴金閆肇瑞　鄰長郭青春　書記蘇永平　仝勒石

副趙維楨

牛　仁閆萬貞　李國發　住持僧本廉

牛廣文閆金福　張根深

中華民國二十二年葭月下旬之吉　　玉工申胡成鐫

26　龙尾东岳庙民国二十六年碑文

立筆　文字人龍尾雍萬村公所焦槐根　因雍萬之南丹水之北龍尾之西有地名三家河者地雖微小素有脉水可汲
雍萬丹水各有井泉多不汲引惟龍尾地處山陬向無活水每逢缺水常汲引之在清道光年間經縣判决飭
龍尾村付與丹水馮文運大錢三千文賣地一段碑銘雖有四至奈以年遠地形變遷四至不甚確合道路亦
已湮沒兹值天旱龍尾仍援舊例來此汲水因該泉位於河北岸焦槐根地之西端道路往返須經焦槐根之
地焦槐根購地未久認爲自置之產不應他人在此掘池並不應在此行走以此之故釀成訟端嗣念唇齒相
依恐傷和睦故特從中調和以禮相讓不論在前有無路徑凡逢龍尾喫水准其沿河地内自東徂西任其行
走即地西端亦任其掘池築台龍尾感其情誼酬以大錢肆拾貳千文以免後日之爭自兹以往凡龍尾汲水
雖春夏之時亦不阻攔若不吃水即秋冬之日亦不准履涉其地此系三面言明兩造情願不但現代允許即
後世子孫有轉售情節必須載明准其龍尾行走此路恐後無憑特立騎縫一樣兩紙各執一張以作後

同龍尾里　村團長□登瀛　村長常業純　村副唐廷義

中人　趙伯周　唐冠千　王俊齊　緱石命　李屯孩　和崑堂　宋接天　刘真祥　司起元　韓玉印　宋家濂書　仝證

中華民國二十六年陰正月廿日立筆　文字人龍尾雍萬村公所押焦槐根押

抄謄勒石　原紙有若合符節四字騎縫各執其半此誌